서울, 고뇌에 젖어

- 그 미양微恙의 파편들 -

시대의 미래인 대중은 가슴마다 인내를 먹먹하게 품고
영롱하게 반짝이고 있다. 강물의 윤슬이다.

서울, 고뇌에 젖어 — 그 미양微恙의 파편들

발행일	2018년 7월 13일

지은이	송 장 길		
펴낸이	손 형 국		
펴낸곳	(주)북랩		
편집인	선일영	편집	권혁신, 오경진, 최승헌, 최예은, 김경무
디자인	이현수, 허지혜, 김민하, 한수희, 김윤주	제작	박기성, 황동현, 구성우, 정성배
마케팅	김회란, 박진관, 조하라		
출판등록	2004. 12. 1(제2012-000051호)		
주소	서울시 금천구 가산디지털 1로 168, 우림라이온스밸리 B동 B113, 114호		
홈페이지	www.book.co.kr		
전화번호	(02)2026-5777	팩스	(02)2026-5747

ISBN	979-11-6299-216-6 03300(종이책) 979-11-6299-217-3 05300(전자책)

이 도서의 국립중앙도서관 출판예정도서목록(CIP)은 서지정보유통지원시스템 홈페이지(http://seoji.nl.go.kr)와
국가자료공동목록시스템(http://www.nl.go.kr/kolisnet)에서 이용하실 수 있습니다.
(CIP제어번호: CIP2018020328)

(주)북랩 성공출판의 파트너

북랩 홈페이지와 패밀리 사이트에서 다양한 출판 솔루션을 만나 보세요!

홈페이지 book.co.kr • **블로그** blog.naver.com/essaybook • **원고모집** book@book.co.kr

서울, 고뇌에 젖어

송장길의 수필과 칼럼

오늘날 서울과 대한민국 현실의 기록

그 미양微恙의
파편들

북랩 book Lab

프/롤/로/그

서울의 체온, 서울의 음성 — 책을 엮으며

서울은 들여다볼수록 특이한 곳이다. 공의로운 정기와 삿된 음흉함이 뒤섞여 있고, 순진무구한 정서와 삐뚤어진 치기가 혼재하며 얽혀있다. 이념과 이해는 피 터지게 충돌한다. 악어와 악어새의 상리공생도 분주하고, 야행성 올빼미의 먹이 사냥도 치열하다. 한강 변에서는 순백의 백조가 고혹적인 날갯짓을 퍼덕이고, 북한산 계곡에서는 세월을 잇는 서쪽 새가 해묵은 원한의 음률을 토해낸다. 권부의 뒤켠 북악산 기슭에서는 딱따구리의 암팡진 나무 쪼기가 철철이 바쁘다. 불길한 까마귀의 울음소리도 그치질 않는다. 남산을 둘러싼 저 아래 고달픈 삶들도 역사 흐름 속의 그 끔찍한 질곡들을 극복하고, 질기고도 생동하는 고유의 의식(意識)과 행위 유형을 경작해 왔다. 맑기도 하고 흐리기도 한 서울의 하늘, 그 아래에서 서울이 직조하는 문화와 세상의 궤적, 서울이 발산하는 빛과 내음은 어디와도 다른 독특한 아우라가 아닌가.

서울을 관통하는 한강은 주변 영산들에서 발원한 개천들을 모아 깊게 푸르고, 그 강을 끼고 서울은 상흔으로 얼룩진 민족혼을 안고 세월을 따라 면면히 흐르고 있다. 중원에서 부는 황풍과 바다 건너의 서풍, 현해탄을 넘는 왜풍의 회오리 속에서도 서울은 오뚜기처럼 일어서며 애써 의연했지만, 북풍은 여전히 스산하다.

서울의 기운은 지하에서 솟아났거나 창공에서 떨어진 것은 물론 아니다. 반도의 구석구석에서 나라의 중심으로 모여들고, 다시 강산으로 내려가면서 형성된 민족문화의 총체이며 상징이다. 요즈음 서울의 품이 수도권이란 모양으로 넓게 퍼져나가기도 했지만, 서울과 수도권은 한통속이며, 한국의 에센스는 여전히 서울의 눈(Core)에서 융기해 들숨 날숨 한얼의 숨결을 타고 번진다.

거꾸로, 낯선 이질성은 서울에 떼로 몰려들어 와서는 다소의 알레르기 반응을 보이면서 나라를 변화시켰다. 이성계와 정도전이 새 도읍으로 설계한 뒤에도 꾸준히 밀려온 중원의 대륙문화가 그랬고, 앞서서 서구화된 일본의 광풍이 그랬으며, 전후에 미국이 몰고 온 서양문화의 이식이 그랬다.

서울의 분신은 밖으로 나가서는 거대한 지구촌의 용광로 속에 녹아버리기도 하지만, 원형질을 유지하면서 해외에 조금씩 번져 자국을 내기도 한다. 나라 형편이 나아지자 서울의 위상은 여기저기 눈에 띄게 파종이 될 만큼 높아졌다.

글쓴이는 어설픈 서울내기이다. 충청도 땅에서 태어났지만, 해방과 한국전쟁의 소용돌이 속에서 소년기를 겪은 뒤 청운의 꿈결을 따라 서울로 올라와 정착했다. 어릴 적의 정서와 열성을 쏟아 서울의 일부가 되었으며, 서울을 터전으로 삼는 데 주저할 겨를이 없었다.

서울은 만만치 않았지만 그래도 시골 청년의 마음을 사로잡았다. 시련을 안기면서도 내치지 않고 품어주었다. 그리하여 중년까지 늦깎이 서울내기가 되었다.

역마살은 의도하지 않은 사이에 덮쳤다. 언론에 업혀 발이 붓도록 뛸 때 해외로 두 번씩이나 주재원으로 특파됐다. 나름대로 일에 몰두하여 어느 정도 안정이 될 때쯤이면 회사는 사정없이 임기만료와 귀국 발령을 냈다. 언어장벽으로 고민하던 아이들을 떼어놓을 수 없던 심약한 부모는 태평양 건너편 미국에서 고국의 인연을 멀리한 외톨이로 자영하며 장기체류하게 된다.

해외에 머물 때도 마음과 정신은 언제나 수구초심이었다. 늘 한국 사회에 관한 관심과 걱정은 떨치지 못했다. 대학을 선택할 때 가졌던 세상에 대한 문제의식과 언론에 몸담고 품었던 사회의식, 공동체의식, 역사의식은 세월이 흘러도, 환경이 바뀌어도 변하지 않았다. 어찌 보면 자신의 정신적 존재 그 자체였다. 그리하여 해외에 거주하면서도, 갖은 고초와 위험을 겪으면서도 스스로 한국인의 정체성에 천착했으며, 쉽지 않은 생업 중에도 안과 밖으로 숨 쉬는 건 모두 서울의 체온, 서울의 감성이었다. 의식은 생각으로 나타났고, 생각은 어쭙잖은 글로써 정리되었다. 큰 목소리도 아니고 광폭의 행위도 아니다. 그저 작지만, 진정성과 가슴으로 기록한 서울의 숨결, 한국의 음성이다. 서울의 귀엣말 정도라고나 할까?

이 책에 수록하는 소품들은 2012년 귀국한 뒤에 수필지 등에 기고한 30여 편의 수필과 언론매체에 실린 칼럼 가운데 일부이다. 열린 마음과 바른 자세로 쓰려고 노력했으므로 한 시대의 기록으로 남기고 싶었다. 수필과 칼럼은 엄밀하게는 다른 장르이지만 책을 펴는 이의 의식과 사고의 흐름을 묶는다는 점에서는 한 궤적이었다는 변명으로 혹 거슬리시는 분에게는 양해를 구하고자 한다.

2018. 6. 7
서울 북촌에서

목/차

제1부

수
필

날마다 다시 태어난다

때아닌 가을비가 세차게 쏟아지는 늦은 밤이었다. 미국 로스앤젤레스 인근 오렌지 시의 내 회사에서 만든 컴퓨터 부품 액정들을 샌디에이고까지 여기저기 납품하고 지친 몸을 겨우 가누며 귀가하는 길이었다. 고속도로는 내리는 빗줄기와 차량이 튀기는 빗물이 엉켜 줄곧 분무(噴霧)의 혼돈을 자아냈다. 그날은 출, 퇴근까지 400마일도 넘게 어지러운 빗길 속을 헤치며 다니던 운전의 끝물이었다.

5번 고속도로와 134번 고속도로가 만나는 글렌데일 근처에 이르자 집이 가까워졌다는 안도감에 긴장이 풀렸을까. 문득 '아무리 영세하고, 손이 모자란다 하더라도 30여 명의 전문기술자가 정교한 제품을 생산하는 제조업체의 사주(社主)가 배달까지 땜질로 나서서야 무슨 발전이 있겠느냐'는 자조(自嘲)가 슬쩍 일었다. 그러던 순간, 운전하던 픽업트럭이 갑자기 오른쪽으로 미끄러지면서 뱅그르르 돌았다. 이윽고 어딘가에 꽈당 부딪히면서 정신이 아득해졌다.

얼마나 시간이 흘렀는지 모르지만 두 명의 경찰이 찌그러진 내 차의 문을 억지로 열려고 애쓰는 모습이 뿌연 시야로 가물거렸다. 간신히 차에서 빠져나와 언뜻 보니 차체는 교차로의 높은 콘크리트 벽을 앞, 뒤로 들이받고 몹시 구겨진 채 벽에 바짝 붙어 있었다. 처음에 앞으로 한 번 부딪치고, 그 부딪치는 힘으로 휙 돌아 뒤로 또 부딪친 듯했다. 만일 미끄러질 때 다른 차선에 차들이 바짝 달려오고 있었더라면 어떻게 되었을까? 대형 사고와 죽음의 환상이 섬뜩하게 했다.

정신을 가다듬고 살펴보니 나 자신은 다소 휘청거리기는 했지만 아주 다행히도 몸은 크게 망가지지 않은 상태였다. 경찰의 친절한 부축을 받으며 경찰차에서 비를 피하면서 잠시 안정을 취했다. 어지럼증이 가시자 그들은 순찰차로 나를 현장에서 3마일 정도 거리인 버뱅크의 내 집에까지 데려다주었다.

이튿날 승용차를 타고 나가 보니 자동차 수리업체에 견인된 내 사고차량은 아주 못 쓸 정도로 부서져 있었다. 간단한 협의 끝에 그 차가 폐차장으로 보내지는 꼴을 보면서, 내가 아직 살아있다는 현실이 기적 같았다. "생사의 경계에는 엉성한 철조망조차 없다."는 우스갯소리도 떠올랐다. '이제부터는 덤으로 사는 거야.'라는 중얼거림이 입가에 맴돌았다. 당장 할 일들이 떠올랐고 가족이 생각났으며, 회사와 친지들 그리고 직간접으로 얽혀 있는 사회생활의 연결고리들이 머릿속에 어른거렸다. 정신을 차리자고 자신을 채근하는 바로 그때, 불현듯 마음속에 하나의 강한 울림이 일었다. '덤으로가 아니라 할 일이 남아 있어서'라는 믿음이었다. 그래, 그거야! 나는 그 착상을 놓칠세라 얼른 잡아채서 가슴에 심었다. 돈오(頓悟)의 경지까지는 아니라도 삶의 새로운 전기를 맞아야겠다는 강렬한 각성과 의지도 솟구쳤다.

생명은 고귀하고 어떻게든 꼭 지켜야 하겠지만, 우주적인 관점에서 바라보면 아주 미소(微小)한 존재들이다. 그 미소함으로 거대한 세상의 섭리에 다시 작게 보태졌으며, 나름 어떤 역할이 주어졌다고 여겨 보기로 했다. 결심이야 못할 일도 아니지 않은가. 생애를 하나의 길로 보는 대신 하루하루 끊어서 보면 더 쉽겠다 싶었다.

현대사회에서는, 더구나 기계에 둘러싸여 복잡하게 돌아가는 도회 생활에서는 생멸을 가를 위험이 주변에 널려 있다. 살아있음은 날마다 또는 순간순간 죽음에 수렴했다가 돌아오는 악순환 속에 싸여 살고 있고 그 불확실성을 아주 완벽하게 벗어날 수는 없다. 그렇게 근접하는 죽음을 떨쳐 버린다는 것은 다시 태어남과 무엇이 다르랴. 어찌 보면 인간의 삶은 생사의 경계에서 곡예를 하는 중이리라. 그러니 몸과 일상의 얼개는 쉽게 바꾸지 못하더라도 그 많은 걱정과 회한들은 의정 과거에 파묻고 새롭게, 거듭거듭 새롭게 시작하는 거다. 다시 태어남은 새로운 할 일을 맞는 격이므로 얼마나 싱그럽고 역동적인가!

껍질을 뚫고 새싹을 틔워 새 세계로 뻗는 태어남의 설렘, 그런 기운이 심장에서 뭉클거렸다. 삶을 하나의 선(線)처럼 여기거나, 일에 매몰되어 정신없이 허둥댈 때는 미처 느끼지 못한 신선한 깨달음에 작은 흥분까지 일었다.

매일 아침이라도 늘 그렇게 맞이하자고 다짐했다.

2012. 9. 7

산타 모니카 해변의 포말(泡沫)

태양은 어머니의 가슴인가! 생명의 조련사인 빛과 볕을 끊임없이 내려주고 있다. 눈이 부셔서 감히 바라보기도 힘들다. 지구는 지금 작열하는 태양 아래 생기(生氣)와 조화(調和)를 얻으며 영겁으로 이어지는 고리가 되고 있다.

햇빛은 선으로 뻗는 듯하지만, 파장으로 내려와서는 직진과 반사, 굴절, 회절을 거치면서 면과 부피가 되어 사물을 어루만진다. 물체들은 그 빛을 너울로 쓰며 살기도 하고 죽기도 한다. 혹은 흡수하고, 혹은 내치고, 혹은 몸부림친다. 바다 위의 무수한 잔물결과 해변의 수포들은 쉬지 않고 빛을 반사해 또 다른 빛으로 재생산해 보지만 어림도 없다. 순간도 못 넘기고 사라져 버린다. 그 조화 속에 서서 나는 황홀하다.

시야는 하늘의 코발트색, 바다의 쪽빛, 나무들의 초록, 모래의 갈색, 새들의 회색으로 채색돼 넓게 펼쳐져 있다. 정지해 있기도 하고, 저마다의 몸짓으로 움직이기도 한다. 어떻게 저런 장관이 조형될 수 있단 말인가? 그 섭리의 큰 뜻은 헤아리기가 녹록지 않아 눈길은 자꾸 먼 데로 끌린다. 무슨 의미라도 당겨 올까 싶어서이리라.

해안은 남북으로 아주 길게 뻗어 있다. 캐나다에서부터 미국을 거쳐 멕시코까지 구불구불 이어져 늘 같은 맥박으로 뒤척이고 있을 터이다. 해변을 따라 눈에 보이는 모든 사물과 대화하면서 종일이라도 거닐고 싶다. 하늘과 바다, 물의 가장자리에서 철썩이는 파도, 모래밭, 바람결에 살랑거리는 나무, 바위, 그리고 병풍처럼 늘어선 건물들. 이 아름다운 풍경에 무엇이 더 필요할까? 여기에 사람들의 따뜻한 사랑이 가득하면 작은 천국이리라. 바다는 대륙을 끊임없이 입질하고 대륙은 너그럽게 이를 받아들인다. 바다는 유연하고 맑은 반면, 대륙은 우직하고 드세다. 바다는 여성이고 대륙은 남성이다. 바다와 대륙의 끝없는 교직이 긴긴 세월의 명맥을 이어주는 것인가?

부두 아래로는 사람들이 해변을 따라 길게 늘어서서 꼬물꼬물 움직이는 모습이 내려다보인다. 혹은 아이들과 함께, 혹은 자전거를 타고, 혹은 애완견을 데리고, 혹은 쌍쌍으로 산책하고 있다. 각자 나름의 사연을 품고 다니겠지만 멀찍이서 지켜보니 느리게 흐르는 강물의 영상일 따름이다. 그 안에 나도 하나의 점으로 들어가 있는 셈이다.

오랜만에 마음을 풀고 바닷가 절경 앞에 서 있다. 일에 파묻혀 살다가, 늘 긴장 속에 쫓기다가 오늘은 모처럼 나 자신으로 돌아와 홀로 이 조화 속에 서니 예전에 들렀을 때 가졌던 막연한 느낌과 사뭇 다르다. 그 정서에 취해서인지 지금껏 살아온 과거가 부질없는 고행일 뿐이었다는 생각이 고개를 든다. 방송계를 떠난 뒤 새벽 4시에 어김없이 매장을 열었던 식품 도매업, 주 7일, 12시간씩 쉬지 않고 영업했던 요식업과 식품 판매업, 자본과 장비 부족으로 시달리던 컴퓨터 부품 제조업, 그 모든 것들이 한낱 허망하게 사라지는 수포처럼 느껴진다. 이제 저 바다를 건너 고국으로 귀국한다는 일은 다른 기대를 주지만, 그 또한 포말이 될 수 있다는 예감에 미리 걱정이다. 그곳 어느 해변에 앉아 이쪽을 바라보며 한숨을 내쉬지 않는지….

4반세기 전에 방송사 특파원으로 미국에 첫발을 디뎠을 때 마냥 두근거렸던 그 가슴에서 오늘에야 문득 오래 묵은 담론이 스멀거린다. "당시 이 땅에 온다는 것은 희망이었고, 기대였지. 이제 보니 그 기대도 한낱 해변의 포말이었어. '어디'라는 명제는 '어떻게'보다 훨씬 아래 순위라는 평범한 이치를 어찌 그리 등한시했던가."

누군가는 인생이 무엇이냐고 물어보면 대답 대신에 웃는다지만, 나는 그 웃음을 놓쳤다. 깨달음의 경지는 아득하고, 눈앞의 넓은 하늘과 바다를 바라보면서 움츠러든다. 나는 포말을 품는 포말인가?

포말이 하늘의 뜻을 알겠는가, 태양의 뜻을 알겠는가, 바다와 대륙의 뜻을 알겠는가? 그러나 포말도 나름의 내포가 있고 바람에 쏠려 버리더라도 그 존재 의미는 있을 것이다. 나는 평생 그 의미를 터득하려고 발버둥 쳤다. 언젠가는 진주 같은 작은 앙금 하나를 똑 낳을 수 있을까?

산타 모니카는 바람의 도시다. 바다로부터 올라오는 젖은 바람은 뒷산을 넘어오는 산바람을 감싸 안고 깊은 물빛과 어우러져 뿌옇게 너울거린다. 도심에서 질게 찌들었던 스트레스는 그 서늘한 해풍에 밀리고 부서져 바다로 흩어진다. 바람이 살갗을 스치면 몸 안의 울화는 삭혀지고, 바람이 머리카락을 흐트러뜨리면 세상의 굳은 형식에서 자유로워지는 듯하다. 바람이 두뇌를 휘돌아 가면 사색의 실타래가 풀리고, 바람이 심부를 휘저으면 사랑의 회오리를 부름을 어찌 멀리하며 살았던가.
산타 모니카의 바람은 특유의 향이 있다. 인근 로스앤젤레스 다운타운의 지글거리는 세속의 냄새와 다르고, 모하비 사막 외딴 주유소의 고적한 그것과도 다르다. 세쿼이어 캐년의 밀림이나 옥스나드의 드넓은 농원의 자연 향과도 다르다. 사람 냄새가 걸쭉한 놀이마당 같기도 하고, 도심이 잠깐 쉬어가는 여유 같기도 하다. 1886년 시로 지정된 뒤 고작 120년 남짓한 기간 동안 해안의 모래밭과 절벽들을 절묘하게 이용해 오늘과 같은 빼어난 인간 군락을 이룬 재주가 놀랍다. 이곳의 분위기는 월가 점령이라는 바람이 드셌을 때도, 금융 파동의 경제위기에도 크게 바뀌지는 않았다. 자본주의와 시장경제의 뿌리는 그 내부의 욱신거리는 용종들에도 불구하고 바람을 크게 타지 않는 버팀의 내성이 있는 모양이다.

해변의 새들은 산타 모니카의 꿈을 형상화해 주는 듯하다. 비둘기, 갈매기, 물오리, 해오라기, 사다새 등이 뭍으로, 해변으로, 바다로, 내키는 대로 거침없이 날아다닌다. 때로 공원에서, 모래밭에서, 물 위에서 먹이를 쪼고, 낚아채는 품도 저마다 독특하고 날렵하다. 창공을 가르며 이미지를 그려내는 저 자유로운 군무! 인간 사회도 저처럼 단선적이고 선명하면 오죽 좋을까.

　대륙과 바다는 묵직한데 바람은 여전히 해변에 포말을 일으키며 날
아다니고 있다. 포말 위로 햇살도 눈부시게 빛나고 있다. 이 포말이 떠
난 뒤에도 저 포말들은 생멸의 몸부림을 계속하겠지.
　잘 있거라, 포말들이여! 작다고 자괴하지 말고.
　작건, 크건 모든 게 명멸하지 않느냐.

2011. 12. 9

건조한 풍경

드넓은 창공에 큰 새 한 마리가 떴다. 캘리포니아 해변에 흔한 사다새(Pelican)로 보이기도 하고, 이집트 전설에 나오는 불사조, 피닉스(Phoenix) 같기도 하다. 시간이 흐름에 따라 새는 멀어지면서 점처럼 작아지고, 점은 머지않아 우주의 무한 차원 속에 함몰될 것이다.

그리고 그 점 안에 350여 명의 인간이 갇혀 바글거리고 있다. 로스앤젤레스에서 서울로 가는 보잉 747-400S 점보 여객기다.

나도 그 시한부 공동체의 일원이 되어 대략 12시간 동안 운명을 같이하게 되었다. 이 짧고 작은 세계에 들어올 때는 자발적으로 발을 내디뎠지만, 이제 영락없는 영어(囹圄)의 신세가 되었다. 좋든, 싫든 밀폐된 공간에서 꼼짝없이 유폐돼 있다.

공항에서는 그렇게 부산스럽던 사람들이 이 좁은 공간으로 떼를 지어 몰려와 목 받침이 높은 규격 의자에 둥지를 틀고 다소곳이 앉아있다. 승무원의 지시에 따라 좌석 띠를 매거나 풀고, 의자를 바로 세우거나 편하게 젖히기도 한다. 이 안에서는 지정된 시간에 제한된 종류의 음식물을 골라야 하고, 간행물 또는 영화를 보거나 음악을 듣는 행위, 옆 사람과 소곤거림, 앉은 자리에서의 취침 등이 허용될 뿐이다. 스스로 요청한 제약이기에 모두 불평은 없다.

전광판 신호를 기다려 화장실에 갔다가 돌아오는 길에 시야에 들어오는 승객들을 쭉 둘러본다. 홰 위의 닭 떼 같기도 하고, 미안하게도 양잠 틀 위의 누에들이 연상되기도 한다. 높은 데서 내려다보면 인간사회가 다 그렇게 까칠하게 보일까?

활엽수 낙엽 켜켜이 쌓인 가을, 깊은 산 속에서 캠핑하던 옛 학창 시절이 얼핏 떠오른다. 그때도 열두 시간 정도의 밤을 지새우는 시한부 모임이었다. 모닥불 가에 둘러앉아 기타를 따라 함께 불렀던 잔잔한 운율이 요요한 심산유곡을 적셨고 어깨동무를 통해 서로의 체온이 흐르자 우정은 정겨워 다사로웠다. 넘치는 삶의 기쁨을 가슴과 가슴으로 나누던 친구들, 헤어질 때 눈시울까지 붉히던 여학생들. 사슴을 닮았던 그들은 지금은 어디에서 무얼 하고 있을까?

오늘은 행선지 도착이라는 단순한 목표 아래 모래알처럼 모인 군상들이라 메마르고, 무미하고, 이기적이고, 모두가 예민해 보인다. 사람들이 각기 보이지 않는 담벼락을 쌓고 있어서 말 한번 걸기도 꺼려진다.

앞줄 왼쪽 통로를 지난 자리에는 곱슬머리를 위로 뻗쳐 헝클어뜨린 30대 초반의 흑인 여인이 인쇄물 읽기에 열중이다. 그녀는 잠도 없는지 속성으로 끝내버리는 식사 시간을 빼면 잠시도 한눈을 팔지 않는다. 승무원이 음료수를 제공해 줄 때도 시선은 책에 두고 어깨 위로 손만 내민다. 그녀에게는 바로 옆자리 승객도 일종의 물체일 뿐인 듯하다. 미네르바 계곡을 나르는 부엉이의 현대판 모습이라고나 할까?

하기는 10여 년 전, 이 항로에서 나도 그렇게 편집돼 있었다. 어머니의 부음을 듣고 달려가던 때였다. 다른 무엇에 관심이 생겼겠는가. 어쩔 수 없는 고공의 광야에서 콧물만 계속 닦아내고 있었다.

오른쪽 한 자리를 건너 백인 중년 부부가 다정하게 이야기를 나누며 앉아있다. 부드러운 태도, 정중한 예의, 상대를 존중하는 대화, 보기만 해도 기분이 좋다. 승무원들에게도 사뭇 깍듯하다. 그러나 기내 면세품 판매처럼 관심이 없는 일에는 시선이 아주 싸늘하다. 온화함 뒤로 가려져 있는 매정한 체취가 느껴진다.

왼쪽 바로 옆에는 20대 중반의 여성이 온순하게 앉아있다. 아담한 그녀가 나타나 내 옆에 자리를 잡을 때는 솔직히 웬 행운인가 싶었다. 담배 냄새라도 풍기는 거친 이가 숨을 식식거리며 옆에 앉아 가끔 코를 골며 12시간 동안 옆 공간을 짓누르는 경우보다 얼마나 다행인가. 반가운 마음에 짐도 시렁에 올려주고 좌석에 딸린 기기 조작도 도와주었지만, 그뿐이다. 상대는 피곤한 듯 연상 곯아떨어지곤 한다. 정신없이 바쁘게 사는 젊은이의 삶이 떠오른다. 꿈에서는 달콤한 사랑이라도 만나고 있을까?

갑자기 기체가 크게 흔들리고 후들거린다. 기장의 긴박한 방송이 이어진다. 심한 난기류를 만났으니 좌석을 정돈하고 안전띠를 착용하라는 경고다. 모니터의 화면은 알류산 열도를 가리키고 있다. 승객들은 순간적으로 불안감에 휩싸이며 긴장하는 기색이 역력하다.

난기류 정도라면 견딜만 하지만, 나는 어떤 연상(聯想)에 걸려 엉뚱한 기우에 빠져든다. 기체에 큰 이상이 생기거나 무장 테러의 상황이라면 어떻게 될까? 물론 승무원들은 훈련된 요령으로 민첩하게 대처하겠지만, 그들의 기술과 예규를 뛰어넘는 위기라도 맞이하면 걷잡을 수 없는 혼란에 빠질 것이다. 다행히 폭파를 면한다 하더라도 아수라장이 될 것이다. 모두 비명을 지르며 벌벌 떨고 있을 터이니 혼돈을 재우기 위해서라도 승객 중에서도 누군가 장내 지휘에 나서야 한다. 저 집념의 흑인 여인이 위험을 무릅쓰고 용감하게 나서지 않을까? 물론 집착은 용기로 변할 수 있으나, 반대로 심하게 차가워질 수 있어서 안심해서는 안 된다. 백인 부부는 그들의 도덕적 성향으로 보아 선뜻 나설 가능성이 높다. 그러나 과거의 경험을 비춰 보면 윤리성과 임기응변은 꼭 동일하지는 않았다. 옆의 젊은 여성은 그럴만한 깜냥이 보이지 않는다.

기우가 점점 깊어질 때 마침 비행은 정상을 회복하고, 저쪽 옆에 빠끔하게 열린 창문으로 티 없이 맑은 하늘과 밝은 빛이 기내로 들어와 퍼지며 평화를 알린다.

어느덧 지겨운 유폐의 시간이 끝나려 하자 사람들은 들뜨기 시작한다. 서두르면서도 지친 듯 말이 없고 굳은 표정이다. 피로한 기색으로 줄을 서서 다음 공동체로 뿔뿔이 향하고 있는 것이다. 그 조직체가 또 다른 짧은 시한부일지, 긴 여정일지는 알 수 없다. 또한 메마를지, 윤택할지도 모르고 큰 집단일지, 작은 규모일지도 가늠할 수 없다. 우리네 삶 자체가 갖가지 공동체에 이리저리 얽혀 머무르다 종말을 맞는 일이니 결국 모두 어떤 형태이든 집단의 숲속으로 제각각 빨려들어 갈 것이다.

나는 옆자리 여성의 짐 내리기를 도와주고 그녀와 간단히 작별인사를 나눈다. 그리고 주섬주섬 짐을 챙긴 뒤 느리게 긴 줄의 끝에 서서 12시간의 공동체 해산에 합류한다. 흑인 여인도, 백인 부부도, 옆의 여성도 뒷모습을 보이며 멀찍이 사라지고 있다. 승무원들의 사무적인 작별인사가 출구 쪽에서 반복해서 들린다. 텅 빈 객석에는 승객들이 쓰던 베개와 모포, 일회용 덧신들이 좌석 앞바닥에 아무렇게나 널브러져 있다.

궤적을 그리며 사라졌던 새는 다시 지상으로 돌아와 웅장한 모습으로 다음 비상을 기다리며 버티고 서 있다. 내면에서는 그토록 건조하고 싸늘하던 사다새였고, 폭발의 공포까지 걱정하게 하던 금속성 피닉스였다. 현대사회를 나르는 일종의 거대한 첨단 메커니즘이다.

건조하고 싸늘하기는, 또는 아슬아슬한 마음이 드는 것은 비단 항공기 안에서만은 아닐 것이다. 어디에서나 현대적일수록 더욱 그럴 것이다. 얼핏 날로 메말라가는 인간 사회의 환영들이 머릿속으로 황사처럼 밀려온다. 인간 사회는 그런 메마른 속성을 안고 어디로 향하고 있는 것인가? 고비인가, 사하라인가, 모하비인가?

2012. 12. 30

어느 귀향

우리 집 옆 조붓한 골목에는 작은 철물점이 있었다. 살림살이가 무슨 고장이 났을 때나 갑자기 필요한 물건이 생겼을 때 달려가면 대개는 찾는 물건이 반갑게 맞아 주었다.

철물점 옆에는 쌀가게가 있었는데 쌀과 보리는 물론 갖가지 잡곡들을 수북수북 갖추고 있었다. 수더분한 주인아주머니는 되로 사든, 말로 사든 듬뿍 담은 뒤 막대기로 위를 쓱 깎아 버리고는 덤으로 찔끔 더 퍼주며 후한 체를 했다.

그 옆에는 지나다닐 때마다 미각을 자극하는 채소 가게가 있었고, 맞은편에는 개운함의 보고(寶庫)였던 높은 굴뚝의 목욕탕이, 또 그 위로는 화교 주인의 말 반죽이 질펀했던 중국 음식점이 오랜 세월을 지키고 있었다.

이곳들은 모두 동네 주민들의 생활 마당에 깊이 들어와 자리 잡고 있던 편리한 장소, 나름대로 정든 이웃들이었다.

귀소본능이랄까, 내가 오랜 해외 생활 끝에 옛집에 돌아와 보니 그 정들었던 생활의 동반자들이 모조리 사라져 버리고, 그 대신에 낯선 세력들이 몰려와 진을 치고 있었다. 갤러리들, 공방들, 카페들, 떡볶이나 꼬치, 빵 등을 파는 특화된 식당들, 편의점들, 그리고 무수한 옷가게 등.

생전에 어머니가 뿌리고 다니시던 삶의 애환도 흔적 없이 지워져 버리고, 자식의 가슴에 그리움으로만 남아 촉촉이 젖어 든다.

그런데 조금만 더 들여다보면 그렇게 감상에 젖어 있을 정황이 아니다. 세태의 놀라운 변화를 따라가기도 버겁다.

감고당 길로 불리는 옆 골목, 그 한적했던 거리에서는 인사동 쪽에서 올라오는 많은 인파로 걷기보다는 떠밀려 다니기가 일쑤다. 대문 앞의 육중했던 높은 담은 싹 헐려 버렸고, 그 안에서 서슬 퍼렇던 권위주의의 현장 국군기무사와 군 병원도 멀리 외곽으로 이전해 나갔으며, 그 자리에는 개방형 국립 현대 미술관 서울관이 들어섰다.

점심때마다 동료들과 몰려다니던 내수동 일대, 빈대떡집들이 바쁘던 청진동, 와자지껄하던 무교동 낙지집 골목들을 그 자리에 줄지어 들어선 고층 건물들은 기억이나 하고 있을지.

청계천 변의 참혹했던 전란의 그림자도 이제는 도심 속의 맑은 개천 물소리가 살가운 빌딩 숲으로 대체됐고, 예비군 훈련을 받으며 추위에 떨던 논현동 논밭은 IT 산업 중심답게 정신없이 분주하다. 땅콩밭이었던 여의도는 지금은 얼마나 무거운 중량을 이고 있는 섬일까? 분당과 잠실, 일산 등은 물론, 지방 도시와 농촌들의 놀라운 변모, 도로와 교량을 비롯한 사회간접자본의 괄목할 확충, 관광명소, 편의시설들의 눈부신 단장 등도 이제는 누군가 선진국 수준이 아니라고 한다면 서운해할 지경이다.

지난 반세기 동안에 이룬 한국의 압축 성장과 경이적인 변화는 어떤 이론도 뛰어넘는 당참이라고 세계적인 석학들도 놀라워한다. 수출량 세계 7위, 무역량 8위, 국민 총생산 15위라는 수치는 작은 반도의 반쪽으로서는, 전란으로 황폐했던 나라로서는 상상도 할 수 없었던 까마득한 등급이었다.

어디 외양뿐이랴. 높이 올라간 건물들 안으로 들어가 본다. 훌쩍 커버린 젊은 체구들이 날렵하고 역동적이다. 그들의 눈초리에는 세계를 두루 주름잡는 기세가 번뜩인다.

세계 제일이 곳곳에서 손을 든다. 관공서의 전산화 수준도 세계 제일이라니, 민원서류 하나 떼려고 멀리 달려가 긴 줄에 서서 기다리며 몸을 뒤틀던 시절이 떠오르면 헛웃음이 솟는다. GDP, 국민 총생산이 1,300조 원을 넘는 국력 신장이 나라 전체에 그렇게 스며들었을 것이다.

이러한 성장의 이면에 어찌 그늘이 없겠는가.

한산한 재래시장의 초췌한 상인들과 늦은 밤 지하철에서 꾸벅이며 조는 피곤한 근로자들, 몸 바쳐 일하고 싶으나 일자리가 멀기만 한 청년들, 어깨가 축 처진 쓸쓸한 퇴직자들….

융합에 인색한 정치세력들과 계층 간 격차가 심한 경제구조, 사회의 혈액을 탁하게 하는 부조리, 창의성보다 경쟁에 쏠린 교육 제도, 얽히고 설킨 사회 갈등, 난장판처럼 충돌하는 정치, 날카로운 이념 논쟁과 불안한 남·북 대결….

그러나 이러한 증후군을 딛고 우뚝 선 것은 그만한 내성과 동력을 내재하고 있다는 증거다.

요즘은 젊은 세대들의 의식이 너무 현실적이라든지, 사회의 하드웨어는 좋아졌으나 소프트웨어가 문제라는 부정적인 불만이 떠다닌다. 그러나 그것이 도를 넘는 것은 아니어서 빠르게 변화하는 사회적 메커니즘에 적응하기 위한 자구적 현상이라는 인상을 받는다. 전통적인 규범 체계에 매여서는 빠르게 변하는 현실에 적응하기가 쉽지 않을 것이다. 어찌 보면 일종의 사회적 성장통일 수 있다.

또 거리에서건, 공공장소에서건 남을 배려하지 않는 무례함, 예절을 벗어나는 행동들이 자주 거슬린다. 이는 사회적 변동을 따라가지 못하는 문화적 지체 현상의 한 단면일 것이다. 물론 이 나라의 민도와 교육 수준에 비추어 볼 때 머지않아 표면적이든, 내면적이든 그런 일그러진 모습들을 성숙하게 자정해 나갈 능력은 있을 것이다.

다만, 앞으로 사회가 지향할 지도적 가치와 시대정신의 올바른 정립, 성장 동력을 지속시킬 전략, 진솔하고 따스한 복지의 손길, 그리고 내부의 불협화음을 국력으로 빚어내는 운김의 리더십 등은 건강한 미래를 위해서도 매우 다급한 과제로 느껴진다.

나는 요즈음 서울 동숭동과 연건동, 이화동 일대를 홀로 가끔 배회한다. 학창 시절 다방에서, 대폿집에서, 중국 음식점에서, 때로는 자취방에서 친구들과 어울려 나라와 사회의 후진성을 탄식하고, 장래를 걱정하던 추억에 이끌려서다. 그 추억의 음향이 아직도 아련히 들린다. 당시 젊은이들의 가슴을 절였던 힘든 세상의 신음도 새삼 들린다. 좁은 골목에서, 낡은 상가에서, 건물들 사이의 후미진 공간에서 사각인다. 오늘날 높이 솟은 번영의 상징 속에서도 그 소리를 듣는다. 아니, 그 소리들을 딛고 오른 번영을 본다.

높이 솟았으니 더 멀리도 보이고, 아래도 더 잘 보일 것이다. 옆은 눈을 부릅떠서 살피고, 아래도 다사롭게 보살피며 중단 없이 더 높이 오르기를…, 그 기상으로!

2012. 2. 27

그리운 번뇌의 정령(精靈)들

고등학생 시절의 은사, 김지현

담당 과목인 〈상경(商經)〉 시간에 틈틈이 인간과 철학, 사회에 관해 들려주는 그분의 이야기는 감동적이었다. 살기가 팍팍해 핑계만 있으면 모여서 서로 기대려던 시절에도 유독 선생님은 자꾸 홀로였다. 낙엽 구르는 가을의 거리와 눈 덮인 겨울의 행길로 고개를 푹 숙이고 걷던 모습은 영락없이 사색에 절은 철학자였다. 나폴레옹(Napoléon)이란 별명답게 당당했으면서도 범상치 않게 자기 세계에 몰입하던 선생님의 번뇌와 사유의 영역을 나는 가늠할 수 없었다. 그의 언어 속에 섞여 있던 실존주의에 관한 사유일까, 아니면 오염되고 엄혹했던 시대의 사회적 부조리에 관한 비관일까, 막연히 미루어 짐작만 했다. 어쩌다 멀찍이서 선생님을 뒤따르다 보면 외경의 마음이 깊어지고, 어느덧 나 자신도 덩달아 풋 생각의 늪에 빠져들곤 했다.

대학에서 만난 교수, 이양하

영문학과 수필로 명망을 떨치던 당대 유수의 지식인이었다. 교수님은 자주 서울 종로구 동숭동 인근 거리에서 필부들이 벌이는 장기판을 소탈하게 기웃거렸다. 승패가 결정 나면 뜻 모를 웃음을 피식 남기고는 희끗희끗한 머리칼을 날리며 대학로를 외롭게 걸었다. 그런 석학의 뒷모습에는 늘 깊은 사색이 따라다니는 듯했다. 그분의 사색이 페이터(Walter Pater)의 산문에 관해서인지, 모더니즘에 관해서인지, 북쪽에 두고 온 가족과 민족분단의 비극에 관해서인지, 아니면 그 모든 것을 넘어선 인간과 세계에 관한 근본적인 성찰인지, 나는 어림만 할 따름이었다.

'생의 한 가운데서' 고뇌에 차 있던 여류 교수이자 문인, 전혜린

그녀는 대학가의 다방과 명동의 선술집 등에서 젊은 작가들과 어울려 무시로 떠돌았다. 무엇이 그녀를 반듯한 가정과 촉망받던 대학의 강단을 뒤로하고 그토록 방황하게 했을까? 그녀가 심취했던 루이제 린저(Luise Rinser)의 여운이었을까, 하인리히 뵐(Heinrich Boll)의 붓끝이었을까? 그이는 끝내 번뇌를 감내하지 못하고 젊은이들의 가슴에 충격을 안기면서 31살의 풋풋한 나이에 스스로 생을 마감했다. '그리고 아무 말도 하지 않았다.'

처연하지만 아름답던 방황과 번뇌들이었고, 세상을 떠돌던 정령들이었다.
정령은 선각자들의 예리한 통찰로 불려 나와 시대를 흔들었고, 지치고 피로한 문화의 경락에 신선한 침을 꽂았다.
알베르 카뮈(Albert Camus)의 작품 표지 위 까칠한 얼굴에 퀭한 눈빛은 부조리로부터 인간의 실존을 건져 올리려고 밤을 설치며 치열하게 고민했음을 웅변으로 전한다. 그의 사진첩에서는 알제리 변두리 고옥의 잡초 성긴 계단에서도, 다닥다닥 밀집한 지붕들 위에서도 고독한 시선이 사물을 투시하며 존재의 의미를 캐내려 작열했음을 선명하게 보여준다.
그보다 조금 앞선 시기의 프란츠 카프카(Franz Kafka)는 오스트리아 빈 근교 키어링의 요양소에서 죽음을 앞두고 각혈을 하면서도 인간이란 무엇인가를 파고들며 병상을 뒤척이고 또 뒤척였을 것이다. 유리창 너머 뒤죽박죽 세상에 얼룩진 아이러니들에 전율했을 것이며, 죽음의 오(誤)심판에, 숨 막힐 듯한 삶의 실존에 집요하게 천착했을 것이다.
삶의 본질에 닿으려던 그 깊은 번뇌와 방황들은 세계를 휩쓴 실존주의라는 사조를 낳았고, 문화는 그 기류에 홀려 심한 가슴앓이를 했다. 20세기 격랑기와 전후 세대들이 남긴 정신적인 미라다.

젊은 피에로들은 그 번뇌의 정령에 닿아 감전돼 갈피를 못 잡던 시기였다. 인간은 무엇이고 삶은 무슨 의미가 있는가, 철학은 어디를 향하고 있고 신은 과연 존재하는가, 사회적 부조리의 뿌리는 어디에 있고 어떻게 풀어야 하는가 등. 의문은 꼬리를 물고 머리를 흔들었고 답은 아득하기만 했다. 독서로도, 강의로도 갈증을 풀지 못한 미숙한 대학생은 동가식서가숙 고학을 하면서도 늘 근본적인 깨달음을 갈급했다.

나는 요즘도 그 방황의 추억이 서려 있는, 이제는 제법 고풍까지 느껴지는 고적한 곳들을 가끔 배회한다. 대학이 떠난 동숭동 라일락 숲과 마로니에 그늘, 비 내리는 창경궁 옆 담길, 눈이 쌓이곤 했던 함춘원 오솔길, 밖으로 나가서는 도시 근교 눈보라 세차게 불던 둑길, 칼바람에 몸 가누기가 힘들던 벌판 등을 배회할 때면 아직도 추억의 향기가 폐부를 적신다.

세월의 흐름에 따른 사회·문화적 변화는 실제 삶에서 느끼는 정도보다 훨씬 크고 놀라웠다. 학창시절에 드나들던 다방과 선술집, 고서점, 낙엽 구르던 한적한 거리 그리고 고불거리고 비좁던 골목길과 낡은 가옥 등은 온데간데없고 이제는 현대적인 모습으로 변신해 버렸다. 즐비한 고층건물들과 그 속의 야멸차게 정돈된 공간들에서는 예전에는 볼 수 없던 낯선 모습들이 붐빈다.

상업적인 대화가 넘쳐나고 이해관계가 없으면 냉랭하다. 그들의 눈초리에서는 경쟁과 적응에 뒤질세라 서두르는 기색이 번득인다. 도로는 꼬리를 문 자동차 행렬로 미어지고 북적이는 곳마다 핸드폰으로 오가는 약속과 단편적인 정보가 범람한다. 첨단기기들이 삶 속에 깊이 들어와 통제하고 있어 인간에 의한 기계인지, 기계에 의한 인간인지 헷갈린다. 기계들에 의해, AI(Artificial Intelligence, 인공지능)들에 의해 인간사회가 파멸할지 모른다는 우려가 늘어난다.

사람들은 독립된 인격보다는 거대한 조직 속의 세포로 존재하는 데 더 익숙하다. 개체가 조직을 이루지만 인간은 조직에 의해 움직이고,

조직을 위해 일한다. 언뜻 보기엔 자유롭기도 하고, 개성도 있어 보이지만 사고와 행동들은 오히려 일률적이다. 물결을 따라가지 않으면, 밀려오는 낯섦에 익숙해지지 않으면 외톨이가 된다. 안정은 저만치 젖혀지고 전통에는 이끼가 낀다. 대중과 세태에 휩쓸려 무리 지어 다니고 스스로도 대중을 구성한다. 뭉쳐진 대중은 때로는 거칠게 고집스럽고, 때로는 바람처럼 흔들린다. 뉴스와 오락, 패션, 스포츠에 예민하고, 일과 효율, 성과가 관심의 중심에 똬리를 틀고 있다. 날로 번식하는 대중사회의 숨 가쁜 호흡이다.

거스를 수 없는 이 도도한 흐름, 거부할 수 없는 그 편리함과 안이함을 누리면서 인간들의 심장은 점점 작아지고, 차가워지고, 메말라가고 있다. 나는 피할 수 없는 그 파도에 휩쓸리면서 때때로 숨이 막히고, 가슴이 먹먹함을 떨치지 못하곤 한다.

지구촌의 공동사회는 현대화되면서 얻은 것도 있지만 반면에 많은 것을 잃었다. 합리성을 얻은 것은 귀중한 수확이고, 인간성의 상실은 뼈아픈 상처다. 더 합리적일수록 더 비인간적이다. 인류가 짊어진 무거운 멍에다. 인간관계는 나날이 형식적으로 변하면서 그만큼 더 서먹해지고 더 타산적으로 변했으며, 공동체는 그 따스함과 낭만, 깊음의 명맥을 잃어가고 있다.

이대로 고뇌 없이 표류한다면 미래사회는 고도의 첨단기술과 정밀한 조직의 메커니즘에 찌들어 심각한 사회적 질환과 재앙에 휩싸일지 모른다.

심화되어 가는 문명의 자폐증, 그 가벼움과 계산적인 그리고 기계적인, 그 모든 인간다움으로부터 멀어짐을 바르게 하기 위한 지도이념은 어디에 있을까?

시대의 굽이마다 일었던 인간 본질로의 깊은 번뇌와 심오한 사유가 그립다.

2013. 1. 29

공원과의 애증

무려 30여 년 전이었다. 끈질긴 인연, 나의 공원에 대한 오랜 짝사랑이 불붙은 것이.

그 당시에 나는 방송기자로서 매우 힘들게 일하며 살고 있었다. 큰 사건들이 꼬리를 물고 터졌고, 날마다 처리해야 할 일들은 줄지어 몰려왔으며, 세상살이의 중압도 옴짝달싹 못 할 지경으로 짓눌러댔다. 온종일 일속에서 뛰어다니다가 밤늦게 퇴근할 즈음이 되면 머리는 지근거렸고, 가슴은 뻐근했다. 이명에 시달리며 집 앞에 도착해서도 차량 운전석에 앉아서 한동안 고통을 견디다가 집안으로 터벅터벅 들어가곤 했다. 그러다가 어느 날 '기왕이면' 하는 마음으로 귀갓길에 찾은 곳이 인근 공원이었다.

공원은 교교히 앉아 있었다. 맑고 은은한 달빛을 걸치고 환하면서도 단아한 표정으로 지친 나를 맞이했다. 파릇한 빛, 속삭이는 음향, 서늘한 기운 그리고 향긋한 방향, 나는 빨려 들어가듯 그 청정한 눈빛과 포근한 품에 안기고 말았다. 그리고 녹아버렸다. 온갖 옥죔은 스르르 풀어지고 평상심이 되살아났다. 평상심 위에 명상이 찾아왔으며, 명상은 사색을 부르고, 사색은 이상과 의욕을 일깨웠다.

그 뒤부터 나는 공원에 대한 연모에 빠져서 종종 그곳으로 찾아갔다. 건강에 유익하다는 의학자들의 산책 권유도 있었지만 먼저 감성적으로 한국에서건, 홍콩에서건, 미국에서건 하루라도 공원 가기를 거르면 신경이 쓰이는 처지가 돼 버렸다. 때로는 유유자적하면서, 때로는 다급하게라도 그녀를 만나야 겨우 안정되고, 평온한 정서를 유지할 수 있게 된 것이다.

편안하게 찾는 공원은 많은 것을 지각하고, 느끼고, 생각하게 했다. 길도 여러 가지여서 큰길로 들어가면 오솔길도 만나고, 자갈길, 비탈길, 특히 길들지 않은 거친 맨살의 길들이 새삼 눈에 띄었다. 생물도 천차만별이어서 가냘픈 애기풀, 척척 늘어진 열대식물, 관목과 교목들이 저마다 주어진 환경에 순응하고 나름의 삶을 영위하고 있음을 헤아리게 되었다. 눈에 잘 띄지 않는 미생물과 제법 큰 몸집의 짐승들이 공생하고, 땅을 기는 낮은 생물과 높이 나는 고공 생물이 혼재함도 새겼다. 수런거리는 벌레 소리는 넓게 울려 퍼지는 높은 옥타브의 새소리와 화음을 이루어 청각을 두드렸다. 미시적으로 보면 그 안에서도 무수한 사연과 치열한 생존경쟁이 벌어지겠지만, 공원은 나에게 조화로운 풍경이자, 하나의 다정한 이미지로 다가왔다. 나는 무질서로써 질서를 이루고, 잡종으로써 조화를 형성하는 융합의 세계에 눈을 떴다. 나는 존재 뒤에 숨어 있는 무(無), 무안에 들어있는 존재를 사색했다. 소리의 뒤에 있는 침묵도 들렸고, 침묵이 있어 소리가 나는 원리도 인식했다.

나의 발길이 다급해졌음은 잔잔했던 삶에 한차례 폭풍이 몰아쳤을 때를 뜻한다. 바다 건너에서 어머니가 운명하셨을 때, 아우가 어린 자식을 잃었을 때, 아버지의 묘소를 파묘하고 다비(茶毘)를 모신다는 유복자 아우의 통지가 멀리서부터 날아왔을 때, 벗이나 친지가 유명을 달리했을 때, 나는 터질 것만 같은 가슴을 움켜잡고 헐레벌떡 내 연인의 자리로 달려갔다. 거기에서는 어김없이 수많은 벌레가 목 놓아 슬피 울어대고 있었다.

또 내 조국과 사회가 지극히 어지럽거나 위기를 맞아 허둥댈 때는 그녀가 나를 바삐 손짓해 불렀다. 거기에 가면 나의 한숨 소리는 깊은 숲속에 묻혀버리고, 사위에서 신선함이 천천히 스며들어서 열 오른 내 가슴을 식혀주었다.

공원의 아름다움은 치장의 덕이 없지 않을 것이다. 태양의 빛으로 달구어진 짙푸른 피부, 달빛을 머금은 해맑은 살결, 노을을 반사하는 영롱한 자태에 이끌리지 않을 이 있겠는가. 그러나 그보다도 공원의 내부에서 뿜어 나오는 생명의 신비와 내면의 개화가 더 내 마음을 휘어잡는다. 모진 세상을 향해 어렵게 트는 움, 봄을 맞는 개나리와 진달래꽃이 대지 위에 펼쳐지는 때, 젊음을 분출하는 벚꽃과 아카시아 꽃의 화사한 품, 그리고 열정의 장미와 원숙한 목련의 끼, 그 얼마나 매혹적인가. 그러한 계절의 윤회 속에서 삶을 찬미하고, 삶을 괴로워하는 소리에 나는 감동하고, 애를 태운다.

거기에 인간들의 흔적이 곱게 살아 숨 쉬고 있다면 더할 나위 없다. 나는 대자연의 기본 질서를 크게 훼손하지 않을 정도로 적당한, 그래서 인간들의 세련된 숨결이 부드럽게 전달되는 정리된 자연을 선호한다. 자연과 인간과의 조화, 자연에 끊임없이 도전하면서도 자연으로 회귀해야 하는 인류 문명의 숙명적인 화해를 꿈꾼다.

누가 자연과 대화할 수 없다 하는가? 자연과의 대화는 어느 대화보다 자유롭고, 격의 없고, 진지하고, 그리고 광범위하다. 나는 어떤 화두라도 개의치 않고 나의 의견과 의사를 자연에게 마구 던진다. 그러면 내가 귀를 기울이고 있는 한, 어김없이 응분의 반향이 돌아온다. 그 반향은 아주 넓고 심장해서 모든 의미와 해답을 다 담고 있다. 다만 내가 관심을 두고 있고, 이해할 수 있는 범주 안에서만 나에게 와서 의미가 되어 준다. 그것이 내가 극복해야 할 부끄러운 한계다.

공원에 대한 나의 행각에도 그림자가 드리운다. 짙은 그림자가 이루는 어둠 안에는 해충과 뱀, 날카로운 짐승, 그리고 인간의 사악함이 숨어 있을지도 모른다. 섬뜩함과 혐오감, 무서움이 서려 있다. 그런데 나의 공원은 그에 대책을 보이지 않는다. 적어도 물리적으로는 그렇다. 공원의 무대책은 빤히 보이는 인간들의 천박한 행위에 대해서도 마찬가지이다. 타기와 끽연, 쓰레기 투척, 고성, 하찮은 다툼 같은 몰상식에 대해서도 모르는 체한다. 고약한 인성들에 대한 공원의 입장을 나는 알 수가 없다.

　기대만큼의 반응이 없는 공원에 대한 나의 서운함은 쌓이고 쌓여서 미움이 된다. 이를테면 내가 불가피하게 멀리 이사를 할 경우 나는 석별의 아픔으로 끙끙 앓지만, 정든 공원은 내 옷깃이라도 잡아끌려는 시늉조차도 하지 않는다.

　공원, 그렇더라도 나는 너를 연모한다. 너 없는 나를 상상하기도 싫다. 일방적이라 해도 어쩔 수 없다. 보잘것없는 미물로서 만인에게 열린 너에게 어찌 무모하게 되받기를 기대하랴. 그냥 인간의 수준으로 소박하게 사랑하고 미워할 따름이지.

　그러나 어느 날 문득 내 안의 작은 우주로 너의 드넓고 깊은 뜻을 어렴풋이나마 알아차리고 뒤늦은 깨달음을 아파할지 모르겠다.

　사랑과 미움이 한 몸임을 미욱하게나마 터득할지도 모르겠다.

2012. 7. 4

친구의 언어를 그리다

　나는 말수가 적은 아이로 자랐다. 언제부터인지 생각이 늘 앞섰고, 그 생각의 일부분만 말로 나갔다. 나가는 말도 다분히 수세적인 편이었다. 그래서 듬직하다는 덕담도 종종 들었다. "말이 많으면 사람이 가벼워진다."든지 "어른들 말씀에 토 달지 말라.", "웅변은 은이고 침묵은 금이다."라는 금언 등에 영향을 받았음 직하다. 전통사회에 퍼져있던 일종의 행위규범이지 않은가.

　그런데 과묵하기로 나보다 한참 위인 동창생 친구가 있었다. 어찌나 말을 아끼는지, 잘 모르는 사이라면 자칫 답답함이나 서운함까지 느낄 지경이었다. 우리가 대학생 시절 단과대학 캠퍼스가 달라서 내가 서울 동숭동에서 구름다리를 건너 이화동까지 달려가면 나를 맞이하는 인사가 겨우 "왔어?" 그 한 마디뿐이었다. 그가 군 복무를 시작할 무렵, 내가 서울에서 영천까지 온종일 완행열차를 타고 어렵사리 면회를 하러 갔더니 "뭐 하러 왔어. 밥이나 먹으러 가자."며 대뜸 인근 식당으로 향하던 그런 위인이었다.

　그러나 그의 주위에는 따듯한 우정이 많이 고였다. 그의 후덕한 인품 때문이었다. 그의 하숙집은 전쟁으로 피폐하고, 가난으로 찌든 우리 젊은 친구들에게 틈만 나면 모여들어 그나마 동글동글한 즐거움과 위로를 나누는 오아시스가 돼 주었다. 그뿐인가. 한 친구가 도봉산에서 음독자살을 꾀했을 때 그가 초인적인 노력으로 행적을 추적해 둘러업고 내려와 나중에 전자학계에서 크게 활동한 한 생명을 구한 일이라든지, 사고무친의 또 한 친구가 결핵으로 사경을 헤맬 때 서둘러 폐 절제 수술을 주선해 놓고 밤을 새워가며 돌본 일 등은 친구들에게 감동의 추억이 되었다.

　그런데 그는 정작 자신의 고난에는 옆에서 보기가 민망할 정도로 치열한 절제를 삼켰다. 그토록 아끼던 아우가 객지에서 염세자살해 운구

됐을 때 그 견디기 힘든 슬픔을 이겨내는 극기의 모습은 가슴이 서늘해질 정도였었다. 흐느낌은 아예 그림자조차 가려졌고, 옷깃 한 자락의 흐트러짐도 없었다. 침묵이 비애의 깊이를 더 잘 말해 주는 듯싶었다. 그의 체온이 그의 언어였다.

나는 그와의 우정과 떨어져 20여 년의 외국 생활을 한 뒤 잠시 귀국해 옛 친구들과 함께한 회식 자리에서 그에게 씁쓸한 말 한마디를 툭 던졌다.

"너는 그릇만 너무 컸어."

그 말에 그는 빙그레 웃기만 했지만, 명석한 그는 앞뒤 정황으로 미루어 내 말의 뜻을 충분히 알아차렸을 것으로 믿는다. '그가 적절하고 강력한 언어의 구사 능력을 더 발휘했더라면' 하는 아쉬움, '실력과 인품, 풍모가 빼어난 그에게 언어의 마술이 더해졌다면 그의 능력 발휘는 물론, 인생행로를 크게 바꾸어 놓았을 것'이라는 미망, 그것이었다.

그 미망은 기실 나 자신의 자책, 후회와도 연관이 있다. 세상의 이치를 깨달을 수 있게 된다는 이른바 지천명(知天命)의 나이가 돼서야 절절해진 나의 자괴감에서부터 나온 것이다.

때로는 따듯한 설득력을, 때로는 열변을, 때로는 매서운 질책을 담은 유장한 언어는 얼마나 센 회오리로 인생의 반전을 몰고 왔을까? '바다에 가까운 강물이 넓은 들의 논과 밭에 더 쓰였더라면' 하고 후회한들 무엇 하랴!

말의 힘은 꼭 다변에서 나오는 것은 물론 아니다. 오히려 말의 뜻이 회석될 수 있다는 것은 상식이다. 어떤 이는 모든 화제에 빠질세라 감초처럼 다 참견해야 하는 언어 습관으로 해박한 지식과 따듯한 인성에도 불구하고 스스로 자신의 품위를 깎아내린다. 적절한 장소에서, 적절한 시기에, 적절한 강도로 구사하는 정제된 언어가 설득력이 높고, 파괴력이 있다는 이치를 간과하기 때문일 것이다. '사람의 귀는 두 개이지만 입은 하나'라는 경구도 있지 않은가.

　말의 효율성을 동서양으로 꼭 가려 따질 일은 아니나, 침묵과 은유는 특히 동양에서 더 두드러진다고 볼 수 있다. 동양에서는 남을 의식하거나 배려하는 인과 덕의 윤리적 규범이, 서양에서는 성취와 결과가 중시되는 실용적 정신이 더 짙었기 때문이 아닐까? 실제로 동양인들은 타인을 의식해 속내를 많이 억제하는 모습을 보인다. 반면, 서양인들은 의사 개진이 더욱 개방적이고, 분명한 모습을 쉽게 만날 수 있다.
　나는 미국에서 태어나 자라는 2살과 5살짜리 외손녀들의 의사 표시와 언어 학습 과정을 보면서 자못 놀라곤 한다. 어린아이들임에도 어떤 것들에 대한 선호도가 너무도 뚜렷하고, 일단 태도가 정해지면 바꿔주기가 매우 힘들다. 꼭 고쳐주려면 그래도 그 일에 익숙한 제 부모가 타당한 이유를 대며 무던히 설득해야 한다. 권위는 어떤 형태로든 냄새조차 풍기지 않는다. 그런 식으로 자의식과 자기표현이 강하게 길들여져 성장한 서양인들의 언어문화는 대의라는 명분으로 억제가 심한 동양인들의 그것과 매우 다를 수밖에 없을 것이다.
　자기 생각을 은폐하거나, 포장하는 언어 유형은 현대처럼 바쁘고 복잡하게 돌아가는 시대에서는 훨씬 덜 경제적일 것이고, 그래서 기피 대상일 것이다.
　나는 고승들의 상징으로 회자되는 선문답을 접하면 어안이 벙벙해진다. 너무도 난해하고 모호해서 그 요지를 파악하기가 쉽지 않다. 그런 언어는 일상용어는 아니지만 과문한 탓인지 이해하려고 무던히 애를 써야 하니 그 함축된 의미가 아무리 심오하더라도 중생과는 너무 멀고 깊은 곳에 있다.

　요즘처럼 트위터나 카카오톡, 페이스북 등 SNS(Social Network Service)가 판을 치는 바쁜 세상에서라면 말을 미루거나 돌리는 식은 상상하기조차 피곤한 투일 것이다. 짜증스럽다는 것은 그만큼 불이익이 돌아갈 개연성이 크다는 것을 의미한다.

열병처럼 번지고 있는 SNS에 대해서 나는 비늘을 거스르는 듯한 부정적인 느낌이 자꾸 떠오르는 것을 지울 수가 없다. 그 이유 중의 하나는 SNS가 지나치게 단편적, 피상적이어서 충분한 의사전달과 진지한 논의에 미치지 못한다는 것이다. 속도와 편의에 치중하다가 인간의 생각과 뜻이 지나치게 단순화되고 얕아진다면 인간성은 어디서 통통하게 살찔 수 있겠는가. 그런 형태의 소통방식이 계속 진화한다면 산업화, 도시화로 가뜩이나 인간미가 메마른 마당에 현대사회적 자폐증이 더 심화되지 않을까 걱정된다.

또 그런 매개체가 중요한 의사결정에 영향을 미친다든지, 여론 형성 과정에 깊이 작용한다면 바람직하지 않다. 가벼운 판단을 유발할 우려 때문이다.

과묵으로 손해를 보는 이도 있지만, 과묵을 이용하는 교활함도 있다. 개인적인 경우라면 돌아서면 그만이지만, 공동체의 일이라면 심각한 문제가 야기될 수도 있다. 지도층이 수 없는 소통수단을 옆에 두고서도 중대한 사안에 침묵, 내지는 어눌함으로 중심을 못 잡는다면 그 사회적 손실을 보전받을 길이 없다. 그와 달리 지도층이 신비주의 속에 숨어서 치밀한 계산으로 대중 앞에 들락날락하며 주가를 높이다가 언젠가 파격적인 충격 효과를 노린다면, 그 진솔하지 못한 공학으로 대중이 현혹되기 쉬운 만큼, 공인으로서 공의를 유기하는 짓이다. 두 경우 다 언뜻 보기엔 과묵으로 보이지만 오히려 희롱에 가깝다. 그런 노회함에 투명한 지도력, 사회의 장래를 맡길 큰 리더십을 기대하기란 숲에서 물고기를 찾는 꼴과 같지 않을까?

지나치게 과묵해도 아쉽고, 도를 넘는 요설도 탈이다.

나는 요즈음도 예의 내 옛 친구가 그의 고매한 인격과 해박한 지식, 거침없는 능력을 녹여 응축한 격조 높은 언어를 어딘가에서 뒤늦게라도 쏟아내고 있지 않은가 하는 망상으로 주위를 자주 두리번거리곤 한다. 등산을 좋아하는 그가 깊은 산 속에서 큰 바위, 우람한 나무와 나누는 신선한 대화를 들을 수 있을지 상상의 귀를 쫑긋거리기도 한다.

2012. 2. 15

부끄러워지다

겨울 산에 말갛게 냉장된 공기를 마시러 용문산에 오르던 참이었다. 용문역에 내리니 기력이 달리는 듯 보이는 소도시가 고즈넉이 펼쳐져 있었다. 눈 덮인 도로에는 이따금 눈을 이고 다니는 차들이 천천히 구르고, 역 앞으로 쭉 뻗은 시가지도 인적이 드물어 한산하기 그지없었다. 칙칙한 색깔의 상가 건물들은 요란한 간판들을 내걸고 멋쩍게 늘어서 있었고, 때 묻은 현수막들이 벌판에서 불어오는 찬 바람에 너풀거리고 있었다.

인구가 30만은 넘어야 도시기능이 온전하다는데 그에 한참 못 미치는 곳이니 계절을 타는 주민들의 처지가 더욱 허전할 듯싶었다.

스산한 거리를 둘러보다가 언뜻 눈에 띈 아담한 호두과자 가게 문을 쑥 밀고 들어섰다. 썰렁한 매장 가운데에 둥근 탁자와 간이 의자 몇 개가 놓여 있었고, 그 옆에 장작 난로가 활활 타고 있었다.

"어서 오십시오." 가무잡잡하게 그을린 20대 후반 청년이 혼자 일하다가 나를 반갑게 맞이했다.

"호두과자 맛있어요?" 나의 답례 같은 질문에 청년이 굽고 있던 호두과자 한 개를 얼른 내밀었다. 따끈따끈하고, 팥소와 호두 알갱이도 제법 넉넉했다.

간식용으로 호두과자 한 접시를 시켜놓고 청년과 나눈 이야기에는 서로 허물이 없었다. 그의 주업은 산판에서 나무를 다루는 일이지만 겨울철이라 일거리가 없어서 가게를 돌보고 있다고 했다. 평소에 가게를 운영하는 아내는 이때다 싶어 육아와 밀린 집안일로 바쁠 거란다. 아내를 자랑하며 청년은 얼굴을 붉혔다. 수줍은 그의 말을 들으면서 아기와 함께 밥상에 둘러앉은 젊은 부부의 다정한 한때가 삼삼했다. 청년이 문득 납품용일 호두과자 굽는 일을 멈추고 커피 한 잔을 뽑아다 말없이 내밀었다. 분위기가 온화해서인지 향과 맛이 그만이었다.

나는 호두과자 한 봉지를 덤으로 더 사 들고 느긋해진 마음으로 그곳을 나왔다. 밖으로 나오자 찬바람이 휙 달려들었고, 그 센 역풍을 맞으며 용문사 쪽으로 가는 버스를 타러 역 앞으로 돌아갔다.

아니 이럴 수가! 은행 카드가 보이질 않았다. 버스는 멀지 않은 곳에서 오고 있었다. 지갑을 샅샅이 살펴봐도, 주머니를 몇 번이나 뒤져봐도 소용이 없었다. 전철을 내릴 때도 분명히 썼고, 거리에서 떨어뜨릴 리도 없었다. 호두과자 가게에서는 현찰로 지불하지 않았는가. 혼곤해지면서 분실신고를 고민하고 있을 때, 누군가 등 뒤에서 숨 가쁘게 부르는 소리가 들렸다.

"혹시 이 카드 잃어버리지 않으셨나요?" 뜻밖에도 호두과자 가게 청년이었다.

"어어! 내 것 맞아요. 어디 있었어요?"

"가게 바닥에요."

고맙다는 인사를 듣는 둥 마는 둥, 청년은 바삐 돌아갔다. 눈 덮인 길 위로 뛰어가는 모양이 영락없는 눈 속의 사슴이었다.

나는 곧 도착한 버스에 올라타서도 그가 가게 안으로 서둘러 들어가는 모습에서 시선을 뗄 수가 없었다. 그는 홀로 일하고 있던 가게를 비워두고 제법 멀리 떠나온 나를 찾아 허둥지둥 달려왔음이 분명했다. 만일 그가 카드를 바로 발견하지 못했다면, 또는 카드를 주워놓고 찾으러 오겠지 하면서 무심하게 기다렸다면 당장 써야 할 그 필수품이 나에게 돌아올 가능성은 희박했을 것이다.

부끄러워졌다. 내가 그라면 어찌했을까? 나는 나를 안다. 필경 카드를 주워놓고 호의를 베푼답시고 찾아가기를 기다렸을 것이다. 거기서 한 발짝 더 나간다는 것은 쉽지 않은 일이다. 대개 자기 일이 우선이고, 남의 일이야 뒷전으로 미루지 않는가.

청년은 그런 타성에 젖어 있지 않았다. 내가 떠난 뒤 우연히 카드를 발견하자마자 반사적으로 뛰쳐나왔을 것이다. 일을 중단하고 자리를 뜯으로써 발생할 이해에 매몰되지 않고, 주인을 찾아줘야 한다는 순수한 일념으로 선뜻 행동했을 것이다. 그런 순간적인 판단을 했던 마음의 바탕이 얼마나 맑고 고운가. 더구나 남의 카드로 범죄까지 저지르는 세태를 떠올린다면야.

유·소년기에는 그렇게 순박한 성정을 흔히 보인다. 특히 속세의 근성에 질퍽하게 오염되지 않은 환경에서 자랄 경우에는 더욱 그렇다. 그러나 성장해서 난마같이 얽히는 사회생활 속으로 들어서면서는 점점 계산적으로 변하지 않는 이가 드물 것이다. 사회 환경에 적응하기 위해서 또는 경쟁에서 살아남거나 이기기 위해서 대체로 찌들거나 구부러지기 마련이다. 그러니 호두과자 청년이 숲속의 사슴 같을 수밖에 없지 않은가.

버스는 시가지를 벗어나자마자 구불구불한 도로 위로 속도를 냈다. 운전기사는 무슨 사연이 있는지 차를 거칠게 몰았다. 버스는 덜컹거리며 흔들렸고, 띄엄띄엄 앉아있는 승객들의 몸도 이리저리 쏠렸다. 차창으로 보이는 시골 풍경은 차체의 흔들림을 따라 확확 바뀌며 어지럽게 출렁였다. 눈으로 하얗게 둘러싸인 그 풍경 속에는 그 안에 사는 사람들의 애환도 묻혀 흔들리고 있지 싶었다.

도로를 따라 음식점들이 제멋대로의 모양으로 늘어서서 한가한 오수에 잠겨있었다. 낮은 산 밑에까지 들어선 특화된 식당들은 더 외로워 보였다. 가끔 끼어 있는 옹기점이나 석물상, 부동산 중개상들도 문을 닫은 채 잔뜩 웅크리고 있었다. 그 사이사이에 눈 덮인 들판이 비닐하우스들을 무덤처럼 올려놓고 널려 있었다. 깊은 시골도 무질서하게 난개발이 되어 자연스러움이 많이 찢겨 있었다. 토질도 계속 이용만 당해 땅속은 영양소를 소진하고 몹시 황폐해졌지 싶었다.

다만 여기저기 솟아있는 산들만은 세찬 추위와 부박한 세파에도 불구하고 되바라지지 않고 의연한 인상을 주며 품위 있게 좌정하고 있었다. 3.5% 내외의 염분이 바다를 썩지 않게 하듯이, 산들이 의젓해서 자연이 그나마 민낯을 보인다는 생각이 들었다. 그 산속 흰 눈밭 위에 가득히 나목들이 쭉쭉 뻗어 있었다.

나무숲을 보자 호두과자 가게 청년이 불현듯 연상됐다. 그 청년이 나무들 사이에서 땀 흘리며 일하는 건장한 모습이 보였다. 현실이 아닌 환상을 보고 있었다. 환상은 세상의 한 가닥 희망을 암시하고 있었다. 절반 정도의 구성원만 건전해도 그 사회는 스스로 무너지지 않는다 했다.

용문사 입구 버스 종점에 내리니 거기에도 한 무더기의 먹거리 업소들이 모여서 가끔 지나는 인구들을 멀뚱멀뚱 바라보고 있었다. 골목으로 고부라져 있는 업소들은 아예 동안거(冬安居)에 빠져 있었다. 탐욕스럽고 어지럽게 걸려있는 간판들은 산속 외진 곳까지 생업을 찾아 모여든 사바(娑婆)의 고뇌를 대신 말해주는 것일까?

용문사 앞에 이르자 마의태자 은행나무가 준수한 풍채로 나를 내려다보고 있었다. 다시 부끄러워졌다. 나는 저 걸출한 생명 아래 너무도 보잘것없는 미물이었다. 그 작은 존재로 이곳저곳의 물을 흐리고 다녔었다. 은행나무가 겪어온 천여 년의 역사, 그 긴 역사의 통로로 지나갔을 무수한 족적들 앞에 나의 삶은 그렇게도 내놓을 만한 게 없을까도 싶었다.

절 옆으로 난 등산길로 접어들자 인적은 더 뜸해졌고, 길 위와 산비탈에는 발자취조차 드문 백설이 수북수북 쌓여 있었다. 산길은 눈이 정리되지 않아서 오르기가 여간 힘든 게 아니었다.

나는 찬 공기를 폐부 속까지 깊이 들이마시며 힘겹게 눈길을 전진해 나갔다. 조심조심 오르면서 자꾸 나무들 사이에서 동물의 발자국을 찾았다. 울창한 숲에서 사슴이 긴 목을 빼고 더럽혀지지 않은 설국을 두리번거리다가 나와 눈을 반짝 마주칠지 모른다는 희망에서였다. 맑은 희망이 나의 숨찬 발길을 계속 이끌고 있었다.

2013. 2. 11

발에게 꽃다발을

발아, 너에게 장미꽃 한 다발을 바친다.

맨 아래에서 온몸의 무게를 다 짊어지고 마른 곳, 젖은 곳 할 것 없이 무던히도 쏘다녔던 너의 노고가 너무 절절히 느껴진다.

돌이켜 보면 이때까지 살아오면서 너에게 너무도 무심했었다.

개구쟁이 시절에는 네가 퉁퉁 붓든 말든 해가 꼴깍 넘어갈 때까지 온 동네를 다 쏘다녔고, 무슨 시합이라도 벌어지면 너를 무섭게 닦달했었지.

전쟁 중에는 52개나 된다는 네 안의 뼈들을 결속시켜 죽기 아니면 살기로 뛴 너의 빠름으로 인해 야들한 소년기의 목숨을 건진 일이 한두 번이냐. 당시에 한발이 늦어 맥없이 이슬이 된 생명이 얼마나 많았던가.

논산의 육군 연무대에서 신병훈련을 받을 때는 동료의 실수로 야전 삽으로 발등을 찍혀 피가 줄줄 흐르는 상처를 입었었지. 약도, 씻을 물도 귀했던 시절의 여름철이라 덧난 네가 장딴지만큼 붓고, 고름투성이가 됐음에도 쩔뚝거리며 그 힘든 훈련을 감당해냈으니 인내의 한계를 곱씹던 너의 결기를 뼛속도 기억하고 있을 것이다.

가난한 고학생을 나르던 고충은 또 어떠했더냐. 멀리 가정교사를 마치고 차비가 없어 밤늦게 삼각지에서 이화동까지 그 먼 길을 걸어서 귀가하곤 하다가 통행금지에 걸리던 일, 배를 곯다가 동숭동에서 행당동까지 먼 친지 집을 찾아갔으나 '차용'이란 말을 못 떼고 터벅터벅 돌아온 헛걸음 등을 몰라라 한다고 여기지는 않겠지.

오오, 젊은 날 가슴 속에서 터질 듯 요동치던 혈기! 4.19 시위대의 앞줄에서 무장경찰들의 곤봉과 소총 개머리판으로 무참히 터져 피투성이가 되었고, 인근 산부인과 병원으로 업혀 가던 현장은 어찌 잊을 수 있겠는가. 빌린 돈으로 가까스로 장만했던 새 교복은 동대문 경찰서 앞 도로의 콘크리트 바닥에 갈려 갈가리 찢기고, 부푼 가슴으로 받아든

대학의 첫 교과서들은 읽어보지도 못한 채 휴지처럼 길바닥에 흩어져 버렸지.

미국 땅에서 종일 서서 일하다가 하지정맥류에 걸려 레이저 수술까지 받았던 간난, 생소한 컴퓨터 부품 제조업에 뛰어들어 뚝뚝 떨어져 있는 거래처들을 밤낮으로 찾아다닌 장거리 운전, 그 모든 것들이 주로 너에게 의존했던 고행이었어.

그러나 발아, 우리가 누빈 길 위에서 영글었던 작은 보람들을 가볍게 치부해서는 안 된다.

대중매체에 몸담고서 소금 같은 가치를 사회에 조금씩이나마 스며들도록 고민했던 시간들, 홍콩에 주재하며 중국 접경과 동남아시아, 호주까지 나름대로 피운 문화와 역사들을 탐색했던 행적은 얼마나 뿌듯한 걸음이었더냐.

미국과의 만남은 그 자체로도 큰 수확이었다. 혹자는 갈등과 오염 등을 들추며 미국 사회를 폄훼하기도 하지만, 그래도 들여다볼수록 그 저력과 성숙함에 끌리지 않을 수 없었지. 그 개방성과 포용성, 진취성 그리고 그 엄청난 가능성이야말로 어느 나라, 어느 사회가 따르겠느냐.

그런 역정에서의 체험과 사유가 꼭 세상 밖으로 나와서 빛나지 않아도 좋다. 내면에 건전한 상식이 넉넉해서 사물과 현상을 바로 보고 판단할 혜안이 쌓인다면 그 이상 탐낼 게 더 무엇이 있을까. 스스로 느긋해진다면 그것만으로도 큰 복이 아닌가.

너의 공이다. 까탈 부리지 않고, 몽니 부리지 않은 무던함의 덕이며, 몸 사리지 않고 거친 곳도 마다하지 않는 너의 의기와 순량함이 낳은 결실이다.

지난 주말, 세상의 심연에 보존된 순수의 진수 같은 장면도 그렇게 만나지 않았더냐. 묵묵히, 그러나 결연히 헤쳐나간 너의 기개가 낳은 개가의 하나였다.

운길산역에서 내려 북한강 산책로로 들어서자 해 질 녘 겨울의 강이 교교히 흐르고 있었지. 인적은 이미 끊기고, 뿌연 하늘 아래 산은 검은 이불을 슬금슬금 끌어당기고 있었다. 기억하고 있느냐, 운길산에서 내려오는 북풍을 타고 눈발이 흩뿌리기 시작하던 겨울 강변의 스산한 풍경을? 강가에는 녹지 않은 눈, 얼음이 희끗희끗 남아 있고, 물결은 짧은 파장으로 무엇인가를 끊임없이 이야기하려 하고 있었다. 찬바람이 떼지어 다니니 갈대들은 부대껴서 서로 부딪히며 신음처럼 아삭거렸다. 그 저녁은 그렇게 인간들의 발길이 멀어진 요요 속에서 원초적인 신비에 휩싸여 움직이는 것들의 몸짓과 대화로 수런거리고 있었다.

땅거미에 쫓기며 산책을 서두를 때 갑자기 우리를 멈추게 한 것은 춥고 어두운 강가에서 난데없이 들린 오리 떼의 왝왝거림이었지. 우리는 거친 갈대밭을 헤집고 살금살금 그 강가의 풀숲으로 다가갔지. 거기에는 청둥오리 대여섯 마리가 후미진 여울목에 옹기종기 모여 밤을 맞고 있었어. 그들은 무슨 이야기를 그렇게 목청껏 나누고 있었을까? 우리가 조심스럽게 접근했음에도 눈치 빠른 오리 떼는 어스름 속에서 불쑥 나타난 침입자를 피해 더 큰 무리가 떠 있는 강 한가운데로 쭈뼛쭈뼛 달아나 버렸지.

그때였어. 우리를 더 놀라게 한 것은 청둥오리를 멀리 보낸 아쉬움의 바로 인근, 갈대숲 사이로 보이는 또 다른 여울목에서 몇몇 선녀들이 미역을 감고 있는 모습이었지. 신비스러운 자태의 그들은 새하얀 고니들이었어. 우리는 가시에 찔리면서, 돌부리에 차이면서, 얼음들이 신발을 푹푹 적시는 데도 자력(磁力)에 끌리듯 가까이, 더 가까이 다가갔지. 틀림없이 눈과 얼음의 고향에서 월동하러 내려온 손님들, 그 네 마리의 백조는 쌍을 이루어 천천히, 그리고 부드럽게 전설처럼 노닐고 있었어.

오염되지 않은 설국에서 눈의 빛으로 표백해 왔을 순백(純白)의 몸매와 빼어난 예술품인 노란 부리는 더 없이 고혹적이었다. 해거름을 맞아 잠들려는 자연의 품속, 어둡고 찬 강의 한구석에 고적함을 모아놓고 펼치는 그 청아한 몸짓에 심장까지 두근거렸었다.

차이콥스키도 〈백조의 호수〉를 작곡할 때 그런 눈부신 우아함에 취해 있었을까?

발아, 괴테는 『파우스트』에서 "모든 이론은 회색이고, 삶의 나무만이 변함없이 푸르다."고 외쳤지. 너야말로 작은 생명의 나무를 위해 부단히 푸르렀구나.

아래로 누르는 무거운 짐을 짊어지고, 진리가 숨 쉬는 삶의 현장에서 온갖 노역을 감당해온 너의 체취에 가슴이 새삼 뭉클하다. 네가 당겨온 거친 들녘의 풀뿌리 내음이 너에게 바치는 나의 꽃다발 향기에 담겨 그윽하지 않느냐.

2014. 1. 4

시선이 오래 머문 곳

아우야. 도심의 혼탁함을 뒤로하고 청량한 산속과 바닷가로 휘이휘이 내달렸던 주행(周行)이 얼마나 신나는 일이었던가. 지난주의 강원도 여행 말이네. 우리들의 영혼이 잠시 지겨운 일상을 벗어나 살랑거렸던 한 무리의 미풍이었어.

인제군에 들어서자 태백산맥의 능선이 겹겹이 내리뻗은 사이사이로 계곡이 구불거리고, 산자락이 오르락내리락 곡예를 부리면서 자연은 그 깊음과 장대함으로 우리를 압도했었지. 시선이 닿는 곳마다 설렘이 일었고, 설렘은 환호로 이어졌지.

멀리 볼 때의 고봉준령은 검은 수석(壽石)일 뿐이었는데, 가까이 갈수록 털북숭이로 보이더니, 종내에는 품 안에 감추었던 저 울창한 숲의 세계를 턱 내놓지 않았던가. 그 안에서 시야는 넓어지고, 마음은 깊어지지 않을 리 없었지.

자연이란 집단 속에 그렇게도 많은 사물이 바글거리며 생멸을 겪고 있음을 예전에는 눈여겨보지 못했었네. 들여다보면 볼수록 그 안에 저마다 색다른 억 조 개체들을 가득 품고도 자연은 의연하게 저만큼 서서 긴긴 세월을 몸속에 감고 있었음을 알게 되었다는 말일세. 내 작은 머리로는 그 많은 존재와의 교감을 다 감당할 수가 없어서 버거워하고, 혼란스러워했다네. 나는 그보다 더 낮은 야산에서도 사물들이 있는 곳에는 그만한 의미가 있고, 전달되는 의미만큼의 울림이 있겠지 싶었으니…

내린천을 거슬러 올라가 방태산에 이르렀을 때 자네는 속세의 일로 서너 시간 일행을 이탈하고, 남은 우리 셋은 이중폭포를 지나 휴양림과 정상으로 뻗은 울울한 삼림의 속으로 빨려 들어갔지. 깊이 들어갈수록 세상은 온통 짙은 초록으로 덮이고, 그 안에 가득 고였던 생명의 원소가 신선한 향기를 내뿜으면서 지쳐가는 우리의 생기를 북돋아 주었어.

숲에는 소나무와 전나무, 참나무, 상수리나무 등 높이 자란 교목들이 가득히 늘어서서 아래에서 꼬물거리는 우리를 무심히 내려다보고 있고, 그 그늘 밑에서 개나리와 철쭉, 인동덩굴, 싸리나무, 찔레나무를 비롯한 여러 가지 잡목들이 여기저기 어울려 덤불을 이루고 있었지. 그보다 더 낮은 곳에서는 작고 유약한 풀들이 옹기종기 모여서, 또는 흐트러져서 예쁘게 보이려고 뽐내고 있었네.

자연의 품 안에는 갖가지 형체들이 어우러져 스스로 장엄한 조화를 이루고 있는데 그 안에서 내가 엉뚱하게 크고 작은 부류로 사물을 나누어 보게 된 것은 인간 사회에서 푹 절은 잣대 의식 때문일 테지. 어떻든 바위틈을 비집고 나온 연약한 애기똥풀이나, 길가의 척박한 땅이라도 제 터전이라고 자리 잡은 제비꽃, 엉겅퀴, 쑥과 씀바귀 등이 눈에 띌 때는 나는 왜 걸음을 멈칫거리며 그토록 자세히 들여다보게 되었는지 몰라.

아우야. 나는 연신 눅진한 시선으로 가파르거나 비스듬히 누워있는 둔덕을 물끄러미 응시하곤 했었네. 꺾여서 널브러져 있는 나뭇가지들, 부스러진 낙엽들, 그리고 빛바랜 낙화들도 무심코 지나쳐 버릴 수가 없었어. 그 밑에 묻혀 썩고 있는 거름들도 조심스레 들춰 보았지. 그것들도 한때는 파릇한 새싹으로, 푸른 잎으로, 울긋불긋한 단풍으로 아름다운 계절을 구가했던 시절이 왜 없었겠나. 모두가 제각기 나름의 이야기들을 한아름씩 이고 있었네. 그 이야기들은 과거에 어떤 역정을 거쳐 오늘에 이르렀고, 오늘은 어떤 모습으로 미래를 맞을는지도 속삭이는 듯싶었지.

돌들은 어떤가. 그것들도 모두 각각 다른 모양으로 존재하고 있고, 존재는 그 자체로도 어떤 의미가 되어주지. 큰 바위는 큰 바위대로, 뾰족하건, 둥글건 돌은 돌대로, 자갈대로, 모래대로, 흙은 흙대로 그 존재의미의 내공을 단단히 안고 있을 터인걸. 낙엽과 돌 사이에서 자작이는 물기도 그 고유의 성질을 안고 도랑으로 흐르고, 도랑은 개울과 합류하고, 이어서 시냇물이 된 다음 강으로 합쳐져 바다에 이르기까지 의미의 변신을 거듭하겠지.

나는 그렇게 무수한 이야기를 경중경중 따라다니면서 깊은 산중의 한때를 유령에 홀린 듯 풋풋한 생각들 속에 몰입했었네.

그런데 아우야. 우리가 강원도에 들어섰을 때 레포츠로 각광을 받는다는 물살 센 시냇물이 푸른 산들을 휘돌아 굽이치지 않았나. 그 투명한 자연수가 붉게 물들었었다는 사실을 기억하지? 무려 300여만 명의 생명을 앗아간 이 땅 최악의 참극, 한국전쟁의 막바지 공방전이 강원도 일대 전선에서 치열하게 벌어졌을 때 그 맑은 물은 전사들의 피로 붉어지고, 골짜기에는 시체들이 즐비했으며, 능선은 포화로 무참히 파헤쳐지지 않았던가?

자네가 한계령과 진부령을 일컬으며 인제군을 거쳐 고성군으로 차를 몰고 갈 때 바람 소리, 개울물 소리가 우리를 따라오며 윙윙 울고 있었어. 그 소리는 미상불 포탄에 맞아 죽어가는 병사들의 처절한 비명이었어. 더구나 군복도 입지 않은 여린 풀들의 아비규환은 없었겠나.

극악했던 싸움은 세월 따라 산천 속에 흔적을 감추면서 '잊혀진 전쟁'으로 회자되지만, 역사는 현재와 대화하면서 우리의 의식 속에 그렇게 생생하게 맴돌고 있었네.

방통 약수터에서 시원한 생명수를 한 바가지씩 들이키고, 우리는 높은 산 속 계곡을 따라 이어지는 도로를 달려 동해까지 치달았지. 유려

한 내설악 품속 주행(走行)의 맛은 더할 나위 없이 일품이었어. 그 깊고 푸른 산천을 달리는 장쾌함이라니! 우리는 산을 올려다보며 달리고, 산은 서서 달리는 우리를 내려다보면서 질곡의 역사가 이어놓은 인연을 새김질하며 서로를 보듬고 하나가 되었던가.

보슬비가 추적추적 내리는 7번 도로를 휘적이며 대진의 숙소에 이르렀을 때는 이미 띄엄띄엄 조는 전등을 빼고는 마을들은 고요히 잠들고, 주변의 산들과 바다는 시커멓게 괴물이 되어 웅크리고 있었지. 어둠 속의 산과 바다가 더 흉측하게 보인 것은 북쪽으로 지척에 남과 북이 날카롭게 대립하고 있어서 더 그랬을 테지. 반복되는 긴장에 면역이 돼 있더라도 전쟁의 촉수가 더듬이는 경계에서, 비극의 내음이 가시지 않은 음산한 땅에서 잠은 설치고, 꿈은 악몽으로 심란했었네.

이튿날 새벽 나는 숙소 앞 해변에 나가서 해무 속 모래톱을 홀로 거닐어 보았어. 비릿한 바다 냄새 속에는 저쪽 북쪽의 바다 냄새도 쓸려와 섞여 있지 싶었네. 울컥해져 북향으로 조금 나아가니 육중한 설치물이 걸음을 막아섰고, 나는 맥없이 주눅이 들었지. 갈매기들만 금단의 경계를 훨훨 넘나들고 있었네. 산모퉁이를 돌면 바로 애먼 주민들이 굶주림에 곯아 깡마른 채 이념의 사슬로 묶여 있는 그 생경한 땅이라지 않나.

해변에는 녹슨 철조망이 길게 이어져 통행을 차단하고 있었어. 아름다운 경관이, 소박한 어촌이 그렇게 금속성 권력에 의해 흉물스럽게 망쳐 있었지. 철조망 너머로 동네가 안개 속에 삐죽이 모습을 드러내고 있었네. 언뜻 보기에는 평화로운 정경 같았지만, 주변은 유·무형의 굴레로 겹겹이 에워싸여 있었던 거야.

새벽인데도 마을에서 주민들이 하나둘 눈에 띄었어. 오늘도 또 하루를 위해 마을은 기지개를 켜는 중이었지. 누가 저이들을 철조망으로 가로막고 있는가. 누가 저렇게 순박해 보이는 인본(人本)들에게 처절한 전쟁의 참화를 쏟아부었단 말인가. 나는 답답해서 한동안 먼산바라기가 되었었다네. 귀갓길에 강릉을 거쳐 다시 백두대간을 넘어오면서도 머릿속에는 그 잔상이 지워지지 않고 계속 어른거렸어. 전쟁이 휩쓸고 간 폐허 위에서 애써 퍼덕이는 번영의 날갯짓은 물론 가상하지만, 그늘에 가려지는 아픔을, 그 아픔을 두려워하며 사는 여염의 마을들을 어찌나 몰라라 할 수 있을까. 경계선 북녘의 신고(辛苦)야 더 말할 나위도 없겠지.

국가라는 불가사의한 권력, 사회를 움직이는 소수의 세력, 그 높은 권세들이 동원하는 까칠한 힘, 그리고 그것들이 서로 부딪쳐 내는 참혹한 파열을 그 아래의 저 연약한 민초들은 하릴없이 운명처럼 받아들이며 살고 있겠지.

시선이 오래 머문 곳, 작은 존재들의 가냘픈 영상이 새삼 가슴을 아리게 하네.

2013. 6

어스름과 불씨

우리 집 옹색한 뜨락에는 못생긴 감나무 한 그루가 서 있다. 장독대 옆 거친 토양에서 밑동부터 두 갈래로 자라다니 중간부터는 구불구불 많이 굴절돼 있다. 앞으로 가지를 뻗으면 차양 앞에서 꺾고, 옆으로 벌리면 처마 밑에서 치고, 뒤로 내밀면 이웃에 폐를 끼칠까 전지해서 그 모양이 됐다. 그렇게 되기까지 연한 우듬지를 싹둑싹둑 자를 때는 아무리 식물이라도 마음이 편치 않았다. 아주 완전히 뽑아버릴 생각도 더러 했으니 감나무 입장에서는 죽음의 문턱까지도 오간 셈이다.

감나무는 그런 시련에도 아무렇지도 않다는 듯 봄마다 앙상한 가지에 일제히 움을 틔우고, 여름에는 짙푸른 잎사귀들로 넉넉한 삶을 누린다. 이어서 야무진 열매들을 빚어내 놓고 추위가 오기 전에 발갛게 익혀서 소담스러운 노작을 선사한다.

감나무의 형상은 나의 굴곡진 삶의 꼴과 질곡의 시대에 맞선 한국 사회의 모습과도 같다는 생각이 든다. 아픔과 상처를 안고도 견디고 있는 우리들의 역정과 무엇이 다르겠는가.

나는 하루에도 여러 번 거울 앞에 선다. 외출하기 전 면도할 때, 넥타이를 맬 때, 옷을 갈아입을 때는 으레 거울을 마주하게 되는데, 서두르지 않을 때는 거울 속 나를 상대로 잠깐 단상에 젖기도 한다. 기분이 썩 좋을 때는 그런대로 생김새에 자신이 실리지만, 언짢을 때는 어떻게 이런 꼴로 생겼는가 싶은 생각에 소침해지기 일쑤다.

거울에 비치는 모습은 기껏해야 단면적이어서 아무리 돌려 봐도 몸의 내면과 그 안에 웅크리고 있는 심상은 볼 수 없다. 또 오늘의 형성 과정과 미래도 보이지 않는다. 껍데기만 보고 해바라지고 찌푸리는 격이다. 내면과 이력까지를 두루 볼 수 있는 마술의 거울은 없을까?

우리 집 감나무가 그 마술의 거울이 돼 줄 때가 종종 있다. 갖은 풍상을 겪은 껍질과 찢겨나간 나무껍질 자국, 뻗다가 잘린 가지, 구부러진 품새 등을 보고 있으면 과거에 겪은 많은 일이 연상되고, 깊은 감회에 젖게 한다. 아직도 펄펄 살아 있는 잎사귀와 질긴 줄기, 열매, 호된 역경을 이겨내고 버티고 있는 실존 등도 뿌듯한 의미로 다가온다. 감나무는 한 세기 가까운 시간 동안 수령의 형상으로 모진 세월의 굽이굽이마다 점철된 풍진 세상의 일들을 묵시적으로 말해 주고, 그로부터 앞으로 닥칠 삶의 항해도 유추해 보도록 하는 것이다.

감나무가 연상시키는 세상사들 속에 나의 이야기들이 초라하게 웅크리고 있다. 몸 사리지 않고 뛰어다녔건만 가년스럽던 청년기의 생활, 빚을 끌어 집을 사고 많이 쪼들리던 근근함도 그 안에 간직돼 있다. 직장과 개인의 성향이 달라서 뻗대거나 인고하던 시기도 저장돼 있고, 사회생활의 상당 부분이 유형, 무형의 조직사회 메커니즘에 맡겨져 떠다니던 현상도 일깨운다. 5.18 광주사태 같은 국가적 비극과 내면의 갈등도 가슴 깊이 새겨져 있다. 그 일이 일어나고 며칠 뒤 나는 가족 외에는 아무도 모르게 은밀히 현지에 내려가 보았다. 친지를 따라 교회의 예배에도 참석해 봤다. 침통했던 교회의 분위기는 너무도 무겁고 어두웠다. 할 수 있는 일이 아무것도 없었다. 사회에 예쁜 차돌 하나 쌓아 주고 싶던 생의 목표는 그렇게 환경의 한계를 뛰어넘지 못하고 오므라들고 있었다. 좌절은 마디마디 이어졌고, 꿈은 계속 넘어졌다.

소인배의 선택과 이기적인 처신을 한 기억들은 부끄러운 회한들이다. 넉넉히 베풀지도 못했고 너그럽게 양보하지도 않았다. 친지들에게도 그랬고, 동료와 후배들에게도 그랬다. 가끔 선량한 인성이 살아나 손짓하는 세상의 그늘 쪽에 대해서도 푸근할 줄을 몰랐다. 인색은 또 다른 인색을 낳았던 것을….

감나무는 제 생애와 같은 시대를 겪었던 사회의 상처와 굴기도 복기해 준다. 전쟁과 권위에 찢기고 다친 서민들의 고통에 사회는 멍들었고, 사회가 병들자 구성원들은 몸부림쳤다. 그 신음과 울부짖음은 나라 저변에 깔려 시대를 아우르는 선율로 흐른다. 한편으로는 바닥에서 일어서던 당찬 성장의 맥박도 도저한 음역으로 화음을 이루어 울린다. 감나무는 이 시간에도 욕심이 곪아 터지거나, 날 선 갈등으로 난자되는 세월을 선명하게 녹취하고 있을 것이다. 다음 단계는 무엇일까에 대한 고민도, 시대정신에 대한 논의도 탁본할 것이다.

허둥대지 않고 정진할 올곧은 길은 어디에 있을까? 먼 뒷날 고목이 된 감나무는 오늘날 다중의 선택을 어떻게 회고할 것인가?

마술의 거울이 감나무뿐이겠는가. 마음을 열면 주변에서 우리들의 삶을 비춰볼 거울은 쉽게 만날 수 있을 것이다.

저녁 산책길에서 한 초로의 부부를 본다. 서울 화동에서 삼청공원으로 이어지는 북촌 언덕길 위, 옆으로는 그럴듯한 다세대 건축물들이 줄지어 서 있고 아래로는 청와대와 총리공관, 멀찍이 경복궁이 위엄 있게 내려다보이는 곳이다. 태양은 그 위엄들을 데리고 인왕산 너머로 잠자러 가고, 시커먼 북악에 맞닿은 하늘에는 별들만이 빤짝인다. 고양이 눈깔만 한 가로등도 멀리서 구경만 하는 어둑어둑한 길 위에서 노부부는 옹골지게 일에 매달려 있다. 동네에서 수거한 폐기물들을 정리하기에 바쁘다. 종이 상자들은 접어서 차곡차곡 묶고, 병이나 깡통은 따로 봉지에 넣는다. 손놀림은 나름 익숙하다. 납품이 끝나면 굽은 허리를 펴는 노인들의 작은 보람이 가을처럼 영글 것이다.

사시장철 두 사람뿐이다. 둘 사이의 단문답식 대화는 좀 퉁명스럽지만 일에 대한 정성과 진지함 만은 물씬 풍긴다. 자식들은 있는지 없는지 알 수 없다. 어떤 가시밭길을 거쳐 저 불퇴전의 오늘에 이르렀는지도 알 수 없다.

그날 밤에는 늘 함께 일하던 노파가 보이지 않았다. 일에 겨워 몸져누워버렸든지, 영영 못 올 길을 떠났을 것이라는 예감이 퍼뜩 떠올랐다. 홀로 물건을 다루는 노인의 어깨가 더 아래로 처져 보였다.

순간, 센 헤드라이트 빛을 쏘며 고급 승용차 한 대가 골목을 비집고 달려와 경적을 울려댔다. 놀란 노인은 길 가녘을 점령한 손수레를 얼른 고샅 쪽으로 치워주고 있었다. 젊은 운전자는 연신 담배를 피워대며 그 사이도 못 참고 차를 급히 몰아 노인을 스치듯 휙 빠져나갔다. 움찔한 노인은 그 차의 뒤를 한참 멀거니 바라보았다.

나는 허청거리며 그곳을 비켜 가면서 불빛에 부신 눈으로 뒤를 흘긋거렸다. 그때 문득 노파가 흐릿하게 보였다. 길옆 골방 같은 창고에서 스멀스멀 기어 나와 구부러진 허리를 폈다.

"무슨 보석이라도 찾는다고 그렇게 오래 꾸물거려?" 노인의 쉰 말투에 짜증이 잔뜩 실려 있었다.

"내가 놀다 왔남." 노파가 창고에서 들고 나온 헌 옷가지를 흔들어 보였다.

평생을 함께 살면서 숙성시켜온 그들의 대화 방식인 듯싶었다.

싸늘한 밤바람이 화려한 야경의 시가지로부터 올라와 길가의 낙엽을 굴렸다.

나는 옷깃을 여미며 공원 쪽으로 걸어가면서도, 어스름 속에서 삶을 위해 꿈틀거리던 그들의 영상을 뇌리에서 한동안 지울 수가 없었다.

그 위에 우리들이 보였다.

거울, 나의 거울과 우리들의 거울, 사회의 거울, 거울은 과거를 비추어보게 하고, 오늘을 알게 하고, 내일을 내다보게 하니 그 아니 고마운가. 감나무와 거울은 한통속이지 싶다.

2012. 9. 29

두려운 눈빛에 아리다

강원도 영월 서강(평창강 서쪽)은 아직도 청령포를 가두고 빠르게 흐르고 있었다. 물인지 권력인지 헷갈리는 형체로 단장의 역사를 재현하고 있었다. 노산군으로 격하된 단종에게는 시퍼런 물빛과 가파른 절벽이 삼촌 수양의 비정한 살기로 번득였을 것이다. 비극의 곡소리를 들었다 하여 이름 붙여진 늙은 관음송 가지 사이로 폐왕의 흔적은 아련했다. 처소의 처마 밑에 맴도는 공포와 체념의 기운 속에 그 여린 눈빛은 숨어있었다. 군부인이 됐다가 다시 노비로 전락한 정비 정순왕후(송 씨)를 그리며 돌을 주워 망향탑을 쌓으면서도, 노산대에 앉아 쓸쓸히 죽음을 예감하면서도, 용포 벗긴 군주는 두려움에 떠는 한낱 공자였을 것이다. 권력의 생리를 파악하지도 못했을, 권력을 방어하거나 쟁취할 능력과 강단도 없었을 어리고 나약한 폐주의 잔상이었다. 잔상의 배경에는 치국(治國)에 개안(開眼)도 못한 12살 소년을 용상에 앉힌 엉성한 통치제도와 폭력적인 정변을 제압하지 못한 체제의 미숙이 할딱이고 있었다. 정권의 탈취와 핏빛 처단을 안쓰러움과 두려움만으로 순응한 백성들의 잔영도 어두웠다. 초라한 행랑채와 30여 그루 노송의 그늘에는 민초들의 그런 비감이 깔려 자작였다. 숙종이 뒷날 단종을 복위시키기 전까지는 입도 뻥끗하지 못했을 비애는 한(恨)의 노래가 되어 산천을 떠돌았을 것이다. 피지 못하고 떨어진 꽃, 17살 어린 임을 여읜 측은한 민심은 오늘날까지 청령포를 찾는 발길을 짓누르고 있었고, 관광객들의 눈빛에도 항용 그늘져 있었다.

야박한 풍속

김병연(1807~1863)

석양에 사립문 두드리며 멋쩍게 서 있는데
주인이 세 번이나 손 내저어 물리친다
두견새도 야박한 풍속 알고 있는지
숲에서 울며 돌아가라 배웅하네

삿갓 시인 김병연의 과객 행장은 얼마나 고달프고 초라했을까? 그는 양주 땅에서 태어나 화순에서 객사할 때까지 36년 동안이나 산천을 떠돌며 방랑을 거듭하면서도 가족이 은거하는 영월의 마태산 골짜기로는 끝내 귀가하지 않았다. 역적의 후예임이 드러날 것을 무서워했던가? 손가락질을 받으며 살기가 싫었던가? 아니면 세상과 자연을 떠돌며 샘솟는 시심이나 뿌리면서 나다니는 자유로운 영혼으로 남고 싶었던가? 그는 끝없는 굶주림과 추위, 푸대접과 냉소를 해학과 운치가 넘치는 한시로 받아넘기면서 동가식서가숙하며 평생을 주유했다. 스무 살에 영월 도호부 과거에서 홍경래 난에 투항한 선천부사 김익순을 비판하는 글로 급제한 뒤 어머니로부터 자신이 그의 손자임을 듣고 심한 자괴감에 빠졌던 것으로 전해진다. 병자호란의 척화파 충신 좌의정 김상헌의 후예라 멸족은 면했으나 폐족이 되어 곡성 등 두메산골로 전전하던 화전민의 가문으로 살기에는 그의 예술혼이 너무도 고고하고 분방했을 것이다. 삿갓 아래에 감춰진 예리한 그의 눈초리는 저항문학의 번득이는 예지였었다.

방랑시인이 걸쳤던 남루한 옷가지와 해진 짚신은 매서운 권력의 풍상이 얼마나 고되었는지를 즉물로 시사한다. 축 처진 어깨와 마른 팔다리는 삿갓 시인만의 삭신은 아니었을 것이다. 권력의 그늘에서 춥고 서럽던 민초들의 여기저기 널린 흔한 형상들로 여겨진다. 왕권과 조정, 사대부, 심지어 백성들까지 누가 삿갓 시인이 읊어놓은 질곡의 삶에서 자유로울 수 있었을까? 오늘 영월의 하동 마태산 기슭 노루목의 기념관 일대 울창하고 삽상한 산세와 맑은 개울물은 우리의 옛 모습인 김삿갓의 고초와 오뇌, 그리고 그 젖은 시상을 말끔히 씻어 빛내주고 있다고 볼 수 있는가? 답은 멀리 아득하고, 산바람과 개울물 소리만 여전히 종알거리고 있었다.

『토지』의 박경리는 원주 단구동 문학공원의 이슬과 서리 내리는 뜨락에 거동이 무거울 법한 동상으로 앉아 번뇌하고 있었다. 묘지는 고향인 통영 기념관 안이지만 1980년 이래로 말년 26년 동안 여기서 집필하고 운명했기에 그의 체취는 이곳에 더 머물러 있을 터였다. 그의 문학 생애가 고뇌와 증오의 토양에서 자라 승화했음을 전하듯 그 체취는 아직도 무겁고 스산했다. 거실과 부엌, 그리고 생전에 남들의 출입을 원치 않던 집필실에는 어둠과 침울이 귀퉁이마다 배어 있었고, 비애와 외로움도 절제돼 곳곳에 가라앉아 있었다. 81세의 노작가는 아직도 그곳 집필실에 보이지 않는 그림자로 누워 침묵으로 이승의 비창을 토해내고 있었다.

박경리는 어린 시절 부모에 대한 심한 애증을 품고 고통스레 자랐다고 털어놓은 적이 있다. 성장해서는 굴곡진 역사가 미래의 작가에게 아린 프리즘으로 세상을 보는 시선을 길러주었으리라. 남편 김행도(전매청 서기)가 좌익 사상범으로 서대문 형무소에서 옥사하고, 아들마저 잃은 참담함에 문학적 감성은 몸부림쳤을 것이다. 그 형극이 김동리에 이끌려 걸작 『토지』를 낳았지만, 삶의 굽이마다 작가를 도리깨질했음을 느끼기는 어렵지 않다. 작고하기 한 해 전, 폐암 진단을 받고서도 치료를 거부하고 죽음을 기다린 것은 그 두려움과 인고로 이어진 생을 더는 감내하기 버거워 내린 결심은 아닌지….

무거운 걸음을 달래며 조악한 첨성대와 도요지, 한반도 모형을 돌아본 뒤 횡성의 장터에 들어서니 사람들이 군데군데 어우러져 왁자지껄 떠들고 있었다. 청령포에서 떠돌던 백성들의 노래가 저렇게 재생되었나 싶었다. 수필동호회 문학기행단은 장터 깊숙이 자리 잡은 밥집에 들어가 착잡한 감정을 내내 공유한 정을 어루만지며 소주잔을 부딪쳤다. 그리고 덩달아 떠들어댔다.

　뒤풀이를 끝낸 뒤 커피 한 잔을 빼 들고 저잣거리를 기웃거리며 장바닥을 막 빠져나오던 참이었다. 그때 느닷없이 누군가가 나에게 와락 달려들어 들고 있던 커피로 날벼락을 맞게 하는 게 아닌가. 초등학교 저학년일 어린 소년이 한눈을 팔다가 확 부딪친 것이다. 소년과 내가 어쩔 줄 몰라 당황하고 있을 때 아이 아버지로 보이는 이가 급히 뛰어와 그를 호되게 야단쳤다. 소년의 눈빛이 두려움으로 질려있었다. 소년은 영락없는 노산군이었다. 김병연이었고, 박경리였다. 커피를 뒤집어쓴 나의 손과 외투는 훨씬 뒤에 물러나 있었다.

　"괜찮다, 괜찮아. 어릴 땐 다 그런 거야. 나도 그랬었다." 소년의 어깨를 마른 손으로 두어 번 두드려 주고 나는 황급히 그 자리를 벗어나 화장실을 찾았다. 화장실에서 손수건에 물을 묻혀 커피로 범벅이 된 외투를 수없이 씻어내며 생각했다.

　'소년의 눈동자도 깨끗이, 정말 깨끗이 씻어줄 수는 없을까?'

2014. 11. 11

쇠락과 그 너머

가을이 깊어지자 산을 오르는 행락의 줄이 촘촘하다. 등산객들의 말소리는 조밀하면서 파장도 길고 높아서 때로는 새들의 지저귐마저 재워버린다. 그 떠들썩함 속에서 단풍의 아름다움을 놀라워하는 감탄사가 툭툭 튀어 오른다.

"세상에, 저런…."

"와~! 최고의 예술이다!"

그 감탄사 중에는 곱게 채색된 수채화를 보는 듯한 진한 감동도 섞여 있다. 그도 그럴 것이 산은 능선이고, 골짜기고, 비탈이고 할 것 없이 갖가지 색깔로 물들여져 만개한 꽃처럼 온 사방에 널려 있다. 저 웅장하고 정교한 미술의 기법은 자연 외에는 알지 못할 것이다. 그러니 자연은 가히 화신(畵神)이라 하겠다.

그러나 자연이 저런 경관을 의도적으로 만들어 놓은 것은 아니다. 그저 색색의 잎사귀들이 모여서 펼치는 모자이크이고, 계절이 불러온 현상일 뿐이지 않은가. 오히려 이는 이파리들이 가을의 서늘한 바람에 시려서 고통스러워하며 병들어 가는 모습이고, 삶의 기운을 잃고 쇠락하는 현장이다. 쇠락하는 것은 죽음의 칼날로 살아 있음을 서서히 잘리는 것이다. 생기를 잃은 잎은 간신히 매달려 있다가 견디다 못해 결국 나락에 떨어지고 만다. 떨어져서는 이리저리 굴러다니다가 사람들의 신발 아래 이겨지고, 혹은 돌 사이에 끼거나 도랑에 처박혀 썩어간다. 그렇다. 단풍은 아프고 괴롭다. 아름다움을 위해 그림을 그리거나 설치미술이 되기는커녕, 죽음으로 가는 길목의 햇쑥한 안색이며, 운명하기 전의 작별인사다. 어찌 그 고통스러운 형색을 단선적으로 그냥 아름답다 할 수 있을지….

한 친지가 소나무 묘목 한 그루를 가져와 집안 뜨락에 심었다. 소나무는 봄과 여름을 맞아 대견할 정도로 잘 자랐다. 새로운 가지도 쏙쏙 솟고, 이파리는 짙푸르러서 보는 이의 원기까지 돋아주는 듯했다. 그러더니 이게 웬일인가! 가을이 깊어지면서, 어느 날부터 푸르던 침엽들이 한쪽부터 누렇게 뜨기 시작하는 게 아닌가. 모종한 뒤 한고비를 잘 넘겼고, 함께 심은 주목은 멀쩡한데 이제 와서 늘 푸르러야 할 어린 것에 병색이 보이다니! 나날이 퇴색하는 모습에 마음을 상하다 못해 나는 멀리 수목원에 들러 원격 진단을 구했다. 간절한 상담자의 질문이 무색하게도 그곳 전문가의 답은 태연했다. "정황을 들어보니 내년 봄에 푸르게 되살아날 것"이라며 "그냥 두고 보자."고 대수롭지 않게 일렀다. 반신반의하면서도 '되살아난다'는 말에 나는 정신이 번쩍 들었다. 그 말은 죽음으로부터의 생환을 의미하는 것이며, 사라질 줄 알았던 존재의 대반전을 뜻하는 것이 아닌가. 나는 집에 돌아와서 잔병이라도 걸려 눕게 된 어린 나에게 측은히 던져 주시던 어머니의 눈길처럼 소나무를 한동안 바라보았다.

인간은 과학적으로는 되살아난 일도 없고, 그럴 수도 없을 것이다. 부활과 환생은 영생을 바라는 회원에서 출발한 가상의 세계일 법한데, 그 일이 자연 속에서는 자연스레 이루어진다. 봄이 오면 잎이 떨어진 자리에 보드레한 생명의 움이 기적처럼 터서 왕성한 활력의 시작을 알릴 것이다. 쇠락한 주검들도 헛되이 사라져 버리지 않고, 거름이 되고 흙이 되어 새로운 삶의 토양을 제공한다. 얼마나 소중하고 장엄한 순환의 이치인가.

북악산 기슭 말바위에서 본 삼청공원 주위의 숲이 눈부시다. 열기 식은 늦가을 햇빛이 단풍나무 잎 위로 살포시 떨어지고, 현란한 물감이 누리에 넓게 뿌려져 이글거린다. 그 위를 까마귀들이 이따금 음산한 울음을 흩뿌리며 날아다닌다. 푸름을 잃고 변색한 이파리들은 소슬바람에 가냘프게 떨고 있다. 가을은 곧 겨울에 밀리고, 살기 어린 바람은 살고자 버티는 잎들마저 무참하게 떨어뜨릴 것이다. 이른 봄 아직 깊은 골짜기에 잔설이 희끗거릴 때 다사로운 기운을 사뿐 끌고 와 개나리, 진달래, 산수유들을 꽃 피웠던 그 바람이다. 웬 변심일까?

바람은 산을 내려가 넓게 펴져 있는 시가지로도 휘젓고 다닐 것이다. 저 아래 서울의 오래된 골목들도 샅샅이 휩쓸겠지. 시선을 넓혀 보면 도심 밖으로도 서울은 참으로 멀리 넓게 뻗어져 나갔음을 알 수 있다. 신석기시대 인간들이 정착한 흔적을 남긴 이래, 삼국시대와 고려 때 위례와 남경, 한양이란 이름을 거쳐 조선의 수도 한성, 경성, 서울이 된 뒤 600여 년, 그동안 세계적인 도시로 우뚝 성장하면서 철 따라 바람을 많이도 쐬었겠다. 겨울철 칼바람은 살기에 고달픈 시정인(市井人)들의 손발을 얼마나 시리게 했을까?

대기의 바람뿐이랴. 세상이 일으킨 피바람은 얼마나 혹독했는가. 저 아래 보이는 고궁 경복궁 안에서의 그치지 않던 권력투쟁, 사화들, 호란과 왜란의 참화, 한국전쟁이 빚어낸 미증유의 참극, 그리고 또 크고 작은 무수한 비극들…. 그때마다 희생된 생명들은 마치 찬바람에 우수수 떨어지는 낙엽이었을 터, 창으로 찔리고, 칼에 베이고, 총탄에 맞아 맥없이 쓰러졌겠지. 단풍도 되기 전에 생짜로 찢기며 떨어진 그 낙엽들의 아픔은 땅 위에 짙은 핏자국으로 보일 듯, 보이지 않게 선명하다.

저 도시는 그런 상처에도 고꾸라지지 않고 부도옹처럼 버티며 끊임없이 꿈틀거리고 있다. 오히려 풍진 세월을 부둥켜안고 놀랍도록 더 번성했다. 쇠퇴했다가 융성하고, 엎어졌다가 다시 일어나는 생명력, 그 힘은 어디에서 나오는 것일까? 쇠락을 넘어 불끈 일어서는 생명들의 집단적인 힘이었으리라. 그 바탕에는 새싹으로 자라 맹렬히 살다가도 때가 되면 시들어서 떨어지고, 거름이 되고, 토양이 되어 새로운 세대로 이어지는 삶의 이야기가 가득하다.

날이 저물어 어둑어둑해지자 단풍의 풍광도 거무스레한 어둠 속에 잠기기 시작한다. 하릴없이 하산하는 나의 좁아진 시야에 도시의 등불이 하나둘 켜지고 있다. 어둠까지 밝히면서 삶의 기세를 끈질기게 뻗어가는 인간들의 결기가 짜릿하다. 그 도저한 생명의 해일 안에 잠기는 나는 한낱 작은 부초이려니….

내일 또 날이 밝으면 명징한 햇빛이 산과 도시를 다시 불러내 빛내리라. 자연과 사회, 인간은 하나의 이치, 순환의 고리에서 만나고 있음을 더 환하게 볼 수 있으리라.

2013. 10. 15

경동시장의 눈물

　제기역에서 청량리역까지 이어지는 왕산로의 보도는 오가는 행인들로 늘 붐빈다. 경동시장으로 들어가는 여러 갈래의 골목과 연결돼 있고, 상가와 노점 사이의 길이 좁은 데다가 물건들을 기웃거리는 행인들이 앞을 막아 야단법석이다. 무질서의 연속이다.

　"내 돈 내놔~!"

　"돈은 무슨 돈~!"

　구경꾼들로 꽉 막힌 길 위로 악에 받친 두 여성의 맞고함 소리가 날카롭게 올라왔다. 거스름돈을 내놓으라는 고객과 물건값을 아예 내지 않았다는 노점상인 사이의 거친 시비였다. 많지 않은 3천 원어치의 생강과 7천 원의 잔돈을 둘러싼 아귀다툼이었다. 닭싸움을 말린 이는 배낭을 메고 지나던 늙수그레한 안경잡이 사내였다. 그는 두 당사자를 억지로 떼어 놓은 뒤 생강을 사려던 여인에게 만 원권 한 장을 쥐여 주며 다른 가게로 가보라고 밀어냈다. 그녀는 손등으로 눈물을 훔치며 떠났다. 안경잡이는 내팽개쳐진 생강 봉지를 주워 배낭에 넣고 값을 치렀다. 늙은 상인의 충혈된 눈에도 물기가 흥건했다.

　구경꾼들이 흩어지자 안경잡이는 상기된 가슴을 진정시키며 시장 쪽으로 걸어갔다. 갈지자로 허전거리는 할아버지, 안짱다리에 허리까지 굽은 노파, 조글조글한 얼굴을 모자로 반쯤 가린 안늙은이, 허름한 입성에도 자세는 제법 꼿꼿한 중늙은이, 손수레를 끄는 아줌마들은 느리게 걸어가고 있었다. 그들의 뒷줄을 뒤뚱뒤뚱 따르면서 안경잡이는 골똘히 생각했다. '어느 한쪽은 분명히 도둑 심보였을 텐데 어째서 양쪽이 다 눈물을 흘렸을까? 혹 돈 받은 사실을 잊었을까? 신경전에 오기가 붙었을까? 울화의 폭발? 부풀려진 물욕? 궁핍에 내몰려서? 그 모든 고충의 복합? 재판을 벌여도 쉽게 밝혀지기는 어려울 것이다.' 시장에 들어와서도 앞서 벌어진 다툼의 여운은 지워지지 않았다. 눈물을 보인 두 여인의 잔영이 사람들 위에 자꾸 겹쳐지는 것이었다. 그는 고개를 저어가며 중얼거렸다. '이 거대한 시장 속의 저 많은 인파에게 눈물의 너울을 씌우다니!' 그러나 여기뿐 아니고 세상이 온통 그런 이해타산과 공방의 원리로 굴러간다는 미망은 쉽게 재워지지 않았다.

안경잡이는 피곤한 눈을 껌뻑거리면서 청과물 상가로 접어들었다. 장을 보는 인구들과 가게마다 외쳐대는 호객 소리가 엉켜 시끌벅적했다. 그들의 외침은 먹이를 찾는 거위 떼의 울음처럼 쟁쟁하고도 애처롭게 들렸다. 수북수북한 빛깔 좋은 과일들은 동네 마트보다 쌌지만, 값과 품질을 고르는 눈초리들은 매양 까다로웠다. 그는 한 가게에서 '떨이'라는 배 한 무더기를 샀다. 밑지는 장사라는 점주의 한탄과 웬 횡재냐는 욕심의 만남이었다. 그는 짐짓 사과 한 바구니를 더 사주면서 건너편에 붙은 '근조(謹弔) 표지'를 가리키며 물었다.

"주인아저씨가 폐암으로 어제 돌아가셨어요. 저쪽 대왕 코너 화재 때 몽땅 태운 뒤 맨손으로 여기 와서 고생을 지질히 하시고, 겨우 자리 잡았다는데…" 긴 대답이 돌아왔다.

"가족은요?" 촉촉해진 목소리로 또 물었다.

"아주머니는 기가 막히겠지요. 안 쓰러지셨는지 몰라요. 딸은 부산으로 시집갔고, 아들은 미국으로 유학을 떠났대요. 공부도 시원찮다는데…" 안경잡이는 무거운 걸음으로 청과거리를 나와 감귤과 바나나 등을 벌여놓은 노점상 앞의 귤 뭉치에 눈길을 주었다. 그를 보자 앉아있던 할머니가 벌떡 일어나 물건이 좋고, 싸다며 사기를 졸랐다. 때깔이 좀 떨어지는 듯싶어 옆의 노점으로 그가 잠깐 시선을 돌리자 과일 장수 할머니는 쌩 주저앉으며 혼잣말로 "재수가 영 없는 날."이라고 구시렁거렸다. "귤 좋은 거로 한 소쿠리 주세요." 의외의 주문에 놀란 노파의 반응은 빨랐다. "아이고, 다 좋아요. 얼마나 달다고요." 단 게 꼭 좋지는 않겠지만, 그는 그냥 웃었다. 귤을 싸주는 구부정한 그녀의 그을린 손등이 마른 계피 껍질 같았다.

안경잡이는 채소와 산채, 곡식, 견과, 건어물, 양념류 등의 상점이 있
는 시장을 두루 거치며 호두와 땅콩, 곶감, 김, 황태채를 조금씩 샀다.
걷는 내내 인간들이 별별 먹잇감을 다 개발해냈다는 감탄이 줄곧 이어
졌다. 줄잡아 수천 가지의 식품이 쟁여져 있는 경동시장은 민족의 삶과
역사를 담은 대형 화폭이라는 인상도 그의 마음속을 따라다녔다.

경동시장은 조선 시대 구호기관인 보제원(普濟院)을 중심으로 형성된
약령시가 그 시작이다. 한국전쟁 뒤 폐허에 인근 지역의 농축산물이 솔
솔 들어와 전통시장의 면모를 갖추었으며, 서울이 발전하자 제기동과
용두동, 전농동에 10만 ㎡의 큰 시장으로 성장했다는 전언이다. 얼추
천여 개의 점포와 노점상, 4백여 개의 약재상에 무려 3천여 명이나 종
사하고 있고, 하루에 대략 10만여 명의 인파가 드나드는 규모로 커졌다
는 것이다.

어둑어둑해지자 상점들이 문을 닫기 시작했다. 어떤 가게에서는 종업
원이 물을 뿌리며 느린 몸짓으로 바닥청소에 열중하고 있었다. 어깨를
축 늘어뜨린 채 고개를 푹 숙이고 움직이는 터라 멀리서 보면 사람이라
기보다는 시커먼 형체로만 보였다. 그 시멘트 바닥의 물기에는 때로 세
상살이의 아픔이 흘리는 눈물도 섞이지 않겠냐는 측은한 생각에 안경
잡이는 적이 시무룩해졌다.

시장기 때문일까? 그는 후미진 골목 안의 맛집 '양평해장국'에 들어가
무거운 짐을 부려놓았다. 식당 안에서는 적잖은 이들이 따로따로 앉아
서 뚝배기 한 그릇씩을 뚝딱 비우고 떠나곤 했다. 말을 잃은 만찬, 그
지치고 허기져서 짓는 고단한 모습들이 처연해 보였다.

"어서 오세요. 그래, 오늘 장사는 잘됐어요?" 식당 여주인이 한 중년
여성을 반겼다. "맨날 그 모양이에요. 여기는요?" 이웃가게 주인인 듯한
손님이 근심스레 반문했다. "이 바닥에서 요새 잘되는 집 어디 있어요?
어쩔 수 없잖아요."

안경잡이가 뼈다귀해장국 한 그릇을 천천히 먹고 나오니 시장은 거

의 문을 닫았고, 몇몇 점포만 내부정리 중이었다. 이따금 환경미화원만 얼씬거렸다. 전통시장의 쓸쓸한 파장의 뒷모습은 스치는 찬바람에 더욱 스산했다. 현대식 대형 마트에 젊고, 부유한 고객들을 빼앗기고 뒤처지는 덩치 큰 오랜 시장의 눈물이 보일 듯 말 듯 어른거렸다.

가만, 안경잡이는 아련히 들리는 환청에 멈칫했다. "그 눈물 속 깊이 오열과 절규가 가려져 있어, 이 바보야." 그는 시장을 나오면서 생각했다. '그래. 화려함에 그림자가 따르듯, 시장의 뒤란에도 삶의 고달픔이 곳곳에 응어리져 있다. 사업의 성패를 노심초사해야 하고, 생계를 걱정해야 한다. 그들에게도 나름대로 저마다 꿈이 없지는 않겠지만 그날그날 몇 푼의 이익이라도 쥐면 그것이 행복의 원천이겠지. 새벽부터 저녁까지의 그 힘든 노고에, 또는 시대를 따르려는 안간힘에 사회의 손길이 조금이라도 보태지면 그들의 표정이 더 밝아지려나? 시장을 드나드는 굳은 모습의 그 많은 장삼이사도 다 마찬가지의 형편이지 않을까? 낮은 세상이건, 좀 더 나은 계층이건 매한가지이리라. 그게 바로 우리가 겪어온 내력이고 삶이지 않은가.'

안경잡이는 그날 경동시장의 소묘를 글로 남기려고 기억을 더듬어 보았다.

2017. 5. 15

지하의 숲

　지하철역으로 내려갈 때면 가슴이 뻑뻑해지기 일쑤다. 에스컬레이터로, 혹은 계단으로 올라오는 사람들의 표정들과 그에 담긴 삶의 형상들이 마음을 무수히 자극해서다. 때로는 그 표정들 속에 가려진 생각들까지 어렴풋이 자락을 내밀며 나의 내면을 건드리고 지나간다. 나는 여린 사슴과 같아서 여느 작은 몸짓에도 시리다. 행인들의 애환이 어린 잔상은 앞에서 내려가는 뒤통수에도 엉기고, 승강장에서 줄을 서 있거나 서성이는 인파에도 머문다. 아래의 마당은 기다리는 희망과 떠나는 마감이 교차하면서 분주하다. 떼를 이루었다가 흩어지고, 또 모여서 떼가 되지만 잘 뜯어보면 외로운 개체들이고, 고달픈 삶의 파편들이리라.

　열차가 도착하면 우르르 쏟아져 나오는 발걸음과 서둘러 승차하는 줄이 엇갈리나, 그 지향은 크게 다르지 않을 성싶다. 어느 쪽이든 목적지에 다다르면 필경 갖가지 일거리들이 떡 기다리고 있을 것이다. 일이란 쉽거나 어렵거나에 상관없이 무릇 생물(Homo Faber: 일하는 인간)의 피치 못할 숙명이지 않은가.

　하차와 승차가 정리되자마자 열차는 곧 마당을 떼고 매정하게 떠난다. 창밖은 금방 칠흑으로 변하고, 급조된 공동체는 굉음을 내는 블랙홀 속으로 빨려 들어간다. 사람들은 생명의 일감을 찾아 행성을 타고 웜홀로 이동 중이다.

　검은 벽을 배경으로 유리창 승객들이 비쳐 생동하는 예술을 선사한다. 영상 속의 인물들은 탑승에 익숙한 탓에 여유로워져서 나름의 생각 속에 빠져들거나 가끔 웃음도 짓는다. 꽃의 아름다움을 좋아하면서 꽃을 닮아 온 인간들은 표정들까지 더해 꽃보다 더 아름답다. 화면 한가운데 보이는 앳된 한 쌍의 연인이 들릴락 말락 나누는 소곤거림이 정겹다. 즐거움조차 수줍어 뒷걸음질 치는 여성의 미소를 남성의 시선이 놓칠세라 연상 따라잡는다. 저 미세한 표정들의 미학!

한 청년이 앞에 빈자리가 나자 천천히 앉는다. 진중한 몸가짐만큼이나 눈빛도 바르고 형형하다. 스마트폰 위로 건너편의 어금지금한 나이의 여성에게 관심을 두지만, 상대는 단말기 속으로 애써 눈길을 감춘다. 알 수 없는 속사정 간의 개통은 신비스럽고도 두려운 일일 것이다.

아침 출근 시간의 지하철 안은 하루를 시작하는 열기로 상기돼 있다. 모두가 맵시 있게, 개성껏 몸매를 뽐내며 공간을 메운다. 양서류와 침팬지, 원인류를 거쳐 진화했다는 인간들이 어떻게 저리 세련된 모양들로 몰려와 있을까. 초월자의 한 수가 조형한 설치미술인가.

조금 더 멋지거나 좀 미달이라고 대수인가. 남의 몸에 닿지 않으려는 움츠림과 서로 조금씩 비켜줌은 빽빽한 공간에서 범접 못할 질서를 이루고, 어쩌다 마주치는 눈길에서는 낯선 생각들이 반짝 부딪쳤다가 이내 머쓱해져 사라진다. 세파의 중력으로 굳어진 표정들에서 이따금 해맑은 심성이나 얄팍한 언어, 이기(利己)에 절은 속물근성도 감지되지만, 도도히 달리는 화이트홀 속에서는 결국 이 모든 것들이 공동운명의 기세에 반죽이 된 하나의 집단일 뿐이다. 고급 승용차나 집중조명은 먼 이야기일 따름인 대중, 세상의 저 허리들은 삶의 현장에서 때로는 각축도 벌이겠지만 열차 안에서는 적이 온순하게 어우러져 자기 자리와 자기 역할을 향해 달리는 하나의 흐름이다.

밟거나 밟히지 않으려고 밑바닥에 세심한 여인들, 위와 옆을 멀찍이 살피는 안경 속 왕방울들, 손잡이도 쥐지 않고 버티고 서 있는 근육질들, 젊은 여성들의 뽀얀 허벅지에서 빛나는 속살의 아우라들, 빈자리를 노리고 두리번거리는 눈꼬리들, 늦잠을 자다가 뛰어나왔을 헝클어진 머리채, 검은 정복에 삼베 휘장을 단 출근길, 그리고 단말기에 홀려있는 일률적인 고개들, 모두가 소담스러우면서 너무나 인간적인 풍모들이지 않은가. 하나의 문화권에 모여서 떼를 조성하는 존재들이며, 울창한 인간들의 숲을 이루는 무리이다. 인간들의 숲에서 삼림 속의 향이 풍긴다. 은은하게 떠다니며 악취 따위는 제압해 버리는 건강한 원소, 피톤치드류의 풋풋한 내음이다. 장 자크 루소(Jean Jacques Rousseau)가 외쳤던 그 '자연'이라는 것이 꼭 산속에만 있는 것은 아니라고 인간들의 숲이 온몸으로 말하는 소리가 들린다. 누가 환청이라 우기겠는가.

저녁 시간의 열차 안에는 죽음의 그림자가 얼씬거린다. 어깨가 처진 중년들과 수면에 혼을 뺏기고 고개를 숙인 장년들, 눈 돌림조차 느려진 노년들의 머리 뒤로 죽음의 실루엣이 어른댄다. 단번은 아니더라도 인간들을 생멸의 경계로 끌고 가려는 끈질긴 공략이다. 기력을 앗겨 그 경계로 수렴하면 삶과 죽음의 공동 관리구역에 내몰리는 꼴이 된다. 인류는 몸속 조직의 퇴행을 고르면서 30조나 된다는 체내의 미생물도 더 세밀히 길들여 100세 수명을 운위하게 됐고, 이제는 죽음을 아예 정복하려는 움직임까지 보이니 저 귀로들도 여력을 모아 내일을 또 기약하겠지 싶다.

인간들은 끊임없이 사고와 생활의 범위를 키워 왔다. 이를 길이로 펴 보면 예전보다 몇 배, 몇십 배, 어쩌면 그 이상 더 오래 사는 셈이다. 컴퓨터와 모바일, 빅데이터, 클라우드 등으로 가외의 두뇌를 설치해 놓고 세상을 종횡무진 섭렵하고 있으므로 단순히 길이로만 생애를 재단할 수는 없는 노릇이다. 열차 안의 단말기 마니아들의 수명도 종래의 산술로만 계산한다면 공평하지 않다. 인류가 다차원의 세계에 접어드는 조짐이다. 1,000억 개의 별들을 거느린 은하수가 1,000억 개가 넘는다는 무한차원의 우주를 향한 인류의 옹알이는 아닐는지.

새벽 5시 35분 서울 안국역, 가락시장 방향 3호선의 첫차에 오르자 새벽잠이 채 가시지 않은 부스스한 모습들이 숙연하다. "아니, 김 씨 아녀?" 먼저 지하철을 타고 가던 두 중노인이 새로 탄 같은 또래를 반기며 침묵을 깬다. "왜 아녀. 난디. 오랜만이구먼.", "그동안 왜 뜸했어?", "잘렸지 뭐여.", "그랬구먼. 형편도 안 좋다며, 고생이 자심했겠네.", "한 반년 집구석에서 뒹굴었지.", "그래, 어디 가는 거여?", "또 나오라는구먼. 대꼬바리 맘 대로라니께, 원 참.", "아이구, 잘됐네, 그려. 또 잘리지 말고 줄창 다니자구. 잡일이라도 그게 어디여." 행성은 정감이 서린 인간들의 숲을 싣고 서늘한 새벽을 열어가고 있었다.

2015. 12. 12

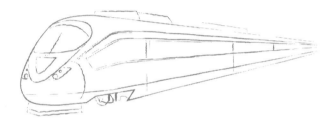

인내의 윤슬

따분한 주말, 가볍게 나들이나 하려고 현관을 나서다가 문득 고개를 돌려 집안을 훑어본다. 작은 거실에는 가구들이 가득하고, 반쯤 열린 문으로 보이는 내 방은 침대와 문갑, 탁자가 좁은 공간을 채우고 있다. 오래된 한옥의 옹색한 구조는 늘 답답하다. 밖으로 나오자 우람한 옛 종친부 건물과 현대미술관 서울관의 널찍한 경내가 부럽다. 그래도 초라한 내 집으로 시선이 다시 끌린다. '선대(先代)는 여기서 그 긴 생애를 경작했고, 처참한 전쟁과 권위주의의 위압 아래에서도 힘든 고비도 여러 번 이겨내지 않았는가, 이보다 더 열악한 환경에서 견디는 층도 많지 않은가.' 하는 스스로의 꾸지람이 쟁쟁하다. 물론 그렇다고 해서 주거가 협소해서 쌓인 불편한 심사가 싹 가실 리는 만무하다.

감고당 길로 들어서자 주말 오후인지라 인사동에서 올라오는 인파와 삼청동 쪽에서 내려가는 귀행 길로 거리가 빽빽하다. 되도록 단순하게 살고 싶은 본성을 무던히도 거스른다. 서둘러 봐야 앞서 나갈 수도 없고, 행렬의 흐름을 순순히 따라가야 편하다. 옆과 뒤도 의식해야 하며, 나의 갈 길보다 남의 행보에 더 신경을 써야 무난하다. 거리 위의 시선들은 동행자 밖의 타인에게는 냉랭하기 짝이 없다.

인사동 거리는 더욱 붐빈다. 상점들을 기웃거리는 외국인들, 쌍쌍을 이룬 관람객들, 여러 명이 몰려다니는 그룹 등 여러 사람이 엉겨 법석이 끊이지 않는다. 사람들의 몸놀림은 대저 긴장이 풀려 흐느적거리고, 걸음과 동작들도 느릿하다. 모처럼 일상에서 벗어난 여유 같기도 하고, 일면 평화롭게도 보인다. 운신의 폭은 고작 한 평도 허락되지 않을 때가 잦다. 그러나 어지러운 혼잡 속에서도 저마다 서로 부딪침을 피하면서 무질서 속의 질서가 유지되니 대견스럽기도 하다. 제약 속의 자유로움이랄까?

이따금 무례하게 다가오는 측과 맞부딪치려다가 가까스로 위기를 넘기기도 한다. 물리적인 마찰이 자주 일어나지는 않지만, 가려는 의도와 오려는 의지 간의 보이지 않는 상충이 미어진다고 생각하니 가슴이 답답해진다. 의지의 충돌을 억제한다는 것도 일종의 참는 일이므로, 인사동 거리는 참음이 흐르는 강(江)인 셈이다.

인파뿐이랴. 전통문화의 장터에 관광 사업이 덮쳐져 오만가지의 기념품 상과 먹거리 상점들로 번잡하기 이를 데 없다. 업소들의 몰림은 이 바닥의 경쟁이 얼마나 치열한가를 쉽게 느끼게 한다. 서비스 사업의 운영 자체가 가로로, 세로로 일종의 겨룸인 만큼 그 인내의 실정이 선하다.

자칫 큰 낭패를 저지를 뻔했다. 한 상점에 웬 고객들이 저리 북적이는가 싶어 한눈을 파는 사이 사람들에 가려졌다가 갑자기 나타난 쉼 돌에 부딪힐 뻔하고, 쉼 돌을 피하려다 뒤뚱, 길바닥에 엎드려 있는 한 생명체를 밟을 뻔 한다. 두 다리가 절단된 장애인이다. 밀려오는 인파의 압박을 무릅쓰고 우뚝 서서 그를 잠시 내려다본다. 불구가 된 그의 참화를 나는 모른다. 어떤 증후를 어떻게 견디며 연명하는지도 알 수 없으나 그가 던지는 충격에 몹시 아프다. 인고의 덩어리가 누워서 주체 못할 무게로 나의 의식을 짓누르는 게 아닌가. 잠시 혼미스러워져 온몸의 힘이 쭉 빠져나간다. 인내의 한계상황도 떠올라 뇌리를 때린다. 참음도 차등이 있음을 잊고 지냈다는 자책도 스멀거린다. 지갑을 열어 사고 미수의 미안한 마음까지를 얹어 조금 성의를 건네자 움직이지 않고 죽은 듯이 누워있던 저 생명은 뜻밖의 반응을 보인다. 고개를 치켜 올려 보일락 말락 어설픈 미소를 띠더니, 머리맡 용기에 떨어진 지폐를 얼른 간수한다. 반짝 빛나는 그의 눈빛이 얼핏 스친다. 햇빛은 사람들의 무관심 속에서 미동하는 그의 삭신 위에 부단히 내리쬐고 있다고 느끼며 나는 유유한 인파 속에 다시 섞인다.

'초상화', '표구', '병풍'이라는 광고판이 삐쭉 걸려있고, 그 위로 덕지덕지 붙어있는 간판의 난립 속에 빠끔히 보이는 '예일화랑' 간판. 인사동의 종로 쪽 탑골공원 가까운 한 건물 귀퉁이에서 그가 표방하고 있는 상호이다. 비집고 내민 어엿한 간판에도 불구하고 좁디좁은 그의 화실은 반 평의 반도 채 못 된다. 그는 플랫캡을 눌러쓴 채, 조그만 의자 위에 쪼그리고 앉아서 그림에 몰두하고 있다. 이젤 하나 겨우 세워 놓고, 팔레트 위 물감을 세세히 골라 캔버스 위에 그의 진수를 바르듯 유화를 그려댄다.

늙수그레한 저 화백은 어떤 경로를 거쳐 군중의 강 여울목 언저리의 작은 섬 안에 자신을 가둬 놓고 저렇게 고독한 작업에 함몰돼 있을까? 재화의 달콤함이 그의 인고를 다스리고 있을까?

명동 입구에서 나는 한동안 망설인다. 명동 길은 너무 요란해서 벌써 미간이 찌푸려진다. 조금 전 한 흡연자가 보인 태도도 아직 꺼림칙하다. 보행자가 많은 빌딩 숲 거리에서 담배 연기를 마구 뿜어내더니 꽁초를 하수구 쪽에 휙 던지고, 가래까지 탁 내뱉었다. 나는 호통이 터져나옴을 참으며, 정색하고 그를 쳐다보았다. 대응하는 그의 곱지 않은 시선에 더 화가 났지만, 울화를 삭이면서 이곳으로 온 참이다.

대중의 숨결이 물씬한 명동, 슬며시 이는 추억에도 끌려 짐짓 들어선 이 명소는 아비규환이다. 앞은 조밀해서 막히기 일쑤고, 호객 소리와 광고 음악은 시끄럽다. 상술은 곳곳에서 넘치고, 평정심은 머물 자리가 없다. 밀고 밀리는 걸음과 상품을 찾는 물욕이 거대한 물줄기가 되어 흐른다. 어깨를 툭툭 치고 가면서도 미안함은 오히려 상대방에게 떠넘긴다. 즐비한 건물들도 층층에 호객하는 물질과 게걸스러운 소유욕을 톤 단위의 규모로 올려놓고 조바심하고 있을 것이다. 달떠있는 심리가 인내를 압도하겠지만, 그래도 여기서는 참을성 없이는 한순간도 부지하지 못할 성싶다.

오늘 나의 망막에는 명동에 운집한 군상들이 참기 위해 모인 듯이 비치고, 즐기는 종(Homo Ludens)이라기보다 '인내하기 위해 태어난 종(Homo Tolerantia)'처럼 여겨진다.

석가모니가 설파한 고해가 여기인가, 그리하여 돈오와 해탈을 제시한 것인가? 공자의 꿈인 위계질서와 어짊은 이 어지러움을 극복하기 위함인가? 예수의 희생정신과 사랑도 이런 세상을 극복하기 위해서인가?

바글거리는 군중을 빠져나와 길 건너편 건물에 오른다. 애비뉴엘과 영플라자를 잇는 구름다리에서 내려다보이는 명동 길은 도도한 강이다. 자세히 보면 인간들이 저마다의 색깔을 띠고 작은 몸짓으로 요동치고 있다. 강물의 윤슬이다.

시대의 미래인 대중은 가슴마다 인내를 먹먹하게 품고도 영롱하게 반짝이고 있다.

2016. 7. 12

그분을 보내지 마

병원에 차려진 빈소에는 침묵이 가득 고여 있었다. 검은 상복을 입고 도열한 상제들은 묵언의 무게로 실내를 누르고 있었다. 제단 앞에 묵처럼 응축된 분위기를 헤치고 나아가 헌화할 때 흰 장미가 유독 청아하게 보였다. 제단 위에 걸린 고인의 영정은 흰 장미와 닮은 이미지였다. 영정에서 내려다보는 고인의 눈빛과 아래에서 올려다보는 내 시선이 부딪치자 고인의 생전 영상들이 피어나 내 머릿속으로 날아들었다. 젊은 시절의 화사함부터 중년의 원숙미, 장년기의 세련된 인품과 중량감까지, 고인의 일생에 이르는 형상들이 파노라마로 흘러갔다. 묵례를 마친 뒤 잠깐 묵념하는 동안에도 영상들은 뇌리에서 명멸했다. 상제들과 짧고 낮은 인사말을 나눌 때는 투병하는 모습이 어른거렸다. 상제들의 젖은 눈 속에도 고인의 근황은 저장돼 있었는데, 그 애틋한 빛은 상제들의 동공에서 자작거리는 물기와 함께 번득이다가 사라졌다. 목이 메고 눈두덩이가 붓거나 초췌해진 안색의 상제들을 뒤로하고 빈소를 떠날 때 울컥, 하마터면 토설할 뻔한 한 가닥 외침의 모티브가 목까지 올라왔다. 그리고 머뭇거리다가 곧 가라앉았다.

'그분을 보내지 마~'

고인의 영상들은 객실까지 따라나섰다. 친지들과 오랜만에 인사를 나눌 때도, 합석한 이와 이런저런 형편을 이야기할 때도, 또 다른 조문객과 세상의 소식을 주고받을 때도 언뜻거렸다. 친척들의 표정에도, 문상객들의 뒷모습에도, 서로 수인사를 나누는 이들의 옆 자태에도 고인은 머물러 있었다. 빈소보다는 제법 언행들이 분분한 접객실에도 빈소에 모였던 침묵의 무게는 흘러들어와 저변에 흐르고 있었다. 몇십 년 전까지의 옛 문화였다면 문상객들을 맞는 상제들의 호곡 소리가 멀리까지 처연하게 들릴 테지만, 이제는 의식이 많이 달라져서 그보다는 묵묵하고 건조하다. 어떤 이는 몸가짐도 가볍고, 언사도 번지르르해서 좌중을 거스르며 눈길을 끌었다. 진정성이 얕은 인상의 그런 표정에서는 장례를 한낱 주검을 버리는 과정, 또는 체면을 세우는 자리와 시간 정도로 여김이 뻔히 보이지만, 누구도 그 가벼움을 탓할 분위기는 아니었다. 반면에 영원한 단절을 구슬피 허밍(Humming) 하는 듯한 몸짓들도 시야에 무지근하게 들어왔다.

'주검을 가벼이 보내지 마~.'

마침내 고인과의 마지막 해후와 배웅; 입관식이 다가왔다. 죽은 자와 산 자의 떨어짐은 질긴 쇠줄의 절단인데, 그 절박하고 엄중한 시간에도 고인은 자손들과 친지들 앞에서 깊이 잠들어 있었다. 뜻을 알고도 모를 아득한 침묵이었다. 가족들은 시신을 둘러싸고 늘어서서 고개를 숙인 채 묵상의 늪에 빠져들었고, 딸들은 오열을 가누지 못하고 쉰 울음을 나지막이 웅얼거리고 있었다. "우리들의 자매 권사님을 주님의 뜻대로 당신께 보내드리니, 하느님 곁에서 평안히 영생하시리라 믿습니다. 주님." 집전하는 목사의 유장한 기도 중에도 흐느낌이 가끔 흘러나왔다. 울음 속에 간절한 슬픔이 흘러나왔다.

"너무 일찍 보내지 마~."

시신은 단정하게 누워 있었다. 안면은 도료의 두께가 느껴질 만큼 짙게 화장이 되었고, 팔다리도 가지런히 펴져 있었다. 흰 수의(壽衣) 위에 고운 빛깔의 의상이 덧입혀져서 오래전 명절 때 곱던 고인의 자태를 떠올리게 했다. 가족들의 마지막 고별 순서가 되자 상주를 따라 자손과 친지들이 차례로 시신에 다가가서 손이나 몸을 만지며 작별을 고했다. 가족들의 얹어진 손은 쉽게 떼어지지 않았다. 계속 오열하던 막내딸은 아예 엄마의 품에 엎어져 일어나지 못하고 오열을 쏟아냈다. 한참을 흐느끼던 막내는 언니의 힘든 부축으로 억지로 몸을 가누며 겨우 일어날 수 있었다.

장의사의 손놀림은 조심스러우면서도 날렵했다. 고별 의식이 끝나자마자 빠르게 움직여 시체를 잡도리했다. 팔은 가슴에 얹어 묶고, 다리도 한데 엮었다. 관에 무난히 들어갈 수 있도록 갈무리하는 솜씨가 숙련돼 있었다. 관의 뚜껑에 못을 치는 망치 소리는 다시 높아진 가족들의 울음소리에 묻혀 작아졌다. 그때에도 막내의 튀는 비명은 여전히 실내를 옥죄었다.

"엄마를 보내지 마~."

장의사들에 의해 관이 운반대에 올려지고, 영안실 쪽으로 옮겨질 때 주검은 이제 물체 취급을 받았다. 신체의 생화학 작용이 멎었을 뿐인데 불필요한 물질이 되어 자연의 품에 버려지는 처지가 되었다. 활기가 넘쳤던 젊음, 고운 마음씨로 아름다웠던 인간관계, 후손들의 성장으로 기뻐한 보람, 그리고 마지막까지 병마와 싸우던 강인함 등 한 생명의 간단없던 연출은 대단원의 막을 내렸다. 고인은 곧 매장하든, 화장해서 뿌려지거나 안치되든 인간사회와는 절연하게 된다. 그렇게 고인을 둘러쌌던 친지들과의 인연의 끈은 잘려져 버렸다.

신체의 질량에 변화가 일어나더라도 우주적 관점에서는 지극히 작은 존재의 변신과 이동에 불과하다. 1,000억여 개의 행성을 가진 은하계가 1,000억여 개가 넘는다니, 이에 비하면 한 인간의 죽음은 얼마나 미세한 이동인가. 고인의 죽음은 우주의 물리로는 그런 사소한 의미일 것이다. 그러나 우리 주변에 고인이 남기고 간 정신적, 유대적 유산은 아직 생생하다. 고인이 사용하던 물체들과 무형의 흔적들, 관계를 통해 흐르던 정서, 그리고 자손들에게 이어진 생명의 연속은 주검이 보내졌다고 해서 쉬이 지워지지 않을 것이다. 오랜 세월이 흐르면 신체에서 이탈된 유·무형의 유산들도 서서히 소멸하겠지만, 함께 삶을 영위했던 주위에는 아련한 영상으로 맴돌며 오랫동안 울림을 줄 것이다.

관이 밖으로 끌리고 밀리며 나가버리자 문이 닫히는 소리가 '꽝'하고 울렸다. 주검이 천길만길 낭떠러지 아래로 떨어져 자연에 착신하는 신호로 들렸다. 관이 없어진 방에는 눈길들이 허공을 잠시 떠돌며 두리번거렸다. 이어서 모두 돌아서서 출입구 방향으로 움직이기 시작했다. 가족들의 상체는 힘없이 늘어져 있지만, 걸음은 힘을 모아 꾸준히 앞으로 나아가고 있었다. 멈추지 않는 그 행렬 위로 고인의 영상들이 여전히 겹쳐져 어른거렸다. 몸을 제대로 추스르지 못하는 막내도 언니들의 팔에 기댄 채 줄을 따라가고 있었다. 막내는 아직도 어머니와의 끈을 놓지 못하겠다는 듯 자지러져 있었다.

"수명이 늘고 있다는데~."

2018. 1. 18. 북촌에서

친구를 자연으로 보내며

우리가 친구의 집으로 들어서자 그가 현관에서 엷은 미소로 힘없이 맞이했다. 평소 같으면 활짝 웃으며 큰 소리로 반겼을 텐데 그럴 기력도 없어 보였다. 깡마른 데다가 안색이 몹시 초췌했다. 몇 달 전보다 얼굴에는 골격이 더 두드러졌고, 살집은 거의 다 빠져나가 주름이 주글주글 더 깊어졌으며, 악수하는 손도 뼈마디만 잡힌다고 느껴질 정도였다. 그의 딸이 6개월 전에 그가 폐암 3기 판정을 받았다고 아버지 몰래 살짝 귀띔했다. 그런 사실을 몰랐든지, 아니면 감췄든지 그는 일절 내색하지 않았다. 그가 며칠 전 정기 모임에 나오지 못해 걱정하던 가까운 친구 몇이 병문안 차 그의 집에 들른 참이었다.

우리가 거실 소파에 앉아 그의 딸이 준비한 다과를 받을 때까지도 그는 바로 합석하지 못하고 화장실로 들어가 기침 소리를 내며 한동안 나오지 않았다. 겨우 거실로 비실거리며 걸어 나온 그는 근근이 앉아서 우리가 의정 우스갯소리로 분위기를 띄워도 거푸집 미소로 겨우 반응할 뿐 너무 쉰 목소리 탓에 대화조차 나눌 수 없었다. 그는 힘겹게 떡 한 조각을 떼어먹으며 우리가 더 머물렀으면 하는 눈치를 보였지만, 환자에게 부담을 주지 않으려고 모두 서둘러 일어섰다.

그날부터 고작 나흘 만에 그는 세상을 훌쩍 떠나고 말았다. 딸이 전화로 부친의 갑작스러운 작고를 알리면서 오열했다. 딸은 며칠 전 우리의 병문안을 많이 흡족해했으므로 "아마도 하늘 길도 편안하게 가셨을 것이다."라고 말하면서 흐느꼈다.

그는 명문 중·고등학교와 대학을 나와 한국의 대표적인 대기업에 들어가서 활발히 근무했다. 그 회사에서 광고 회사를 창업할 때 선발돼 회사를 국내 최고의 수준으로 키우는 데 기여하고, 대표이사에까지 오르는 등 성공적인 사회생활을 일구어냈다. 순박하면서도 친화력이 높아 오지랖도 넓었다. 친구와 어울리기를 좋아했고, 술과 담배를 늘 달고 다녔다. 그의 인상과 일생은 술자리와 함께 떠오를 지경이어서 그가 생애를 마감한 뒤 빈소의 조문객들도 온통 그와 나눈 술상에 얽힌 이야기들을 나누었다.

그가 천착한 주연(酒宴)은 그만의 무대는 아니었다. 그가 활동했던 시기와 세대의 일반적인 사회 풍조였다. 퇴근길에 직장 동료들과 어울려 한 잔 걸치거나, 또는 거래하는 사람이나 친구를 만나면 으레 음식점과 술집에서 술과 담배 속에 묻히곤 했다. 술기운이 거나해야 속 깊은 대화가 가능하다고 여기던 시절이었다. 저녁때의 회동은 대개 밤늦게까지 이어지곤 했으며, 1차에 그치지 않고 2차, 3차까지 자리를 옮겨가며 지겹게 술을 마셔댔다. 주말에도 개인의 생활은 제한적이기 일쑤였다. 그래도 그렇게 어울리지 않으면 고립되기 쉬웠으니 특별한 경우 외에는 자연히 어울리게 되고, 또 누구나 어울리고 싶어 했다.

생계를 책임졌던 남자들의 사회생활이 주로 밖에서 이뤄지다 보니 가정생활은 상대적으로 소홀해지기 마련이었다. 주부들은 가사에 온종일 매달리다가 밤늦게 귀가하는 남편을 졸면서 기다리는 경우가 태반이었다. 남성 우위로 편향된 절름발이 형태의 사회 분위기가 아니었다면 가정의 평화는 더 험악했을지 모른다. 남자들의 일, 그와 직간접으로 연결된 사회생활은 가정생활과 미분화돼 있었으며, 요즘의 기준으로는 가정을 너무 깊이 침범하고 있었다.

풍류가 넘치는 그 친구의 사교 스타일은 퇴직 후에도 줄곧 이어졌다. 각종 모임의 부지런한 참석은 물론, 가깝게 지내던 친지들을 자주 불러내거나 혹은 불려 나가서 소주잔을 기울이며 언설을 쏟아내곤 했다. 특히 수년 전 상처(喪妻)를 한 뒤에는 그 외로움을 음주에 매달려서 달래는 듯싶었다. 틈틈이 서점으로 달려가 폭넓은 독서로 역사를 섭렵하고는 그 지식을 안주로 삼아 좌중을 압도하려고 애쓰는 모습도 그가 남긴 최근의 편린이다. 그의 말년은 그에게 일종의 비극이었다. 우선 그의 화려한 이력에 상응하는 품위 유지비가 확보되지 않아서 종종 난감한 모습을 보였다. 자손들이 진행한 암 검사도 검사 후 치료에 들어갈 가계부담을 우려해 거부한 듯하다. 평생 월급쟁이로 살았으니 사교하랴, 자식들 치다꺼리하랴, 재산을 모을 여분이 어디 있었겠는가. 특별한 재능이 있는 이들 말고는 모두의 현실일 것이다.

무엇보다 주변을 안타깝게 한 것은 그의 정신적인 피폐였다. 화려했던 직장생활을 그만둔 뒤에 찾아온 상실감과 소외감, 좌절감은 극복하기가 어려웠을 것이다. 더구나 그는 상처한 뒤에 눈에 띄게 움츠러들고 예민해졌다. 그의 의식과 생각은 사상누각처럼 높이 솟은 종교와 이론, 고급사회의 화려한 에피소드 등의 세계에서 떠돌고 있었지만, 현실은 그에 따르지 못해 갈등이 컸으리라 여겨진다. 내면의 갈등은 날카로운 심성을 빚어내기 마련이다.

그는 친구들과의 관계에서도 종종 불협화음을 보였다. 도덕과 예절을 하찮은 일로 무시해 버리고 상식 밖의 행동을 벌여서 눈살을 찌푸리게도 했다. 그의 조상이 조선조 성리학의 거두였다는 점을 감안하면 어처구니없는 일탈이고 안타까운 무너져 내림이었다. 한국 사회가 전통문화에서 서구문화로 급히 변신했고, 그러한 변동을 힘겹게 견뎌야 했더라도 그로서는 더 소중하게 보중해야 할 가치를 오히려 역행했던 것이다. 주위의 충고도 그에겐 한낱 언짢은 잔소리일 뿐이었다.

몸과 마음으로 힘들어했던 이 친구의 고통은 한 개인에 국한된 것이라기보다 한국 사회 전체의 아픈 한 단면이다. 한 세대를 풍미했다가 밀린, 그가 함께한 세대의 비극이다. 그는 사활이 불안했던 전란의 유년기를 거쳐 정치·사회적 혼란기에 고등교육을 받은 뒤 곧 사회생활에 뛰어들었다. 압축 성장을 이끈 치열한 경쟁의 청·장년기에는 앞만 보고 달릴 뿐이었지 노후를 걱정할 여유도, 준비도 없었다. 삶을 관통하는 사색과 철학의 빈곤은 너나 할 것 없이 대중들에게 일반적인 추세였다. 그 와중에도 주변에는 이재에 밝은 부류도 없지 않았지만, 대부분은 회사와 일에만 몰두하며 사적인 미래의 설계는 등한시했다. 계속되리라고 믿었던 역할과 관계는 정년퇴직과 함께 와해되고 외로움만이 몰려왔다. 깊든, 얇든 하나의 현상으로써 사회적인 양상으로 쌓이게 된 것이다.

　사회가 그 모든 현상을 책임질 수는 없다. 따뜻한 시각으로 사회 정책적인 배려 정도가 가능할 것이다. 그렇다면 개개인이 상황에 맞게 섭생하는 적응력을 키워 스스로 살길을 찾아야 한다. 그리고 더 중요한 것은 환경변화를 수용하는 세계관일 것이다. 시대변화를 읽는 겸허하고 유연한 사고가 답을 준다. 그러한 적응력과 자세는 건전한 생활철학, 나아가서는 삶에 대한 깊은 이해와 해탈이 단단히 자리 잡은 내공을 바탕으로 했을 때 나올 수 있다. 친구는 그런 점에서 많은 회한을 남기고 자연에로의 귀의(歸依)의 길을 밟았으리라는 생각이 든다. 친구여, 이승의 고뇌는 사바에 남기고 무궁한 자연 속에서 평안히 영면하시라!

2018. 4. 9

그가 살고 간 질곡

• 그가 떠나기 일 년 전쯤 — 로스앤젤레스 윌셔 가에서 다섯 쌍의 부부가 모인 한 친구의 변호사 사무실 이전 기념회에 참석해서 그의 특유한 입담으로 좌중을 흔들어 대다. 물을 만난 활어가 그러할까? 생기가 넘쳐흐르는 모습이다. 한 친구의 셰익스피어 관련 발표에는 문학청년처럼 들떠서 문학성에 대해 열을 올리다. 헤어질 때 주차장에서 약간 비틀거렸지만, 술기운이라면서 대범스레 운전해서 귀가하다.

• 두 달쯤 뒤 — 고객들을 찾아다니며 장거리 운전을 하던 중 길 위에서 쓰러져 응급으로 입원하다. 병실에서 문병객들에게 잔병일 뿐 아무렇지도 않다며 건강한 척하다.

또 두 달쯤 뒤 — 요양병원으로 이송되다. 그때도 건강이 좋아지고 있다고 걱정 어린 시선들을 손사래 치며 물리치다. 다달이 더 야위고 핼쑥해지면서도 늘 흐트러지지 않은 모습을 보이려고 애쓰다.

• 석 달쯤 뒤 — 후유증으로 두 다리를 못 쓰게 되다. 문병하러 온 나의 손을 잡고 "인생이 별 게 아니었어."라면서 배게 위의 고개를 돌려 면벽하다. 1년 전 그 병원에서 지성으로 모시던 노모를 같은 병, 당료로 여읜 바 있던 그다.

• 그 후로 인사불성이다가 그날 — 말없이 아주 멀리 날아가 버리다!

그는 중증의 지병을 앓고 있으면서도 일절 내색하지 않고 버텼다. 너무 천연덕스러워 심지어 가족들도 위중했던 그의 증세를 입원한 뒤에야 알게 됐을 정도였다. 빚에 쪼들리고 있어서 생업에서 잠시도 손을 뗄 수 없었고, 가족에게도, 주변 사람들에게도 부담을 주고 싶지 않았을 것이다. 아니면 늘 달고 다닌 술과 담배와의 질긴 인연을 차마 놓아 버릴 수 없어서였을까? 그는 성하지 않은 몸으로 주야장천 일에만 매달렸었다. 호기 속에 가려졌던 그 인고(忍苦)와 고독(孤獨)의 멋은 그가 살아온 냉엄한 삶의 여정에서 어렵게 터득한 방식이었을 것이다.

한국전쟁이 터지자 유년 시절의 그는 서울에서 밀린 피난길에 부모의 손을 놓치고 폐허가 된 도시, 대전의 시가지 한복판 목척다리 밑에 떨어졌다. 그곳에서 구걸로 먹고, 거적을 덮고 자며 살았다. 벌레들이 우글거리는 여름뿐 아니라, 삭풍이 몰아치는 혹한의 겨울도 헐벗은 채로 견뎠다. 가까운 곳에는 수많은 양민이 공산당에게 반동분자로 몰려 집단총살을 당해 웅덩이에 버려졌던 대전 형무소가 있었다. 가끔 술기운이 거나해지면 그는 비참했던 당시를 무용담처럼 토설했지만, 듣는 이의 가슴은 그때마다 미어지기 마련이었다.

월사금(학교에 내는 학비)을 못 내서 수업시간에 교실에서 쫓겨나기도 하고, 배를 곯아가며 학생이 학생을 가르치는 역경을 이겨내면서도 최고의 명문 중·고등학교, 대학교에서 보란 듯이 수학했다. 그러고도 성이 차지 않아 학사 편입해 국문학에서 사회학으로 전공을 바꾸며 면학을 계속했고, 행정고시까지 합격했다. 사회에 진출한 신출내기 시절, 한국의 TV 뉴스에 앵커 제도를 처음으로 도입했고, TV 시사 토크 프로그램 시대를 열었다고 평가받는 TBC〈동서남북〉을 성공적으로 방영했다. 여론의 기층을 파고들었던 그 인기 프로그램을 통해 부조리에 대한 거침없는 비판과 정론(正論)을 펴나갔으나 당시의 집권세력과 그 눈치를 보던 회사의 압력에 시달리다가 사직하고 말았다.

그 후, 홀연 한국산 화장용 도구들을 들쳐 메고 미국에 진출해 해외 시장 개척에 나섰고, 이어서 의류와 완구의 도매업에 뛰어들어 미국의 큰 시장에 도전했지만 단단한 기존 네트워크와 자본의 벽에 부딪혀 고전했다. 보건에 유익한 미국 의약품을 한국에 보급하기 위해 나서기도 했으나 초기 정지작업 과정에서 한국의 관료주의와 비리에 물든 절차상의 어려움을 뚫지 못하고 포기하고 말았다. 그가 참담해 하면서 뱉은 실패의 변은 "총체적 비리의 사회에 끓은 좌절"이었다.

1941~2009년. 신(神)은 그가 살고 간 생애와 시대에 어떤 의미를 두었

을까? 그는 활화산 같은 가슴을 품고 살았다. 뜨거운 마음은 내면에서 끓고 있다가 지각(地殼)의 틈새만 보이면 이를 여지없이 분출하곤 했다. 삶의 팍팍함에 관하여, 세상의 돌아가는 꼴에 관하여, 사회와 국가의 후진성과 병리에 관하여 애정 어린 울분을 뿜어냈다. 주변에서 우리는 그의 높지만, 작은 톤의 열변을 '부르짖음'이라 일컬었다. 그는 고국에서나, 미국에서나 변함없이 사물과 현상을 꿰뚫어 보고, 날카롭게 분석하고, 명쾌한 언변으로 용종들을 난도질했다. 그가 공명의 길을 접고 초야에 묻혀 버렸기 때문에 세상에는 그의 이름이 널리 알려지거나, 그 음성이 크게 울리지는 않았다. 그러나 작은 파장의 소리, 듣는 이가 적은 주창은 그의 주변 사람에게는 더 값진 것이었다. 지층 깊이 가득했을 그의 정의감은 아주 작은 부분만 때때로 표출되는 것이었으니 더욱 그렇게 들릴 따름이었다.

한국 노동운동사에 큰 획을 그은 전태일 열사의 분신 사건이 일어났을 때, 그는 야구 중계 생방송을 돌려 현장 중계를 시도했다. 노동운동이 안보적 수준으로 금기시됐던 제3공화국 시절에서는 무모할 정도로 대담한 용기였다. 그는 그 일로 서슬 퍼런 중앙정보부에 불려가서 고초를 겪은 것으로 알려졌다. 그는 두려움 앞에서는 더욱 단단해졌고, 약한 데에는 더없이 따뜻했다. 그는 청년기의 어느 날 친구를 회유해 제법 큰 자금을 확보하게 되자 종로3가 홍등가로 달려가 윤락 여성들의 부채를 탕감해 주고 그녀들을 그곳에서 해방시켜 주는 기행을 감행했다. 뒷날 다시 그곳을 돌아보았더니 해방시켜 주었던 여성들이 도로 돌아와 있더라고 허허롭게 웃으며 회고하곤 했다. 그 씁쓸한 웃음 속에는 세상을 두루 살피며 다져온 넓고 깊은 국량이 녹아 있는 듯싶었다.

그의 웃음이 온기를 잃고 냉소가 될 때는 매우 단호했다. 4·19 혁명 당시 머리를 맞대고 시국선언문을 기초하고, 대학신문 등에서 동고동락하던 친구들에게는 군사정권에 협력했다는 이유로 등을 돌렸다. 그들이 고위직이 돼 캘리포니아를 방문해 그와 조우할 때면 그의 쌀쌀했던 태도에 서릿발이 감돌 정도였다.

그가 뿌리고 간 수많은 에피소드를 이어보면 하나의 줄거리를 이루고 있음을 알 수 있다. 한국 사회가 당대에 겪었던 질곡, 그리고 성장의 용트림과 맥락을 함께하고 있는 것이다. 사회가 혼란에 빠졌을 때 그도 몸부림쳤고, 그가 행동할 때는 사회가 꿈틀거리고 있었다. 크게는 한국전쟁이 그랬고, 4·19 혁명이 그랬고, 군사정권의 대두가 그랬으며, 그리고 한국 TV 방송의 신장이 그랬고, 경제건설이 그랬고, 해외 진출이 딱 그랬다. 다른 점이라면 사회는 피동적이어서 때로는 바람직한 방향으로 나아가다가 때로는 그렇지 않았지만, 그의 행로는 늘 자신의 의지대로 한 방향을 지향하고 있었다는 것이다. 그 줄거리에 흐르던 정신은 한결같이 의로움과 합리주의였던 것이다. 그가 때때로 성난 작은 사자처럼 포효한 이유였다.

그와 지근거리에 있던 이들은 아직도 생생한 그의 목소리와 그리고 그 소리에 실려 나오던 뜨거운 체온을 그리워한다. 멀리 울려 퍼지지 않은 깨끗한 음파와 멜로디, 영혼이었기에 더 잔잔하게 남아 울리고 있을 것이다. 큰 소리보다 작은 음성들이 더 소중할 때가 있다. 작은 것들이 더욱 청초할 수 있기 때문일까? 한 사회가 건전하다면 그런 깨끗한 뜻들이 저변에 많이 깔려 기조를 이루고 있다는 방증일 것이다. 그는 말기에 경제적, 시간적 여유가 없어 부러진 앞니를 이식하지 못해 말이 새어 나오기까지 했지만, 같은 리듬의 음정으로 세상의 부조리에 대해 계속 '부르짖었다'. 그의 이름, 조광식(趙廣植)의 한자어 뜻처럼 고음이되, 파장은 짧았던 자신의 언어가 '널리 심어지기'를 바라는 심정이 남몰래 간절했을지 모르겠다.

들풀 같지만 넓고 멀리 지향했던 이름이여!

2014. 5. 22

한 친구의 마음 망울

　오열하거나 눈물을 닦지는 않았지만, 자제(自制)에 익숙한 그녀의 몸 밖으로 슬픔이 체취처럼 풍기고 있었다. 그는 "'귀차니즘'이 엄습해요." 라는 말로 영혼의 아픔과 방황을 돌려서 표현했다. "직장도 그만두고 싶어요."라면서 쓸쓸히 웃었다. 감정은 바뀔 수 있으니 대안이 세워지면 다시 고려해 보라는 나의 충언도 들리지 않는 모양이었다.

　그럴 수밖에 없지 싶었다. 평생을 믿고 따르던 남편이 지난해 홀홀히 다시는 돌아오지 못할 곳으로 떠나버렸다. 그 고통이야 누군들 당사자 마음만큼 이해할 수 있으랴. 더구나 같은 해 왼팔 같은 동생이 미망인이 되자 서울로 날아가 창창한 나이에 홀로된 비애를 떼어 나누고 돌아왔다. 그런데 죽음은 잔인하게 연거푸 들이닥쳐 친구를 강타했던 것이다.

　생멸이 자연의 법칙임을 친구는 연륜이 쌓이면서 더 편안한 마음으로 이를 숙지하고 있을 터다. 그래서 죽음에 대해 그의 성숙한 정신세계만큼이나 나름 정리된 인식을 키웠을 것이다. 그러나 관념과 정서는 꼭 하나가 아닌 법, 그의 감정이 때때로 깊은 강 가운데 소용돌이처럼 벅차오를 것은 쉽게 짐작할 수 있다.

　누구나 사람을 잃을 때는 나와 상대와의 관계에서 얽혀진 일과 얼개를 떠올리며 회포의 늪에 빠지기 마련이다. 큰일을 당하면 대개 그렇듯이, 친구는 거기에 더하여 자신의 기복 많은 삶이 주마등처럼 복기돼 자욱한 감상(感傷)에 휩싸이곤 할 것이다. 한국 교육계의 선각자로서 촉망되던 부친을 여의고 나서 고통스러웠던 소녀 시절, 영어 실력을 겸비한 훤칠한 몸매와 미모의 여성으로서 최고의 기관에서 일하면서 선망의 시선을 모으던 처녀 시절, 대망의 미국 땅에서 맞이한 꿈 많던 신혼생활, 일시 귀국과 미국으로의 재귀환 등 백조처럼 남다르게 날아다니던 행적은 그만큼 아롱진 추억으로 채각돼 메아리칠 것이다.

　친구는 삶의 과정에서 찾아오는 일상의 지루함과 공허함을 채워주던

글쓰기의 여정에서 더 깊은 마음의 추억을 더듬는지 모르겠다. 그 일은 친구의 마음을 가장 뜨겁게 달구었을 터이니 필연적으로 그 길을 따라 소요했을 것이다. 그의 정신세계는 30년도 넘는 수필 쓰기의 도정에서 더 숙성되고, 더 성숙했을 것이기 때문이다. 영혼은 더 맑아지고, 생각의 차원은 더 높아지고, 보람은 무엇으로도 바꿀 수 없는 기쁨을 준다는 그 세계를 잘 알고 있을 것이다. 친구가 힘든 시련을 딛고, 오열과 눈물 대신 지극히 정제된, 극기로 승화시킨 향기로운 대화와 교우의 멋을 피울 수 있음은 그 덕이라고 나는 믿는다.

온전한 인간으로서 친구의 삶은 이제 새 전기를 맞았다. 그는 "매우 편안하다.", "홀가분하다."라는 말을 무심코 뱉었다. 새 삶의 여백을 보여 준 것이다. 그 위에 아름다운 피사체를 마음대로 그릴 수 있을 것이다. 특별한 계획의 청사진이 들어갈 수도 있고, 유유자적하면서 평화를 음미할 수도 있을 것이다. 무엇보다 그가 오랫동안 공들여 온 문학의 길에 차분하게 매진할 수 있을 것이다. 나는 "필요 없는 물건에 욕심을 버리듯이 이제는 없어도 되는 관계들도 정리하고 싶어요."라던 그의 잔잔한 심정처럼 그녀가 주위 환경을 단아하게 정리하고 '문학에만 영혼을 쏟아부었으면' 하는 바람을 갖고 있다. 과거에도 너무 천착하지 말고 지금의 상황에서 현실과 미래에 초점을 맞춘 아름다운 글을 조탁하면 훌륭한 작품들이 나올 것이라고 믿기 때문이다. 마음을 열고 시야를 넓히면 보이는 것이 글감이고, 글감을 곱씹으면 농익은 문장이 될 것 같다는 생각이 든다.

"그때 그 행성(行星)을 놓쳤으면 까만 하늘만 보고 있었을 거예요."라는 친구의 회고를 먼 뒷날에라도 만나게 된다면, 하나의 귀한 추억이 될 것이다.

나는 친구가 그의 화려한 문력(文歷)과 담백한 감성, 훈련된 문장력을 십분 발휘해 군계일학의 여류작가로 빛나기를 기다린다. 그리고 그 마음과 함께 캘리포니아의 깨끗한 하늘 아래에서 별이 하나씩 나타나는 여름밤을 맞이한다.

2014. 6. 8

나를 떨어져 나간
나와 나의 아픔

우주의 혼이

눈 파편으로 쏟아져

광란의 군무를 추는 벌판

혼돈에 휘감겨

방황하는 갈대

포효하는 갈증

절룩이다가 헤매다가 문득

환한 섬광 한 자락에 닿아

부르르 떨 수 있으려나

시어(詩語)가 된 감상에 떠밀려 집을 나섰다. 눈이 세상을 묻어버릴 기세로 펑펑 쏟아져 내렸다. 전철역에서 내려 한 시간쯤 걸어 외진 시골로 접어들었을 때도 함박눈이 흩뿌려 가까운 앞도 가늠하기가 힘들었다. 산은 이미 구름 속에 함몰된 지 오래고, 새터 마을도 형체만 가물거렸다. 길은 하얗게 지워져 이따금 윤곽만 삐죽이 보였다. 그 위로 눈이 옹골지게 퍼부어댔다. 돌부리인지, 눈얼음인지 돌출된 무엇인가가 신코에 툭툭 차이고, 눈 위를 밟았는데도 발은 움푹움푹 빠지곤 했다.

강행군이 이어지면서 젖어 버린 신발 속으로 차가움이 스미고, 발은 굳어지기 시작했다. 냉기가 옷 틈새로 파고들어 시렸고, 콧속도 매웠다. 날이 섰던 결기도 서서히 몸을 빠져나갔다. 들리는 것은 바람 소리뿐이었고, 보이는 것은 떼로 몰려 덤비는 눈발이었다.

무거운 걸음을 계속 내디뎠다. 덕지덕지 쌓이는 생활을 벗어나 맑고 하얀 세상에서, 그 흰 세상을 짓는 거대한 역사(役使) 속에서 무슨 새로움의 단초라도 찾아보려는 길이었다.

자! 어디까지 갈까? 신(神)이 내리는 구원의 소리를 들을 수 있을 때까지인가, 시대를 꿰뚫는 철리(哲理)를 터득할 때까지인가, 아니면 지고한 예술의 경지가 느껴질 때까지인가? 아무리 걸어 나가도 거룩한 종교도, 명쾌한 철학도, 뭉클한 예술도 단서조차 보이지 않았다. 바로 옆에 가르침이 있는데 분분설(紛紛雪)에 가려 찾지 못하는 건지, 심장이 얼어 작동하지 않는 건지, 애초에 가당치도 않은 차원을 관념만으로 겨냥했던 건지, 갈증만이 보채댔고 도무지 집중이 되지 않았다. 하얀 입김만 공중에서 연상 산화(散華)해 버리곤 했다.

몸이 움츠러들수록 생명과 건강에 대한 불안감이 일기 시작했고, 고통에서 벗어나려는 욕구가 늘어났다.

전동차가 달려가는 소리가 바람 소리에 섞여 아득히 들렸다. 젊은 거장 구스타프(Gustav)가 지휘했던 말러(Mahler)의 교향곡보다도 더 정교한 화음인 듯싶었다. 무심코 흘러버렸던 그 소리가, 때로는 공해로 여겨졌던 그 소리가 어찌 저리 정겹게 가슴에 와 닿는지! 그 차를 타면 집으로 돌아갈 수 있을 터였다. '가서 몸뚱이만 빠져나온 생활과 가족, 모든 인연, 그 익숙한 삶의 얼개들과 만날 수 있으리라. 집에 떼어놓고 온 나의 분신과 합쳐지리라.' 하는 소소한 소망이 솟았다.

폭설이 예고된 서해안 지역, 설산에 갇혀 있을 친구가 떠올랐다. 몇 시간 전에 전화로 안부를 물었을 때는 눈 걱정은커녕 설국(雪國)이 아름답다는 답을 산울림처럼 알려오기는 했다.

"반갑다, 친구야.", "고맙다, 친구야."

문자나 이메일을 보낼 때 그 친구는 노래의 후렴같이 항상 '친구야.'를 붙인다. 친구를 따듯이 대하려는 우정도 우러나지만, 친구를 통해 고적함을 메우려는 헛헛함도 묻어난다.

그는 세상과의 인연을 훌쩍 떠나 서산의 바닷가로 내려가 허름한 여염집에서 살기 시작했다. 지난해에는 그곳보다도 더 외딴 산골짜기로 들어가 벼랑에 세워진 사찰의 진입로에 자리 잡았다. 묘지에 둘러싸인 구릉을 밀어 집을 짓고, 텃밭을 가꾸며 지낸다. 가끔 전화를 걸면 토방에 불을 지피고 있다든지, 무와 배추를 거두고 있다는 소조(蕭條)한 음성이 들린다.

성공적이었던 사회생활을 홀연히 등지고 풍광이 유려한 산자락에서 유유자적하는 그의 모습은 풋풋한 산수화 같다는 평을 듣는다. 이따금 그가 상경하든지, 친구들과 작당해 그를 만나러 내려가면 그는 모든 걸 풀어버린 듯 질펀하게 즐거워하고, 우리도 덩달아 즐겁다. 그럴 때 나의 시선에는 강에 비친 산 그림자처럼 그의 내면에 잠겨있는 쓸쓸함이 스친다. 멀리 떼어놓고 간 자신의 일부를 그리워하는 소회이리라.

내가 나의 상당 부분을 잘라 방치해 놓은 것은 미국에서 한국의 회사에 사표를 내고 현지에서 자영업을 시작하면서 비롯됐다. 생소한 새 일거리에 전념하느라 나는 나의 상실을 괘념할 여유가 없었다. 새로운 세계와 새로운 미래만이 눈앞에 어른거렸다. 분명히 착각이었다. 청춘을 쏟아 쌓아온 경력의 끈을 놓아버리자 유형무형의 옛 관계들도 자연히 멀어졌다. 나를 버티게 해주었던 나의 정신세계도 분해돼 떨어져 나갔다. 내부에서 일어나는 절단의 아픔과 잘려 나간 나의 아림은 보자기에 싸여 골방에 처박혔던 것이다.

시간이 흘러 숨을 돌리자 후미진 구석에도 엷은 빛이 새어들었다. 달빛이 휘영청 밝은 가을밤에 벌레 소리가 구슬프거나, 오색 찬연한 낙조의 바닷가 위로 갈매기 떼가 멀리 날면 나는 깊은숨을 몰아쉬었다. 멀리 고국에 남겨진 모든 것들, 나의 뿌리, 나의 정서, 나의 가치관, 나의 꿈 그리고 그것들을 에워싼 인간관계들이 내팽개쳐져서 나뒹굴고 있다가 가녀리게 손짓했다. 가끔 알려지는 내 분신의 근황은 구성지게 전해졌다. 흡사 부모를 여읜 자식들이었고, 화통에서 떨어져 나간 열차 칸이었다. 이쪽에서도, 그쪽에서도 상실은 따로따로 앓고 있었던 것이다.

걸음을 멈추고 뒤를 돌아보았다. 내 몸뚱이가 눌러 파놓은 발자국의 선이 길게 늘어서서 구불거렸다. 선은 멀어질수록 희미해지다가 끝내는 흔적조차 감추어 버렸다.

추위로 인한 고통은 더해지고, 기력도 쇠잔해졌다. 집을 나설 때 막연하게 꿈꾸었던 각성, 일상을 벗어나서 맞아보려던 낯선 세계에 대한 열망은 눈바람을 타고 흩어져 버렸다. 모진 고행 끝에 도달했다는 인걸(人傑)들의 깨달음은 자국도 보이지 않았고, 고뇌 끝에 낚았다는 사유(思惟)의 실마리도 오리무중이었다. 그곳에는 극한 상황에서 번쩍였을 예술의 혼(魂)도 없었다. 한계상황을 넘기면 새로운 단계가 열릴 것이라는 기대도 없지는 않았고, 들러붙은 것들을 버리는 용기가 필요하다는 충동도 일었다. "위험하게 살라."고 말하면서 익숙함과 이별하고 낯섦과 만나기를 외친 니체(Friedrich Wilhelm Nietzsche)도 떠올랐다. 그러나 나는 여지없이 작은 고통으로부터도 자유롭고 싶은, 해탈보다는 일상이 더 소중하다고 여기며 매달리는 범부(凡夫)였다.

점점 부푸는 소심한 심리에 말려 몸을 돌렸다. 눈밭에서 식어가고 있는 생기를 되살리기 위해서, 다른 곳에서 떠도는 또 다른 나의 유기를 막기 위해서였고, 그나마 가꾸어온 삶과 인성(人性)의 기조, 그리고 서로 버팀목이 돼 주는 신뢰들을 만나고 싶었다. 꿈은 언제나 현란하지만, 일상은 버릴 수 없는 대지(垈地)인 것을….

얼마를 질척였을까? 길가에서 빠끔히 내다보고 있는 가게에 들어가 차 한 잔을 받아들었다. 차향이 와락 달려들었고, 뜨거운 찻물이 언 몸을 단숨에 데워 주는 듯했다. 집 쪽으로 가는 전철역도 지척으로 다가와 있었다. 반대쪽에는 두어 시간 헤맸던 들판이 뿌옇게 보였다. 아직도 눈발이 어지럽게 휘날리고 있었다. 그 속에서 힘들어하던 내 모습이 아련했다. 전설의 눈사람이거나 일종의 야생동물이었다. 폭설이 쏟아지는 벌판에는 내가 몇 시간도 머물 곳이 없었다. 함께 어울릴 세상도 아득했고, 뒹굴며 섞일 문화도 멀었다.

> 눈을 털며 보는
> 눈은 금 간 질그릇
> 눈아, 어찌
> 너희들의 광장에 내려앉지 않고
> 거기에
> 서로 보듬기도 어려운

2014. 3. 17

하나의 나를 꿈꾸며

　지금 나는 내가 아니다. 나로부터 파생한 다른 나다. 그러니까 나는 둘이다. 두 개의 나는 멀리 벌어져 있다. 하나로 살자고 안간힘을 써 봐도 별 소용이 없다. 대개 본래의 나는 내 안에 깊이 숨고, 매양 다른 내가 먼저 나서고 행세한다.

　지금의 나는 어릴 적 어머니의 치맛자락에 매달려 외가에 따라가 나의 한 뿌리를 두리번거리며 달떴던 내가 아니고, 사춘기에 가을 들판에서 파란 하늘을 머금고 흘기는 뽀얀 이성의 풋풋한 백합 빛 시선에 감전되던 내가 아니다. 잊히지 않는 그 맑은 정서들! 학교 대항 운동경기에서 우리 편의 결승점에서 온몸을 뽑아 함성을 내지르던 내가 아니고, 친구들과 몰려다니며 세상의 생소한 이치를 입질하던 무구한 피에로와도 다르다. 나는 깊은 산 속 골짜기에서 여기저기 널려있는 작은 풀들의 생명력에 홀려 헤매던 애송이었고, 지저귀는 새소리에서 삶의 의미를 듣고자 몽유하던 얼간이었다. 어두운 밤에 홀로 방황하기를 일삼았고, 인파로 북적이는 거리를 정처 없이 쏘다녔다. 별이 빛나면 아픈 추억을 어루만졌고, 바닷가에 서면 아득한 수평선 너머의 유리 속 같은 세계를 동경했다. 나이가 들어서는 늘어나는 아내의 새치와 주름에도 남몰래 한숨짓고, 자식들이 그리워 먼산바라기가 되는 부류였다. 숲속의 잡초 덮인 묘소 옆에 서서 이유 없이 숙연해지는 여린 길손이었고, 어머니의 시신 앞에서는 숨이 막혀 엎어진 채 일어나지 못했던 나이 먹은 철부지였다.

　어머니의 영정 앞에서 어깨를 들썩이다가 일어나서는 나는 금세 전혀 다른 내가 되었다. 옆과 뒤에서 촉촉한 시선으로 늘어선 주위, 친지들과 문상객들 속에 둘러싸인 나는 나의 정서에만 머물고 있을 수 없는, 내 안의 나만은 아니었다. 그들과의 관계에 얽혀 있는 변형된 '나'여야 했다.

동네 골목길에서도 이웃들과 마주치면 바쁜 걸음을 멈추고 건성이라도 인사를 건네야 했고, 아니면 적어도 눈웃음이라도 나누거나 또는 알면서도 모르는 척하는 나는 껍데기로 사는 하나의 관계인이고 상황인이다. 버스 안에서 또는 전철 안에서 나는 예외 없이 승객의 하나로서 대중을 따라 생각하고 행동하는 나여야 한다. 허공을 응시하기도 하고, 만만한 웹의 세계에 의정 빠져든다. 세상의 여느 조직으로부터 받은 소임을 향해 끌려가듯 달려가는 나는 내가 아니다.

직장에서의 나는 더욱 건조한 다면성의 분자였다. 아래와 위, 좌. 우로 수없이 얽히고설킨 관계, 끝없이 몰려오는 사상(事象), 그 처리를 위한 무수한 변수 속에서 나는 영락없이 숙련된 카멜레온이어야 했다.

아래로부터 올라오는 전류, 위로부터 내려오는 전자파, 옆에서 직직거리는 파장, 아래에서 위로 뛰거나, 위에서 아래로 꽂히거나, 옆에서 내 위, 아래로, 그리고 다른 옆에서 내 아래, 위로 바로 번지는 무형질, 그 모든 흐름과 실려 오는 형체들은 난집합을 이루며 나를 둘러싸고 숨 막히게 작용해 댔다. 그 교집합의 유기성 속에서 내 안에 침잠해 있는 내가 나서서 비집고 위치할 자리는 너무도 미미했다.

뾰족이 고개를 내밀다가도 날 선 바람에 움츠리는 나는 여린 토끼였다. 수그러들지 않으면 나는 알고도 모르게 상처를 입는다. 그렇게 세상은 주도면밀하게 짜여서 압박하는 거스를 수 없는 직조물이다. 그것이 아름다운 것이냐, 또는 오염된 것이냐는 나의 의지와 별개였다. 그저 상처만은 입지 말아야 했다. 상처는 나에게 국한하지 않고 가족을 포함해서 나와 연관된 주변의 인연들에도 직간접으로 위협이 된다. 머리를 싸매며 번뇌하고 괴로워해도 그 불가사의한 권력은 끄떡도 하지 않는다. 거대한 암벽에 가는 끈으로 매달려 연연하던 나는 분명히 조직사회에 일상의 태반을 거는 부속인이었지 않은가. 내키지 않는 일과 멀리하고 싶은 자리에도 강요되었으며, 나의 성취가 다른 이에게 좌절을 안기기도 했다. 애초에 품었던 나의 소담한 꿈은 희석되었고 목표도 회미해졌다. 나는 피로에 시달렸다. 조직과 내가 불화를 빚을 때는 더욱 힘들었다. 지친 몸을 끌고 귀가해서 숨을 돌릴 때면 일과에서 빚은 마찰과 그로 인한 후유증이 심층의 나를 불러내고, 둘은 함께 기대며 아파했다.

저마다 날을 세운 영혼들의 각축 속에서, 성취와 좌절이 난무하는 회오리 속에서 때로는 날카롭고, 때로는 공격적이고, 때로는 양순하고, 때로는 비겁하고, 때로는 질투하고, 때로는 계산적이고, 때로는 조잔했던 나는 내가 보듬고 싶은 내가 아니다.

나와 나의 경계는 실상 분명하지는 않다. 오늘날 외부에서 나로 인식되고 있는 나는 원래 나의 토양에서 자랐고, 계속해서 서로 영향을 미치며 공생해왔으므로 표리 같기도 하고, 뿌리와 줄기의 모양새로도 보인다. 나는 수시로 나의 안에 들어가 숨는다. 거꾸로 나도 내 안에 웅크리고 있는 나를 끊임없이 견제하고 세뇌한다. 그러니 나와 나를 쉽게 떼어서 구분할 수는 없는 노릇이다.

그러나 나와 나는 합쳐져 있기보다는 자꾸 떨어져서 서로 모르는 척하기가 일쑤이니 동일체라고 할 수 없고, 들여다보면 그 차이도 선명하다. 심한 경우에는 배치되고 충돌하기도 한다. 명확하게 가르지 않으면 혼동하거나 오해를 부르기가 십상이다. 막스 베버(Max Weber)는 '이상형'이라는 개념적 도구로 사물의 특정화를 계시했던가.

가장 깊은 갈등의 계곡은 신념과 현실의 괴리다. 한쪽이 포기하면 그만일 수도 있지만, 가치관의 문제일 경우 나락 위에서 어지러워하듯 걷잡을 수 없는 혼란의 증후를 낳는다. 그럴 때 뇌리는 '정의'나 '옳음', '바름', '의미', '진리' 같은 명제로부터 무수히 두들겨 맞아 괴롭다. 괴로움은 슬픔으로 이어진다.

나에게는 하나의 오랜 꿈이 있다. 나와 내가 일식처럼 겹쳐져 하나로 살 수 있기를 바라는, 기이하지만 간절한 희망이다. 어디에서 무엇을 하

며 살더라도 하나의 몸과 하나의 영혼으로 버티며 행동할 수 있다면 그
것은 건강한 삶이고 자긍에 찬 행복이리라.

어떤 경우에도 맑고 따스한 하나의 내가 되는 일은 가능한 일일까?
요즘처럼 IT의 풍미와 AI의 태두가 인간성에 심각한 위협이 되리라는
예감에도 나는 의연하게 한 몸, 한 마음으로 푸근한 인간의 길을 뚜벅
뚜벅 걸어갈 수는 없을까?

2016. 4. 20

의식의 밭이 쓰라릴 때

아침에 잠에서 깨어나면 나는 나의 의식과 바로 만난다. 의식은 어딘가에 머물다가 나의 기상에 맞춰 어김없이 나타난다. 때로는 소소하거나 가볍지만, 크거나 무거울 때도 적지 않다. 처음에는 몽롱하다가도 차츰 맑아져 시골 풍경처럼 청량하고, 낯설지 않아 편안하다. 사물에 섞이거나 오염되지 않아서 담백하기도 하다. 기분이 내키면 잠시라도 자리에 누운 채 함께 교감하며 어울린다. 나만의 고유한 시간이다.

그러나 나와 내 의식의 상큼한 밀월은 내가 상대할 대상들과 만나면서 변하기 시작한다. 가족과 집기, 음식 그리고 그 밖의 많은 관계와 일, 물질들에 반응하는 화학작용은 무시로 내 의식을 벗어나서 산발적이다. 착한 방향도 있고, 고약한 쪽도 없지 않다. 집을 나서면 만나는 이웃들과 도심 속 수백만 가지의 사물, 뭇사람들이 발산하는 파문 그리고 일터의 복잡한 인간관계와 일 처리에 대응하는 생각들이 그렇다. 줏대를 빼고는 내 의식세계의 영역을 벗어나 기계적이거나 즉흥적으로 다른 대상들과 투합(投合)하는 것이다. 그럴 때마다 내 의식의 밭은 뒤란으로 밀려 존재감이 희미하다. 물론 그렇다고 해도 무수한 생각과 그에 좌우되는 행위가 의식체계와 아주 완벽히 동떨어져 있지는 않다. 생각들은 의식의 밭에 뿌리를 두고 파생하므로 그 영향권을 벗어날 수는 없는 일이다. 끊임없는 교신을 통해 통제되고 되먹임된다. 항공모함과 항공기 간의 원리와 같다고 할까.

내 의식의 밭은 나의 오랜 사회화와 배움, 경험이 버무려져 형성된 내 문화의 총체이며, 내 정신세계의 원형질이다. 그런 내 의식의 밭이 자주 쓰리고 아프다. 밭에서 자란 의식의 가지들이 외부로 나가 벌이는 행태가 때때로 본거지의 성향과 달라져서 타협하거나 좌절하기 때문이다. 의식의 본질이 훼손되거나 변질되면 본부인 밭은 고통스럽고 상처를 입는다. 물론 사안이 중요하면 그만큼 정도가 깊기 마련이다.

• 지난해 한 이웃이 별채를 요식업자에 세를 내주더니 상업용 모터 설비를 내 집 코앞의 지붕 위에 설치해 놓았다. 소음이 심하고 미관도 꼴불견이었다. 당국에 신고하면 소음허용치가 넘고 불법시공이므로 강제로 처리되겠지만, 이웃이라 배려하는 마음에 스스로 바로잡기를 완곡하게 요청했다. 그런데 어이없게도 상대는 비용 등을 이유로 반발하면서 오히려 앞으로 내 쪽의 문제는 없겠느냐고 협박하고 나섰다. 언쟁이 벌어졌고 가까스로 이전설치로 결론이 났지만, 나의 불편한 심기는 긴 그림자를 남겼다. 이웃의 무례함을 녹이면서 원만하게 처리하지 못했다는 자괴감으로 나는 꽤 오랫동안 씁쓸했다.

• 지난해 내가 주간을 맡았던 한 교양 잡지의 출판 과정에서도 황당한 일이 벌어졌다. 어렵사리 중진 정치인들과 유력한 필진의 집필을 받아 다양한 내용이 되리라고 여겨 흐뭇했는데, 경영주가 힘겹게 궤도에 올린 잡지의 성격을 갑자기 바꾸겠다면서 좋은 원고들을 대량으로 제외할 것을 요구했다. 원고의 수집 과정을 중간마다 세세히 알렸는데도 뒤늦게 뒷북을 치는 행위는 수습하기가 어려워서 몹시 난감했다. 양서를 내놓겠다고 몰입한 편집권의 무시이자 침해였고, 회사는 물론 업계에도 오점을 남기는 처사였다. 필진에 대한 예의와 회사의 신용을 들어 설득해도 막무가내였다. 재정상 어려움이 있긴 했지만, 미디어의 특성과 제작을 몰이해한 무리이자 무례였다. 사회에 양식을 제공하려던 소박한 내 의식의 밭은 많이 괴로웠다.

직장의 일이 복잡하고 널리 퍼져있거나, 모임이 잦거나, 활동의 오지랖이 넓을수록 상대할 이질성과의 긴장에 자주 맞닥뜨린다. 어떤 이는 부드러운 성격을 다져 충돌과 상처의 가능성을 미리 흡수해버리기도 하지만, 그의 내면에 반감이 전혀 없기야 하겠는가. 혹은 개성의 괴팍함 때문에, 혹은 구성원의 튀는 행태 때문에, 혹은 조직체의 지향성이나 내부 성원 간의 이견 때문에, 혹은 정치나 사회적 가치의 견해 차이 때문에 정신적, 또는 물리적 갈등이 빚어지고 번뇌하게 된다. 갈등은 의식의 손상과 좌절을 낳고, 승패와 관계없이 서로에게 앙금을 남기며, 번뇌는 의식의 밭에 쓰라림을 준다. 물론 참을 수 없는 경우에는 폭발로 이어지기도 하지만, 대개는 자기 삶의 신조나 목표와의 마찰이므로 속앓이를 한다. 그런 뭉근한 아픔은 용종이 되어 세상을 멍들게도 한다. 복잡하게 얽혀 살아야 하는 현대인들의 피하지 못할 멍에이지 않을까?

산이나 강변, 바닷가에 나서면 내 의식의 미양은 놀랍게 치유된다. 도시를 떠나 마을을 지나고 녹음이 우거진 산속으로 깊이 들어가면 철 만난 듯 생기가 넘친다. 검붉은 번뇌는 말끔히 날아가고 흑갈색 죽음의 빛깔도 멀어진다. 그럴 때 나와 나의 의식은 시리도록 맑은 건강 소의 창공을 훨훨 나는 나비를 닮는다. 비탈진 땅에 아무렇게나 널브러진 낙엽과 옹기종기 모여 다소곳한 잡초들, 작달막하지만 야무진 활엽수들 그리고 쭉쭉 뻗어 올라간 교목들은 그 생긴 대로 꾸밈없이 내 의식을 맞는다. 이따금 다람쥐와 새들도 부스럭거리고 찌르륵대다가도 숨어버려 낯선 길손이 그들의 영역에 들었음을 경계하는데 그런 모습들은 얼마나 귀여운가. 인간을 간섭하지 않는 대자연, 인간과 경쟁하지 않는 자연은 그 자체가 파란 자유의 초원이다. 자유의 품에서는 여유를 얻고, 여유는 사유를 부르며, 사유는 의식의 품격을 살찌우고 높여준다.

푸르던 산등성이에 어둠이 드리우기 시작할 무렵 강변으로 내려오면 또 다른 정취에 나의 의식은 여지없이 달뜬다. 시퍼런 강물에 청둥오리 떼가 목 놓아 울며 떠내려가고, 흰 고니들이 순백의 빼어난 자태로 고혹적인 춤사위를 펼치면 나는 나의 의식을 껴안고 열락의 지경에 빠진다. 혼연일체가 되어 자연의 예술에 심취하는 것이다. 강이 흘러 모이는 곳인 바닷가에 나가 텅 빈 모래밭을 홀로 거닐면 쿰쿰한 나의 의식은 넓은 세계를 숨쉬기 위해 가슴을 연다. 찬란한 빛깔의 낙조가 하늘과 바다를 현란하게 물들일 때, 파도 결을 따라 켜켜이 이는 감흥으로 나는 나의 의식을 감싸주었다. 의식이 바친 노고를 위로하기에는 턱없이 모자라겠지만 그래도 우리는 서로를 위로한다.

　나는 내 의식에게 빚을 지고 산다. 따져 보면 의식의 아픈 징후는 모두 내 불찰에서 비롯되지 않는가. 그런데도 나는 의식에게 무거운 짐을 더 지울 수밖에 없다. 인간은 사회적인 동물이며, 복잡하고 정교하게 조직되어 유기적으로 기능하는 뇌세포처럼 그리 얽히고설킨 현대사회를 헤어날 수 없기 때문이다. 고립이란 더욱 무서운 질병인 것을…. 나의 가련한 의식이여, 의식의 밭이여! 산다는 게 원래 고통을 수반하기 마련인데 우리는 세상으로부터 도피할 외진 곳이 없구나. 이따금 치유와 재충전을 하더라도 다시 세상으로 돌아와 엉킨 덤불을 헤쳐 가며 삶을 경작하는 일이 우리의 명운이거늘.

2017. 5. 20

깊은 곳에서의 대화

북 캘리포니아 버클리 뒷산에 오르면 앤자 호수가 사방 십 리에 시퍼런 물을 가득 이고 산 위에 앉아 그윽하고, 좀 더 동쪽으로는 그보다 15배, 5배나 큰 저수지들이 둘이나 짙푸르다. 더 아래의 차봇 호수도 보트로 한 시간씩이나 유람할 수 있는 산 위의 넓고 깊은 웅덩이로, 언제 보아도 정겹다. 이들 호수의 너비는 서울보다 조금 더 넓고, 깊이는 594m나 깊어 오묘한 물빛을 발산하는 더 위쪽 오리건 주의 크레이터 산정호수보다는 훨씬 작지만, 주변과 물속에 온갖 동·식물들이 바글거리기는 매한가지다. 이 지역은 샌프란시스코 만의 엉덩이로써 벤쿠버에서 미국으로 넘어와 시애틀과 포틀랜드, 샌프란시스코, 로스앤젤레스, 샌디에이고로 연결된 태평양 연안의 중간쯤이다. 그 위, 아래 바닷가는 몬터레이와 산타바바라, 산타크루스와 같은 절경의 도시들과 함께 보석 같은 작은 도시들로 이어져 세계에서 가장 아름답고 윤택한 해안선을 이루고 있다. 연이어 얼굴을 내미는 소도시들과 비치들은 청결하고 경치가 수려해서 멀리서 보면 가위 선경이라 할 지경이다. 이곳은 인류가 발전시킨 과학과 문명을 가장 잘 향유하는 해안 띠(Shoreline)로 만인이 선망하는 터전이리라. 반면 앤자 호수에서 580번 고속도로를 타고 20분 정도 동쪽으로 달려서 핵 연구소가 있는 리버모어에 이르면 환경이 사뭇 다르다. 황량한 사막지대가 끝없이 펼쳐져 있다. 개발지역 외에는 평지에도 바싹 말라죽은 잡초들이 질펀하고, 가도 가도 누런 민둥산과 돌산들이 계속 이어진다. 5번과 99번 고속도로로 남행하면 이따금 살수장치로 물을 주는 포도밭과 과수원이 있어 푸른 땅을 보여 주지만 대부분 메마른 박토의 연속이다. 더 동쪽 시에라네바다 산맥 너머를 향해 395번 고속도로를 타고 남쪽으로 내려가면 작열하는 태양 아래 죽음의 냄새가 가득한 거대한 계곡 데스밸리가 흉측하게 드러누워 있다. 120ha의 드넓은 분지인 데스밸리는 해면(海面)보다 낮고 3~4천m의 산으로 둘러싸여 지상에서 가장 뜨겁기로 셋 안에 든다. 섭씨 60°까지도 오르는 고온에서 수분이라고는 기척도 없다. 내륙으로 더 들어가면 모하비 사막과 애리조나, 텍사스까지 들락날락 사막의 황야와 고산들은 줄줄이 메말라 죽어 있다.

높은 산들이 생멸을 가른다. 서쪽 태평양 해역 부근에는 바다에서 올라오는 구름과 안개가 몰려와 생명이 서식할 축축한 환경이 조성됨으로써 식물들이 무성하고 동물들도 풍요롭게 살고 있지만, 구름이 산을 넘어가지 못하는 동쪽은 사시장철 내리쬐는 땡볕 아래 물기를 바다까지 빼앗겨 척박하기 이를 데 없다. 해안을 벗어나 산맥 너머 동남쪽으로 차를 몰고 달리면 광활한 황무지에 홀로 살아있다는 느낌이 들 정도로 죽음의 그림자와 냉엄함이 시선이 닿는 데마다 널브러져 있다.

캘리포니아 일대를 남과 북, 동과 서로 주유할 때면 자연스레 깊은 사색에 빠지곤 한다. 이런 울창한 생명의 숲과 죽음의 바다를 깊숙이 넘나들며 하찮은 일상이나 평상심에만 머물 수 있겠는가. 옥토와 박토를 오가며 눈에 띄는 동·식물들과 사람들의 살아가는 모습, 삶과 죽음, 그들의 운명, 세상의 원리, 우주의 진실 등에 대한 상념이 꼬리를 물고 이어진다. 사색은 늘 가슴 속 깊은 곳에서 솟아나 서로 교감하고, 서로 대화하고, 서로 섞인다. 때로는 환희가 번득이고, 때로는 심장을 옥죄는 아픔이 엄습한다. 깊은 곳에는 심오하고 근원적인 원리가 잠재해 있기 마련이다.

샌프란시스코에서 자동차로 두어 시간 북쪽으로 달려가 만나는 뮤어 우드 국립공원(Muir Wood National Monument)은 태곳적 생명의 모습들이 살아 숨 쉬는 듯이 느껴지는 깊은 숲이다. 거대한 삼나무들은 늘 방문객들을 덤덤히 맞아주지만, 정작 길손의 맥박은 요동치고, 영혼은 붕붕 떠서 미상불 유리령(遊離靈)이 되곤 한다. 뮤어 우드 공원은 캘리포니아 중부 빅서에서부터 오리건주까지 넓게 퍼져있는 미국삼나무 (Redwood—Sequoia sempervirens, Giant Sequoia—Sequoia dendron giganteum) 군락지 중 왠지 가장 정이 가는 곳이다. 1억 5천 만 년 전 대륙의 융기 이래 이 일대에 무성한 레드우드는 수령이 평균 800년이고, 높이는 80m에 이르며, 80여 종의 동·식물들을 품에 데리고 쭉쭉 뻗어있다. 기원전에 태어난 고목도 있다. 이 거대한 생명들의 숲속에서 길손은 심장 깊은 데서 솟는 화두를 던져본다.

"레드우드, 너희들에게 비친 인간사회는 대체 무엇이더냐?"

"이기심이 탐욕을 빚고, 탐욕은 날카로워지고, 대결은 집단으로 번져 꼭 지옥이지."

"인간들이 그렇게 발전시킨 두뇌를 굴려 땅과 바다, 하늘까지 지배하지 않는가?"

"그건 순(純) 자연이 아니야. 인간들의 세상이지. 스스로 고통스러워하지 않나?"

"긍정적인 면도 있으니 비관적으로만 보지 말게나. 무슨 조언이라도 없을까?"

"윤리도, 도덕도, 철학도, 종교도 일탈의 틈을 못 막으니 어쩌겠나. 정교한 규범으로라도 통제할 수밖에. 인간사회의 운명이지. 양질의 규범을 누가 만드냐고? 너무 완벽함을 꿈꾸지 마시게. 그런 건 세상에 없으니."

대화는 끝없이 이어지지만, 깜짝 놀랄만한 깨달음은 울울한 숲에 숨어 잡히질 않는다.

사막에서도 뜨거운 모래밭을 빼고는 황야의 곳곳에서 근근한 생명들이 살아가기 위해 안간힘을 쓰고 있다. 먼지만 이는 광야에서 선인장 류로 보이는 까칠한 풀은 앙증스러운 꽃까지 피워 보인다. 저 황량한 데스밸리에도 천여 종의 생물이 놀라운 생명력을 발휘한다고 한다. 이런 척박한 데서도 살겠다고 몸을 뻗은 각종 생명, 가냘픈 식물들과 쪼그라든 동물들, 일거리를 찾아 혹독함을 견디는 외로운 인간들의 생존을 위한 분투가 길손의 가슴을 때린다. 사막 가운데로 쑥 들어간 후미진 곳에 이르러 완벽, 또는 그 근사치에 관해 질문을 던져본다.

"삶과 죽음의 너머에 존재라는 절대성에 닿으면 거기에 완벽이 있다네. 불변이지."

"존재? 그게 이 과객에게 무슨 의미가 있다고?" 허공에 대고 다시 묻는다.

"의미를 찾는 차원도 넘어서 말일세. 이를테면 죽음 뒤에도 존재는 남지. 바둥거리는 인간세계도 예외는 아니야. 강 건너편에 진리가 있네."

대화하면서 때로 밤하늘의 별을 헤아린다. 별은 길손의 걸음, 달리는 차량을 줄곧 따르며 빤짝인다. 대화는 결과가 아니고 결론으로 가는 과정이다. 그러다 불쑥 서부의 새 금맥이라도 만나리란 희망을 안고 주행한다. 아르키메데스(Archimedes)의 외침, 유레카(알아냈다)를 고대하며…

2017. 7. 25

질박한 그리고 전향적인 1

　한국에서 머물다가 미국에 들어오면 피부로 느껴지는 분위기가 다르다. 그중에서도 인상적인 것은 무엇보다 사람들과 부딪힘과 그에 따른 불쾌함이 적다는 것이다. 미국은 어느 사회보다 자유분방하면서도 남의 신경을 건드리지 않게 배려하고, 자신은 남의 행동이 마음에 들지 않더라도 크게 반응하지 않는다. 혹 다른 사람의 옆을 스치거나, 조금이라도 방해가 될 듯하면 재빨리 "실례합니다."라고 이해를 구하는 일은 거의 습관적이다. 만일 조금이라도 상대방의 심기를 거슬렸다면 "미안합니다."가 즉각 튀어나오고, 거꾸로 상대방의 과실은 웬만하면 참고 웃음을 띠면서 "괜찮아요."라고 양해해 준다. 길에서는 모르는 사람이라 하더라도 시선이 마주치면 가볍게 인사를 나누거나 최소한 미소라도 건네주는 풍경은 예사롭다. 더구나 아는 사이라면 깜짝 반기면서 대개 악수는 물론, 안아주고 볼에 입을 맞추는 등 서로 극진한 친밀감을 나눈다. 만일 인파 속에서 누군가 나의 어깨를 툭 치고 가면서 모른 척한다면 버럭 화가 치밀지 모르겠다. 거나 공공장소에서 큰 소리로 떠들거나 담배를 피워대면서 꽁초를 휙휙 버리는 행위, 가래를 퉤 뱉는 행동들이 미국에서는 드문 이유가 선진국이기 때문이라고 가볍게 치부하기 쉽다. 또 미국이라고 다 그러냐는 이의가 있을 수 있다. 물론 어느 사회나 마찬가지로 후진 지역이나 오염된 곳에서는 타인을 자극하는 거친 짓들이 있어 눈살이 찌푸려지기도 하고, 멀쩡한 곳에서도 의외로 독불장군식의 꼴사나운 모습을 볼 수도 있다. 그래도 그런 곳을 벗어나 주류사회로 깊이 들어갈수록 세련된 품행들이 사회가 깔끔하게 돌아가도록 윤활유 역할을 해주고 있음을 어렵지 않게 알 수 있다. 서로 인정해주면 그만큼 관계들이 매끈해지고, '충돌의 낭비'는 줄기 마련이다. "존중하면 존중받는다(Respect, respected)."라는 금언은 미국을 건전한 사회로 만드는 데 훌륭한 토양이 되는 게 아닌가 싶다.

대중사회에서는 어떠한 분위기가 조성되면 대부분의 구성원은 저항 없이 따라간다. 또한 많은 사람이 호의를 갖거나 분명한, 또는 묵시적인 동의가 있으면 그 문화는 확산되기 마련이다. 그런 분위기를 해치는 고약함은 여러 가지 규범으로 제재를 받는다. 이성(異性)을 향해 예쁘다든지, 잘생겼다고 가볍게 농담을 던져도 당사자가 조금이라도 혐오감을 느꼈다면 성희롱 혐의로 법정에 설 수 있다. 그만큼 법은 사회 깊숙이 세세하게 망을 치고 있으며 정교하다. 법의 사슬은 사회를 어지럽히는 독소에 대한 파수꾼답게 엄격한 장치이자 질서의 보루다. 미국의 공권력은 너그러운 민주사회라는 점을 감안하면 무서울 만큼 강력하다. 이질적인 인종들이 모여서 사는 끓는 냄비(Melting pot) 같은 특수한 환경과 그에 따라 형성된 개인주의를 다잡을 필연적인 산물인 것이다. 그보다도 미국 사회를 깊숙하게 들여다보면 미국인들의 의식 속에는 타인에 대한 존중과 관용, 포용이라는 금도(襟度)의 자세가 넓게 자리하고 있음을 느낄 수 있다. 사회의 가치관을 관통하는 기독교 정신이 꽃피워 놓은 문화적인 풍토일 것이다. 거리에서나 직장에서나 이웃 간이나 모든 인간관계의 바닥에 잔잔히 흐르는 국민들의 아름다운 의식(意識)이다. 타인의 인격과 권리를 존중하는 자세는 계산적이고 이기적으로 꼬인 마음속에서는 절대로 우러나오지 않는다. 구부러지지 않고 질박한 심성이 다양한 인종과 문화를 품고 있는 미국이 난마같이 얽힌 이해관계를 헤쳐 나가면서 우뚝 설 수 있게 하는 바탕이 돼 주는 듯싶다면 과장일까?

캘리포니아 웨스트 LA에 있는 딸네 집 이웃에는 금술 좋은 젊은 미국인 의사 부부가 사는데, 늘 살갑다. 딸네 아이들과 그들의 아이들은 학교의 같은 반이고, 남편은 딸네 가족의 의사이며 그 부친은 딸의 출산을 도운 산부인과 의사여서 서로 교우가 특별하다. 나까지도 가끔 만나면 반가워하는 이들이다. 그런데 그 부인이 신체의 근육이 점점 줄어드는 불치의 병인 HIBM(Hereditary Inclusion Body Myopathy)으로 인해 시한부 삶을 살고 있다는 사실을 최근에 알고는 적잖게 놀랐다. 본인은 깡마르기는 했으나 조금도 티를 내지 않고 쾌활하고 당당하며, 남편도 전혀 눈치챌 수 없게 부인을 지극정성으로 위하면서 명랑하다. 부인은 그 희소병으로 곧 휠체어 생활에 들어갈 것이고, 미구에 생을 마감할 운명에 처해 있다. 남편은 의사로서 바쁜 직업에 종사하면서도 아내와 아이의 뒷바라지는 물론, 온갖 가사를 도맡아 이를 헌신적으로 감당하고 있다. 그 가족에게 슬픔과 괴로움이 어찌 깊지 않겠는가마는, '그 절박한 상황을 이기며 어떻게 저리 긍정적이고, 굳세게 살아가고 있을까?' 하는 의구심이 들 정도로 태연하고 자약하다. 그들의 환한 웃음과 일에 몰두하는 동작들은 지극히 아름다운 예술 영화의 장면들 같다. 어쩔 수 없는 처지는 운명으로 받아들이지만, 주눅 들지 않고 주어진 몫만큼 더 치열하게 살겠다는 전향적인 자세, 그런 모습은 보는 이의 가슴을 뭉클하게까지 한다. 그 가상한 삶의 철학은 어디서부터 나오는 것일까? 미국이 그 역사를 통해 끊임없이 다져온 개척 정신의 유산이며, 미국 사회의 저변에 흐르는 기독교 정신의 선물이 아닐까?

내가 아이들을 미국에서 교육하면서 가장 눈여겨본 단어는 '도전(Challenge)'이라는 단어다. 어릴 때부터 학교는 아이들에게 도전 정신을 우선적인 가치로 심어주고 끊임없이 북돋아 준다. 그렇게 심어진 가치는 아이들의 성장과 함께 자라서 삶의 동기가 되고 부단히 새로운 길을 찾는 창의력이 된다. 나아가 실용주의와 합리주의가 가득한 사회적 바탕 위에서 진취성과 추진력으로 키워져 강한 경쟁력과 리더십의 동력이 된다. 이 또한 오늘의 미국을 떠받치고 있는 하나의 정신적 기둥이 아닐까? 세계 최강국이라는 타이틀은 어느 날 갑자기 하늘에서 떨어진 운석(隕石)이 아니다.

거대한 미국을 감히 한두 명의 인상과 개념으로 재단하기는 무리일 것이다. 그러나 사람들은 나름의 인상으로 그 사회를 일단 평가하고 오래도록 기억한다. 인상들의 안에 담겨 있는 속살을 들여다보려 힘쓴다면 쉽지 않은 숙제인 미국 사회의 이해에 도움이 될 것으로 믿는다.

2014. 6. 6

질박한 그리고 전향적인 2

미국에서 장기 체류를 시작할 무렵 나는 참 좋은 이웃들을 만났다. 딕이란 애칭으로 불리던 옆집 친구는 마치 친형처럼 다정했다. 이탈리아계 이민 3세인 그는 10대 후반에 한국전쟁에 참전하기도 했던 광고 회사 고위직 출신으로, 미국 사회에 관한 해박한 지식과 정보로 나에게 수시로 많은 도움을 주었다. 이웃사촌이란 말을 어쩌면 그렇게도 실감 나게 느끼도록 하던지!

그 옆집에 사는 은퇴한 엔지니어인 앤디는 우리 집에 하수도나 문짝의 고장 등 골칫거리가 생기면 가리지 않고 쫓아와 뚝딱 해결해 주었다. 그럴 때의 고마움은 말로 표현하기 어려울 정도였다. 독일계 중노인이었던 그는 "세상에 가치가 없는 것은 없다(Everything has value)."라는 생활 철학을 내 가슴에 각인시켜 준 체구도 크고 마음도 넓은 거인이었다.

또 다른 옆집의 유대계 변호사 가정, 록히드 항공사 간부로 재직하다가 은퇴한 뒷집 노인, 또 앞집의 영국계 젊은 부부 등도 늘 친절하고 따뜻하게 대해 주어 미국 생활의 초기에 나에게 달려들던 두려움과 스트레스를 털어내는 데 큰 도움이 되었다. 나는 그들을 통해 미국의 허리인 전형적인 중·상류사회를 체험할 수 있었으며, 미국 사회의 바닥에 흐르는 정신과 규범, 미국식 대인관계 방식 등을 조금씩 터득해 나갔다. 나 자신도 그들에게 성심껏 대하긴 했지만, 만일 그들을 만나지 못했다면 나의 미국 생활이 아주 힘들고 달라졌을 것이라고 요즘에도 회고하곤 한다.

나는 미국에서 자영업을 운영할 때 사업장의 건물주들을 여럿 만났는데, 그중에는 우호적이거나 합리적인 이들도 많았지만 지독한 자린고비도 겪었다. 처음 만난 이는 헝가리계 유대인으로 5천 ft가 넘는 큰 매장을 대여해 주고도 늘 이웃처럼 편안했으며, 경기가 좋지 않다면 세율을 깎아 주는 등 '세입자가 좋아야 건물주도 좋다'는 원리를 실천하는 합리적인 자본가였다.

악질적인 건물주는 홍콩에서 온 중국인이었다. 그는 여러 채의 아파트와 주택 보유로 재력이 제법 넉넉하면서도 해마다 우기가 닥치면 천장에서 물줄기가 쏟아져 입주자들이 야단법석을 치르는 데도 늘 지붕에 올라가 임시변통으로 깨작깨작 때우는 소인배였다. 나는 좋은 입주자가 되려고 무던히 애를 썼지만, 돈에 쩔은 인종의 야박함에는 당해낼 재간이 없었다. 참을 수 없어 사업체의 매입자를 찾아 계약까지 체결했으나 의도적으로 새 입주자의 검증을 질질 끌며 매매를 방해해 낭패를 안겼다. 결국, 법정까지 가서 양측이 모두 상당한 손실을 보고 말았다. 그 상가의 공간은 3년 넘게 아직도 공실 상태여서 지금까지 월세만 15만 달러 이상 손해를 보았을 것이다.

선한 자와 악한 자의 구분은 단순하지는 않다. 높은 수준의 선과 낮은 수준의 악이야 누구나 알 수 있도록 극명하게 드러나지만, 사람들이 발톱을 가리고 사니 진실함과 흉악함을 가려내기가 쉽지 않다. 또 대부분의 사람은 선과 악의 경계에서 몰려 살다가 상황에 따라 그 경계를 넘나들기 때문에 당황스러울 때가 적지 않다. 어제 좋았던 사람이 오늘 표변하는 경우가 오죽 많은가. 선과 악의 개념 자체도 환경에 따라 또는 당사자의 입장에 따라 변하기 쉬운 만큼, 선한 삶을 꾸준히 지키려고 노력하는 일은 그 자체로도 높이 평가할 만한 선(善)이다.

그래도 내가 경험한 미국인 진국들은 그 마음 씀씀이가 감동적이기까지 했다. 내가 운영하던 식품 도매업소의 꾸준한 고객이던 한 백인 젊은이는 멀리 이사를 하고도 좋은 관계를 끊지 않으려고 한참이나 먼 길을 돌아서 꼬박꼬박 찾아왔었다. 당연히 이쪽에서도 그에게는 정성이 절로 솟아났는데, 그의 맑은 눈동자를 보고 있으면 미국의 깨끗한 마음들을 모아 뚫어보는 듯했다. 주변에서 흔히 듣는 이야기이기도 하다.

세리토스에서 살 때 늘 활달했던 이웃 아주머니는 내가 서두르다가 차고 문을 열어놓고 출근한 후에 그 모습을 발견하고 도둑의 짓으로 여겨 경찰을 불러 점검토록 해 주었다. 그러고도 내가 연락이 안 되자 다른 볼일을 연기하면서까지 온종일 자기 집처럼 감시해 주었다. 존 스타인벡(John Steinbeck)이 『분노의 포도』에서 그린 어머니처럼 강인한 미국 여성의 보살핌이 내 집을 지켜 준 것이다.

　보수도 없이 꼬박꼬박 학교 앞에서 자원봉사하는 노파들의 모습, 재산을 자손에게 상속하지 않고 사회에 기부하는 문화, 남의 불행을 나의 일처럼 보살펴 주는 이웃들, 몸이 불편한 사람을 보면 자석처럼 달려들어 도와주는 순수한 마음, 전쟁과 가난에 시달리는 난민에 대한 구호의 손길 등 다사롭고 건전한 사회적인 분위기가 있어 개인주의 사회라든가, 부자들의 천국이라는 인식에도 불구하고 미국이란 공동체가 끊임없이 따뜻하고 건실하게 재충전하는 원동력이 되었다.

　악의 넝쿨은 성역 없이 어디에서나 뻗어 나간다. 금융 관계 업무를 취급하던 나의 업소에 3년 이상 드나들던 자메이카 출신 흑인 단골은 어느 날 수천 달러어치의 몹쓸 수표를 들고 와 믿는 도끼로 내 발등을 찍었다. 또 매장 안에서 고의로 난동을 부리고는 위해를 받았다고 소송을 걸어 화해금을 뜯어낸 모리배, 쌓인 외상값을 떼어먹고 줄행랑친 라틴계 상인 등 사업의 경험이 없어 순진했던 나는 수 없는 악의 손끝에서 피해를 보았다. 또 무장한 흑인 강도들에게 강탈(Hold up)을 당하기도 했으며, 한국인 유명 목사의 아들로부터 컴퓨터 부품 공장을 매입할 때 손익을 교묘하게 부풀리는 수법으로 큰 손실을 떠안기도 했다. 이런 일들은 미국 사회의 하위 구조에서 만만치 않게 일어나는 범죄이며, 특히 기술과 경험 없이 '미국의 꿈(American dream)'만 품고 덤비는 한국 이민자들의 영세업소에서는 수월찮게 겪는 불행이다.

　불행은 희망과 의지 앞에서는 맥을 못 쓴다. 나의 그 숱한 불행한 사건들도 달려오는 미래의 기(氣)에 밀려 결국, 망각 속으로 묻혀버리곤 했다. 4.29 LA 폭동과 같은 한인 동포사회의 엄청난 트라우마도 아메리칸 드림의 거센 기운에 눌려 빠르게 아물었다. 월남전의 후유증인 히피족의 퇴폐성 물결도, '월 스트릿트를 점령하라'는 자본주의의 폐해를 겨냥한 파괴적인 분출도 한때는 기세가 등등했지만, 시간이 흐르면서 수면 아래로 잠수해 버렸다. 미국 사회의 여러 가지 용종이나 상처는 그렇게 거대한 사회조직의 면역력과 치유능력에 의해 스스로 힘을 잃고 잠재워진다.

무엇이 그렇게 많은 문제로부터 미국을 보호하고 유지·발전시켜 주는 것일까? 나는 개인, 사회에 상관없이 질박하고, 전향적인 의식과 체질이 건강하고 튼튼해서 오염되고 부정적인 부분을 압도해야 스스로를 지키고 성장시켜 준다고 믿는다.

미국은 지금도 꾸준히 치유 중이고, 재충전 중이며, 재건축 중이다.

2014. 6. 27

그레이 하운드의 유감(有憾)

　그레이 하운드 버스는 미국 장거리 여행의 상징이었다. 철도가 주로 방대한 대륙을 산업기지로 개척한 운수의 통로였다면 버스는 구석구석으로 대중을 나른 혈관이었다. 로키산맥 기슭의 선머슴을 태워다 일약 할리우드 스타로 띄우거나 미시시피 강변의 가난한 흑인을 팝뮤직의 총아로 실어 나르기도 했다. 게리 쿠퍼나 제임스 딘, 마이클 잭슨 등은 그레이 하운드 버스가 태워다 준 불세출의 시골뜨기들이었다. 1913년 미네소타에서 처음 뻗기 시작한 그레이 하운드 버스 노선은 그러한 버스의 대표 주자로서 미국의 번영을 따라 무려 3,100개 노선에 2,400개 터미널을 갖추고 북미 대륙을 실로 실핏줄처럼 연결해 누비고 다녔다. 그러던 장거리 버스 노선은 오늘날 크게 번성한 항공과 승용차 산업의 그림자에 가려져 그늘지거나 외면당한 신세가 되었다. 속도에 뒤지고 편리함에 치여 인기도 떨어지고 관심도 잃었다. 이제는 빈곤층의 어쩔 수 없는 한낱 이동수단으로 전락한 것이다.

　나는 지난달 샌프란시스코 아들네에 두었던 SUV 차를 가져오려고 불편함과 안전을 걱정하는 가족들의 만류를 뒤로하고 모처럼 그레이 하운드 버스의 낭만에 몸을 실었다. 좀 후지면 어떻고, 설마 범죄가 그리도 심할까 하는 생각으로 오히려 여행의 설렘까지 돋우며 이른 아침 LA 다운타운 전용 터미널을 찾았다. 어차피 타고난 서민이 아니었던가 싶었다. 그러나 실망은 대기실에서부터 시작되었다. 질서감과 쾌적함은 미국의 수준으로는 바닥이었다. 종업원들은 거친 언어로 승객들을 영문 모르게 나누어서 줄을 세웠고, 칙칙한 환경에서 사람들은 직·간접적으로 자주 부딪혔으며, 인간이 상품으로 취급되고 있다는 느낌을 지울 수가 없었다. 배낭 차림의 단신 휴가 여행길의 한 한국인 30대 여성도 범죄가 노릴지 모를 무질서 속에서 엉성한 운영이 정해 놓은 자리를 찾아내려고 이리저리 애를 쓰고 다녔다.

버스 내부는 더욱 한심했다. 우중충한 차 내부는 아주 낡아서 명성 높던 굴지의 기업에 대한 기대를 구겨버렸고, 의자의 귀퉁이와 팔걸이는 여기저기 헤져 속이 드러나 있었다. 나와 한국 여성은 무슨 이유인지 마지막 줄로 승차해야 했고, 그나마 약삭빠르지 못해 차의 맨 후미에 자리를 잡고 실소를 나누었다. 문제는 그 후미에 화장실이 위치해서 구식 변기에서 올라오는 악취가 7시간 남짓한 여행 내내 참기 힘든 고통을 안기는 것이었다.

낡은 커튼 밖으로 보이는 5번 고속도로 주변의 광활한 사막과 과수원을 내다보는 표정들은 한결같이 수심에 차 있었다. 아마도 고달픈 삶에 대한 걱정이지 싶었다. 어린 자식들을 주렁주렁 동반한 라틴계 가족과 과분한 보따리를 지닌 흑인 가족들은 남루한 옷차림새를 들썩이며 일거리를 찾아 나선 듯싶은 애처로운 대화를 이따금 주고받았다. 값싼 스낵을 조금이라도 더 먹겠다고 형제들 간에 신경전을 벌이는 아이들의 눈동자에 시선이 닿자 나는 머리통을 둔기로 맞는 듯이 아픔을 느꼈다. 일등 국가에서 저이들의 사회적인 대접은 과연 무엇인가 하는 의문에서였다. 저 아이들도 미래에는 항공편으로 고급 시설의 편리함 속에서 친절하고 정교한 서비스를 과연 받게 될까 하는 의문도 이어졌다. 일등석의 대우까지는 아니라도 세상의 변화에 낙오는 되지 말아야 할 것이 아니겠는가.

종점에서 하차하자 예의 한국 여성이 공손히 인사를 하고 인파 속으로 총총히 사라졌다. 그녀의 뒷모습이 말하는 듯했다. "세계를 이끄는 미국의 자본주의는 어디로 가고 있는가?"

2015. 7. 18

두 갈래의 길

만리장성을 오르는 관광 인파의 장사진에 끼어 다니면서 가슴이 짠하다. 역사·문화적 가치의 음미보다 먼저 다가온 아릿한 감정에 휩싸여서다. 진나라부터 명조까지 5천 6백여 ㎞의 거대한 성곽을 쌓은 역사는 대단하다. 그러나 그 축성에 동원되어 스러져 간 백만 원혼(冤魂)은 구경하기조차도 숨이 가쁜 이방인의 마음마저 파고들어 구슬프다. 징발됐다 하면 결국 이 험준한 산기슭에서 한 줌 흙이 되어 가는 희생으로 달에서도 보인다는 이 거대한 돌 성을 쌓았다는 말인가. 가파른 산 능선에 올려 쌓은 육중한 기단 위를 차마 딛기조차 미안하다.

천안문에서 바라본 자금성의 웅장하고 정교한 건축문화도 그 위를 떠도는 뿌연 원한에 가려서 선명하지 않다. 72만 평에 999칸의 궁전을 짓기 위해 14년에 걸쳐 흘린 20여만 명의 피땀은 옛 건축물의 목재와 석물 속에 스며들어 보이지 않게 서럽다. 그뿐이랴. 해자와 높은 벽으로 겹겹이 싸여있는 금단의 성, 그 내정(內庭) 안에서 호령하는 한 권력과 주위 세력에 얼마나 많은 민초가 그들의 한숨을 바쳤을까?

서양이 그토록 탐냈던 중국 비단이 절세미인을 감치고 있는 듯 이화원에는 황홀한 노을이 드리운다. 2.9㎢나 넓은 곤명호수에 3천 칸의 별궁전이 잔물결에 출렁이며 교태를 부린다. 호숫가 728m의 긴 골마루에는 1만 4천 점의 회화가 늘어서서 후세의 구경꾼들을 맞이하고, 60m 높이의 인공 산이 자신을 퍼낸 자리의 인공호에 화폭처럼 떠 있는 정자와 전각, 사원, 교각의 예술을 멍하니 내려다보고 있다. 빈농 출신으로 권력의 화신이 된 서태후는 이곳에서 백 가지 음식의 차림 상을 받으며 영욕에 취한 채 나라를 열강들에게 찢어 주었다. 산업혁명 이후 대세는 서양으로 기울어 있었더라도 이화원의 중축비가 아니었다면, 또 조정이 이화원의 미혹에서 벗어났다면 청일전쟁은 패하지 않았으리라는 역사가들의 가정은 베이징에서 안주한 명과 청조의 허세와 용졸함이 가히 어떠했는가를 시사한다.

명조의 정릉(定陵)에 들어서도 입이 벌어진다. 당시의 통치와 장례문화를 십분 감안하더라도 한 사람의 주검을 위해 궁궐 같은 무덤을 지하에 파서 옥과 금, 은 보석으로 치장해 이리도 거창하게 받들어 모신 그 황당한 권력욕에 대한 분노를 백성들은 어떻게 삭였을까? 무려 13명의 황제마다 다 그랬다니! 한족(漢族)의 명운을 지하에 보관하려 했는가?

베이징은 중국의 걸출한 장수다. 기골이 장대하고 카리스마가 넘치며 힘이 드세다. 휘하에 일사불란한 225만 대군과 잘 훈련된 8천만 공산당원을 거느리면서 지구 인구의 1/4을 몰고 진군하고 있다. 중국 역사상 가장 조직적으로 중원을 이끌면서 최강국의 반열에 올랐다고 으스댄다. 핵과 인공위성, 스텔스 항공기, 핵잠수함과 항공모함의 보유, 그리고 세계 2위인 6조여 달러의 국민총생산을 과시한다. 요소마다 정복을 입은 군사들이 부동자세로 지엄한 명령을 받들고 서 있고, 길들여진 주민들은 주문을 외우듯 떠들며 긴 줄을 따라다닌다. 공식적으로는 13억 6천만이지만, 흑인(黑人, 비입적인) 등을 포함하면 15억이나 될 인구가 베이징의 지휘봉 끝에서 좌지우지된다. 국가의 모든 방향 설정은 물론, 계획과 실행, 평가가 모두 하나의 권력에서 나오고 들어가기 때문이다. 물오른 중국 특유의 계획 경제가 2020년대에는 국민총생산으로는 두 배 이상, 개인소득으로는 아홉 배도 넘는 미국을 능가한다는 더듬이들의 장밋빛 예상이 줄을 잇는다. "중화표(中華標) 태양이 떠오르고 있다."고 흥분하는 서적들도 날개를 달았다. 그렇게 고무된 주민들의 미소가 큰 장수 베이징의 리더십을 떠받치고 있을 터다.

그러나 눈부신 고층건물들의 뒤편에서는, 권력 주변에서 흥청거리는 소수의 그늘에서는 국민소득 5천 불에도 못 미치는 대다수 저소득층이 기본적인 문화생활 이하의 생활고에 힘들어한다. 쭉쭉 뻗은 건물들과 호화스러운 호텔, 요란한 상가가 있는 중심 거리를 조금만 벗어나면 낡은 공동주거시설들이 병든 채 늘어서 있고, 테라스에는 남루한 옷가지가 빨래 틀에 걸려 쓸쓸히 펄럭인다. 고개를 숙이고 걸어가는 여인들의 장바구니도 가볍게 흔들린다. 그네들의 어두운 표정에는 식료품에 유해물질이 들어 있을지 모른다는 걱정도 섞여 있을 것이다. 서민들이 들락거리는 대중음식점에서는 아예 위생의 눈을 지그시 감아버려야 마음이 편하다. 밤늦게 골목길로 귀가하는 근로자들의 발길은 느리고 무겁다. 도시에서 일하면서도 호구(戶口)에 등록되지 못한 시골 출신들은 차별대우로 더욱 고달플 것이다. 저임금과 낮은 후생으로 잘 알려진 세계의 공장, 중국의 근로환경도 애애하게 떠오른다.

문화유산의 크기와 깊이가 경이롭고, 성장의 동력이 용트림하는 베이징에서 나는 왜 외람되게도 이렇게 답답하고 쓸쓸한가? 동아시아 문화의 정수와 거대한 성장 동력을 체감하고자 했건만, 두근거려야 할 가슴은 오히려 냉랭해지고 왠지 편안하지가 않다. 스모그 때문일까, 소음 때문일까? 2천만 시민의 체취 때문일까? 그 냄새 속에 베이징의 고민과 해답이 도를 닦고 있는가?

'국가 자본주의'라는 규정 대신에 '사회주의적 시장경제체제'를 표방하는 중국, 통제와 자유라는 두 개의 서로 충돌하는 이념을 함께 안고 조심스럽게 발을 내딛는 중국, '검은 고양이'를 덩치 큰 '곰'으로 키우려는 덩샤오핑 주의로 일단 성공을 거둔 데는 괄목하지 않을 이가 없을 것이다. 그러나 권력의 주변에서 큰 자본들이 곱지 않은 눈총을 받으며 무섭게 부풀 듯, 자본주의의 유독성에 게걸스러운 곰의 거식증은 자유주의의 과실을 포식하는 한편, 사회주의의 들녘도 짓밟고 다니는 의외성에 뭇 시선들이 모여 있다.

중국은 지금 길러진 힘을 틀어쥐고 더 큰 세력을 노리면서 현대판 만리장성을 쌓고, 자금성을 짓고, 이화원을 꾸밀 것인가. 아니면 인본(人本)을 더 소중히 여겨 긍휼히, 그러나 겸허히 황폐한 뒷골목과 시골을 배 불려서 요·순시대의 이상향을 펼쳐 줄 것인가 하는 두 가지 명제 앞에 서 있는 듯 보인다.

길들은 서로 만날 수 있지만, 행선지가 다르면 포갤 수는 없는 노릇이다. 군사 대국이 되고, 아시아의 맹주로 서고, 세계 최강국이 되려는 야심은 더없이 매력적일 것이다. 그러나 역사는 저변의 내실이 빈약하거나 야심이 과분한 권력이나 국가는 미래가 험난함을 준열히 가르치지 않는가. 온 누리가 고루 비옥해지고, 똘똘한 근면이 기꺼이 땀을 흘릴 때 꽃은 아름답고 결실은 넉넉하며 그런 풍요와 자긍 위에 자연스레 신뢰와 저력이 모일진대.

베이징을 떠나서도 나는 왜 아직도 답답할까? 길은 베이징 밖에서도 여전히 두 갈래로 갈라져 있는 듯하다.

2013. 8. 30.

태풍의 눈, 홍콩

홍콩의 영화와 질곡은 1841년 아편전쟁으로부터 시작되었지만, 아직도 그 명운은 빅토리아 해협의 해무처럼 불확실성 속에서 불안하다. 중국의 그림자 속으로 서서히 말려 들어가느냐, '홍콩인에 의한 홍콩'으로 자주권을 확보하느냐 하는 기로에서 헤매고 있다.

아편전쟁 당시 7천5백여 명의 인구가 산재해 살던 어촌 홍콩은 영국 아편상들의 중국 진출 거점이 되면서 역사의 소용돌이에 휘말린다. 청나라가 1839년 아편의 수입금지령을 내리자 아편상들의 로비를 받은 영국군이 침공해 청조(清朝)를 굴복시켜서 99년간 홍콩의 조차(租借) 통치권을 받아냈고, 1860년에는 2차 전쟁으로 인근 까울룽(九龍) 지역까지 확보했다. 영국은 그 이후에 홍콩을 자유항으로 개방해 아시아의 보석으로 키웠다. 그 후 빅토리아 문화를 홍콩에 이식시키면서 잠자고 있던 아시아 지역의 재화를 끌어모았으며, 여세를 몰아 입지조건이 좋은 홍콩을 인근 지역의 금융 등 서비스 산업의 허브로 성장시켰다.

까울룽 해변 호텔 로비에 앉아서 빅토리아 해협을 떠다니는 유람선들 너머의 홍콩 섬을 바라보는 야경은 가히 보석이란 말 외에 다른 표현을 찾기 어렵다. 병풍처럼 펼쳐진 마천루들이 수 없는 불빛을 빤짝이는 모습은 은하계를 한 자락 떠서 출렁이는 바다 위에 세워놓은 듯 현란하고, 침사추이 거리의 휘황한 조명은 미상불 신화 속 요지경을 연상케 한다. 노면전차를 타고 올라가 빅토리아산 정상에서 내려다보는 조감은 홍콩섬과 까울룽 일대가 상아를 정교하게 조각한 예술품처럼 보이게도 하고, 영화 〈모정〉의 촬영지 리펄스 베이는 짙푸른 남지나 해변의 시원한 정취에 싸여 더없이 매혹적이다.

영국의 능란한 식민통치 아래에서 홍콩 주민들은 번영의 낙수(落水) 혜택을 톡톡히 챙겼으며, 제한된 자유에 푹 길들여졌다. 영국인들의 수하에서, 여행객들이 붐비는 복잡한 상가에서, 차이나타운 특유의 향이 물씬 풍기는 뒷골목에서 개미들처럼 바쁘게 움직여 풍요의 상징인 도시를 일구어냈다. 작거나 큰 섬들과 뉴 테리토리까지 합쳐도 넓이가 1천 1백km²밖에 안 되는 좁은 곳에서 7백여만 명의 인구가 GDP 3천5백억 달러라는 모범적인 경제공동체를 이룬 것이다. 이제는 그렇게 품은 금빛 재화도, 느긋하게 기지개를 칠 자유도 도저히 잃을 수 없는 그들의 보석이 되었다. 그리하여 1997년 영국이 조차 만료로 물러가면서 남긴 중·영 협정의 결과로 50년 동안 1 국가 2 체제라는 한시적인 자유주의 제도를 물려받아 살고는 있지만, 장래에 대한 불안감은 지울 수가 없다. 홍콩 주민들은 33년 뒤 중국의 통치 아래로 들어갈 경우의 미래가 좌불안석이며, 이미 옥죄어오기 시작하는 중국의 간섭에 강한 거부감을 느끼고 있는 것이다. 그들은 중국이 2017년에 있을 행정 수반의 선거에서 선거인단 1,200명의 50% 이상 지지를 받는 2~3명의 후보만이 직선에 출마할 수 있다는 법령을 제정하려는 것은 친 중국 인사로 수반을 뽑아 홍콩을 실질적으로 통제하려는 의도로 보고 저항하고 있다. '홍콩인이 홍콩을 통치한다'는 자치원칙에 반한다는 것이다.

주민들의 시위는 당초 17세 고등학생과 대학생, 교수, 목사 등이 앞장서서 외친 "센츄럴을 점령하라."는 구호 아래에서 모락모락 불붙었지만, 대중시위는 연일 불길처럼 번져 연인원 수백만 명이 거리로 쏟아져 나온 대규모 시위로 발전했고, '우산 혁명'으로 불리면서 세계의 관심을 집중시켰다. 퇴진 압박에 몰린 렁춘잉(梁振英) 현 행정장관이 대화를 시도하고 협박도 하지만, 진퇴양난의 딜레마에 빠져 있다. 중국 당국은 대만과 티베트, 그리고 본토로 민주화의 물결이 번질 도미노 효과를 우려해 뒤로 물러설 수도 없고, 그렇다고 강제진압으로 강수를 둘 경우 제2의 천안문(天安門) 사태로 커져 홍콩 주민들의 거센 반발은 물론, 국제적 비난과 제재압력이 심해질 것을 걱정하지 않을 수 없다. 홍콩은 문화혁명과 천안문 사태 때 수백만 명의 군중 시위대와 수천 명의 병력이 충돌해 수백 명의 사상자를 낸 전례가 있고, 그 후에도 보안법 제정과 애국 교육문제 등으로 중국이 야금야금 장악하려는 시도를 보이자 수십만 명이 반대시위를 벌인 바 있다. 이는 홍콩주민들의 중국체제에 대한 강한 불신과 미래에 대한 우려가 버무려져 표출된 것이다.

중국 당국과 홍콩 주민 간의 대립은 뿌리가 깊어서 앞으로도 홍콩의 앞길이 평탄치 않을 것이다. 주민들의 자유의식은 오랫동안 축적돼 온 것이고, 1인당 국민소득이 3만 2천여 달러인 홍콩은 6천여 달러인 중국과는 섞일 수 없는 많은 차이가 있다. 홍콩은 영국의 통치 외에도 2차 대전 당시 일본의 점령, 냉전으로 인한 멍에, 중국에로의 주권 반환 같은 큰 굴곡을 겪었고, 1998년에는 아시아 금융 위기와 사스 발병, 2008년에는 미국 발 경제위기 등으로 심각한 불경기를 당했다. 막대한 재정투입으로 막 경기회복을 체감하려는 계제에 정치적 시련이 덮친 것이다.

미국과 영국을 비롯한 서방국가들이 홍콩의 민주화 움직임을 지지하는 입장은 1당 체제로 팽창하는 중국을 견제하는 숨겨진 의도도 있을 것이다. 중국이 무자비하게 시위를 진압하고 통제를 노골화하면 홍콩의 자치권과 시장경제는 크게 위축되고, 홍콩 특유의 번영도 타격을 받을 것이다. 반면에 중국이 홍콩 주민들의 요구에 속절없이 밀리면 중국의 체제는 다발적인 변화요구에 휩쓸리면서 국가 관리에 차질이 빚어지고, 이는 큰 나라의 흔들림에 따른 주변국과 세계질서, 그리고 경제에 상당한 변수로 작용할 것이다. 명분 있는 방법으로 주민들의 여론을 수용하되, 중국 체제의 급격한 붕괴의 빌미를 주지 않도록 화합 방안을 찾는 길이 바람직할 것이다. 중국이 문제의 발단인 행정장관 선거에 저의가 없음을 분명히 하면서 선거의 규정을 마찰이 없도록 조정하되, 표출된 사회적 불안 요인을 대화를 통해 제거하는 길이 합리적이다. 그것이 덩샤오핑(鄧小平)이 개방경제의 첫 삽을 뜰 때 노하우와 자본 등으로 크게 기여한 홍콩을 존중하면서, 어려운 세계질서와 세계 경제를 안정시키는 왕도가 될 것이다.

2014. 10. 3

종로, 이곳에 머물렀던 영혼들

이슥한 겨울밤에 종로 거리를 걷는다. 자정이 두어 시간 앞인데 아직 사위는 가로등과 가게들의 조명, 차들의 불빛으로 환하다. 자동차들은 8차로 위로 줄을 이어 달리고, 버스들은 들어오고 나가며 계주를 이어 간다. 찬바람이 건물들 사이에서 몰려나와 볼을 때리고 콧속도 맹맹하게 얼린다. 하루의 일을 마친 귀갓길들, 팔짱을 낀 젊은 남녀들, 술기운이 거나한 취객들, 모임의 해산이 아쉬운 목소리들로 보도도 제법 분주하다. 종로의 거리는 긴 하루를 마감하려고 천천히 서두르며 저물어가고 있다.

변화는 언제, 어디서나 안정보다 드세어서 세월이 흐르면 옛것들은 저만치 밀려 있게 마련이다. 종로는 그 바람을 가장 세게 맞은 곳 중의 하나일 것이다. 정도전의 한성 설계로 설치된 육의전까지 복기하지 않더라도 조선 시대 특산품이 모이던 곳, 일본 식민지 시대 문물 유입의 중심지, 그리고 현대화의 물결이 서울을 덮치면서 상업과 문화를 선도하던 면모는 시류에 따라 부단히 바뀌었다. 건물들은 키 자랑하듯 경쟁적으로 높아지고, 거리는 반듯반듯 오지랖을 넓혔으며, 업종들도 세태를 따라 눈치껏 달라졌다. 수많은 종류의 업소 중에 금은방과 화장품점, 학원, 음식점, 커피점, 의료기 상 그리고 새로 등장한 단말기 가게 등이 눈에 띈다. 그 사이로 보신각과 파고다 공원, 종묘와 같은 고색창연한 유적들이 날랜 현대문화에 치어 밤낮없이 외롭다.

도로 한가운데 버스정류장에서는 모였다가 흩어지고 또 모이는 기다림의 순환이 꾸준하다. 어깨를 움츠린 중늙은이, 시린 발을 구르는 아낙네, 스마트폰에 열중인 젊은이들의 모습이 모자이크를 그려낸다. 일에 지친 듯, 시간에 쫓기는 듯, 무슨 생각에 젖은 듯 저마다 추운 늦저녁의 쓸쓸함을 두르고 서 있다가 어디로인가 사라진다.

원래 버스 길은 반세기 전까지는 전차가 다니던 궤도 아니던가. 고종 황제가 시해된 명성황후의 묘소, 홍릉을 왕래하려고 서대문—청량리 간의 첫 전차 노선을 건설했다고 알려져 있다. 남의 나라 야욕의 하수였던 낭인들에 의해 선혈이 낭자하게 난자되고 불태워진 황후, 가정적으로나 정치적으로 크게 의지했던 반려를 그토록 처참하게 앗긴 통한이 어떠했으랴. 전차는 69년 동안 애용되다가 자동차의 범람에 밀려 1968년에 퇴출당했지만, 민족에게 전염된 울분과 처연함은 역사로 남아 도로 아래에 깔려 오늘도 끙끙 앓고 있을 터이다.

"吾等(우리)은 慈(이)에 我朝鮮(조선)의 獨立國(독립국)임과
朝鮮人(조선인)의 自主民(자주민)임을 宣言(선언)하노라."

탑골공원의 고적한 어둠 속 비문에 새겨진 3.1 독립선언문은 글자 한 자, 한 자가 힘이 있고, 결연하다. "대한 독립 만세!"를 외친 함성도 석심(石心)에까지 깊이 스며들었을 것이다. 이에 서명한 33인의 분기탱천했던 영령(英靈)들은 어느 어두운 구석에서 떨고 있을까? 탑골공원의 밤은 그늘지고 을씨년스러워서 귀신이라도 나올 듯이 으스스하기만 하다. 온 반도에서 들불처럼 일어나 겪은 희생과 고초는 세월과 변화마저 고절(苦節)하게 이겨내며 민족혼을 형형(炯炯)하게 지킬 줄 알았다. 그러나 내년에 100년을 맞이하는 동안 해마다 형식적인 기념식이 열린 게 고작이고, 그 정신이 나라의 핏줄로, 기상으로, 뭉치는 힘으로 체화돼 있다고는 믿기지 않는다. 3.1운동 뒤에 계속된 정세의 혼미 속에서 사회의 기개가 곧고 뚜렷하지 않았으니 남과 북으로 갈리고, 남쪽에서도 또 갈려 으르렁거린다. 민족의 분노와 희망이 응집돼서 폭발한 3.1운동의 정신은 탑골공원에서도 흐릿하기만 하다.

선각자들의 얼을 되뇌며 차가운 발길을 내친김에 더 옮겨본다. 서울 YMCA 건물은 지상 8층, 지하 1층의 반듯한 자세로 여전히 의젓하다. 그러나 더 높이 올라간 주변의 고층건물들에 눌려 예전의 위용은 사그라지고 그저 그만그만하다. 건물 안의 시설 또한 낡았고, 1971년 민주

수호 선언의 혼적도 희미하다. 64 지식인 선언의 결기가 민주화의 물결을 촉발하는 데 일조했지만, 그들을 내세웠던 상황과 주역들이 주창한 자유롭고 공정한 사회건설의 도정(道程)은 아직도 가물거린다. 민주를 표방하는 조직과 단체들은 정치성에 물들고, 정치는 대의(大義) 대신에 이기주의와 파당주의의 진창에서 각축한다. 고매한 정신은 아련하고 오염된 행동들이 판치니 선지자들의 맑고 장렬했던 족적을 더듬는 일은 누항(陋巷)에서 선계(仙界)를 꿈꾸는 꼴인가 싶다.

YMCA 지하다방과 길 건너 여왕봉 다방, 음악 감상실 르네상스 등은 젊은이들의 행아웃이었고 아지트였다. 거기 가면 어김없이 또래들을 만날 수 있었다. 모여서 웃고, 떠들고, 논쟁을 벌이고, 예민하면서 미묘한 사랑을 더듬이질하다가 헤어졌다. 싱그럽던 그 에너지들이 성장하고 모여 번쩍거리는 건물들을 하늘 높이 올렸고 움츠렸던 시민들의 활개를 펴주었다. 그들은 전통·문화에서 현대문화로 넘어가는 삐걱거림도 가정과 사회에서 아프게 견뎌냈다. 그러나 한 세대의 희로애락이 들끓던, 별로 특별하지 않지만 젊음을 품어주던 추억의 명소들은 이제는 그 자취조차 찾을 길이 없다. 그 세대의 열정도 가물가물하다. 바통 터치는 잘 되었는지, 선배들의 노파심은 가실 줄 모른다.

학창시절 어느 날 강의시간에 늦을세라 질러간다고 종묘 옆 좁은 골목으로 접어들었다. 풍문이 자자하던 종로 3가 홍등가였다. 아가씨들이 야한 옷차림으로 껌을 씹으며 무리 지어 앉아 있다가 접근하며 옷깃을 끌어당겼다. 말을 섞을 겨를이 없어 뿌리치며 걸음을 재촉하자 곧 육두문자가 날아왔다. 옥신각신 주위가 소란해지자 불량해 보이는 한 더벅머리가 안에서 뛰쳐나오더니 주먹을 휘두르며 달려들었다. 다툴 형편이 아니라는 판단에 학생은 시비를 가릴 겨를도 없이 줄행랑을 치고 말았다. 전후에 먹을 것도, 입을 것도 궁했던 시절 나락으로 떨어진 처참한 삶의 한 현장이었다. 그 아프고 일그러진 영혼들은 지금 어디를 떠돌고 있을까? 어떤 모양으로 변했을까? 살아 있을까, 아니면 세상을 저주하며 영원으로 떠나고 말았을까?

　종묘 주변은 1995년 유네스코 세계문화유산 지정을 계기로 정화가 이뤄졌다. 종묘 정문 앞에는 잘 정돈된 공원이 조성돼 있고 돌담 옆 골목도 좁은 대로 정비되었다. 서순라길을 따라 봉익동과 묘동, 권농동 일대에는 종로 3가에서 뻗은 소규모 금, 은 보석상들이 점점이 늘어서 있고, 그 배후의 이면도로 주변에는 영세 보석세공 작업장들이 다닥다닥 박혀 있다. 밀집해 있던 니나노 술집들은 사라졌지만, 값싼 대중음식점들의 오래된 지붕과 처마, 문짝들은 아직도 궁색의 고달픔과 씨름하며 남루하다.

　종로의 밤은 하릴없이 깊어가고 있다. 오랜만에 둘러본 종로의 영상들이 혼곤한 뇌리를 엄습한다. 옛 흔적들은 역사를 관통하며 세상의 맥락을 짚어준다. 맥락은 민본들의 삶과 우주의 본질에도 닿아있다. 스피노자(Baruch de Spinoza)의 긍정적인 명언을 패러디한 노래 "내일 지구가 멸망하더라도 오늘 종로에 사과나무를 심자."는 가사가 환청으로 울린다. 종로에 머물렀던 영혼들이 떠돌며 목 놓아 외치는 절규로도 들린다.

2018. 3. 16

이발소에서

 이발사는 살가우면서도 정중했다. 안내하고 준비하는 태도도 바지런하고 차분했다. 머리 스타일을 확인한다는 말에 나는 그냥 고개를 주억이며 미소만을 건네주었다. 이발소에서는 많은 사람이 오가니 조금 요설스럽고 번잡해도 그러려니 하지만, 이렇게 아늑해서 잠깐 상념에 젖는 것은 더욱 좋다. 피곤하게 일했던 시절에는 머리를 깎이는 동안 꾸벅꾸벅 졸기에 여념이 없었는데, 요즘은 언뜻 떠오르는 연상(聯想)에 걸리면 이발하는 내내 끌려다니곤 한다.

 어떤 이는 머리 모양에 대해 주문도 많고 까탈도 부린다. 나폴레옹 보나파르트(Napoleon Bonaparte)는 이발소에서 황제가 됐다는 말도 있으니 외모에 신경을 쓰는 일을 탓할 수는 없을 성싶다. 더구나 깊은 인연보다 이해를 좇아 이합집산이 잦은 현대사회의 인간관계에서는 상대에 주는 인상(印象)의 영향을 무시할 수는 없을 터다. 그렇더라도 머리로 투구 모양을 만든다든지 색깔을 칠해서 요사스럽게 꾸미기도 하는 요즈음의 특이한 경향은 볼 때마다 이해심이 필요할 정도다.

 집에서는 약속 시간에 쫓기면서 아내의 치장을 기다리자면 부아가 일 때도 있지만, 여성을 몰이해한다고 할까 봐 참고 만다. 아름답게 꾸미려는 욕망은 여성이 더 강하다는 인식은 동서고금에 두루 퍼져있지 않은가. 꽃잎과 꽃향기는 꽃술에 나비나 벌 같은 매개체를 유인하기 위한 것이라고 하고, 여인들의 아름다운 젖무덤이나 엉덩이도 생식을 유도하기 위해 예쁘게 진화했다는 설이 유력하니 어쩌겠는가. 그러나 지나치면 역겨워진다. 아름다움은 은은하게 다가올 때 더 향기롭다. 바닷물에 덮였다가 물 위로 나왔다가 하는 섬, '여'처럼 알 듯 모를 듯 비치는 감칠맛이야말로 더 매혹적이다.

 세계적으로 우수한 대학이나 연구소에 가보면 수수한 차림으로 정신 없이 공부나 일에 몰두하고 있는 모습들을 쉽게 볼 수 있다. 그들에게

서는 외모 대신에 반짝이는 눈빛과 세련된 언어, 그 뒤에서 빛나는 지혜와 정신력이 돋보인다. 물론 그들이라고 해서 겉치레의 욕구가 전혀 없다고 할 수도 없고, 때로는 곱고 멋지게 치장할 기회가 없지 않을 것이다. 인간은 문화의 바닷속을 헤엄치는 물고기 같은데 누구라도 꾸밈을 아주 배제하고 살 수는 없는 노릇이고, 미에 대한 욕구에서 완전히 자유로워질 수도 없다. 아름다움을 멀리할 이가 어디에 있겠는가. 그러나 그렇게 많이 꾸미지 않고도 끌리는 '소탈한 외모가 미래의 사회에서 사람들의 모습에 주류로 다가올 날이 있지 않을까?' 하는 생각도 든다. 그들이 첨단을 달리고 있고, 세상을 이끌어 갈지 모르니 하는 소리다. 아마도 망상에 불과할 것이다. 저렇게 뿌리를 깊게 뻗어 방대하게 퍼져 있는 치장 문화가 쉽게 변하겠는가. 꾸밈 문화가 세상에 이리도 창궐하고 있는걸. 그들도 문화의 물결을 타게 될 터인걸.

어떤 이는 "성형수술이란 현대과학의 발전된 기술을 왜 활용하지 않느냐?"며 미용수술을 찬양한다. 여인들은 수술을 받은 뒤 몰라보게 다른 사람이 된다. 예뻐 보이기도 하고, 젊어 보이기도 하는데, 적지 않았을 비용은 젖혀 놓더라도 맨살을 맥없이 칼로 자르고 꿰맨 심신의 희생이 못내 안쓰럽다. 그 깎고 덧칠한 모습 위에는 조형미란 표식이 자꾸 겹쳐진다. 앞서가는 걸음일지는 모르지만 그런 인위적인 인체의 조각이 아직은 생뚱맞다. 세월이 더 흐르면 성형술이 어디까지 진화할지 짚어 보면 아찔하기까지 하다. 자연으로 돌아가라고 외쳤던 장 자크 루소가 지금 이를 보면 어떻게 부르짖을까?

옛 어머니들은 얼굴과 손등에 주름이 자글자글하면서도 자식 생각에 늘 노심초사했다. 자식들은 어머니의 늘어나는 주름과 흰머리에 속이 상했다. 사랑의 전범(典範)이었다. 오늘날 성형의 유행에 안달하는 어머니들의 마음에도 자식들이 예전처럼 그토록 간절하게 자리 잡고 있을까? 자식들은 그런 부모들을 얼마나 품고 살고 있을까? 부모·자식 간의 사랑이야 쉽게 달라지겠는가 싶어도, 성형의 칼날로 잘려나가는 살점만큼은 얇아지고 있지는 않은지 모를 일이다.

거울에 비친 내 머리에 대머리가 훤하다. 날로 더 벗겨진다. 대머리는 오래전부터 예견됐었다. 어릴 적에 도장 버짐을 앓을 때 머리카락이 많이 손상됐다. 이발 기계에서 전염된 병균은 두발을 군데군데 공격해 흉측한 몰골을 보였다. 마늘즙이나 양잿물을 발라도 따갑기만 하고 영 낫지 않았다. 어렵게 인근의 병원을 찾았는데, 말끔하게 생긴 의사는 무슨 '미뇨화간 씨'라는 어려운 이름의 주사도 놓고, 클로락스 냄새가 나는 약도 계속 발라 주었지만 별 소용이 없었다. 어느 날 그 의사가 무면허 불법 의료행위로 구속되고, 그 번듯한 건물의 병원도 문을 닫아버렸으니 가짜 의술로 어린 몸이 얼마나 상했을지 생각하면 속이 상한다. 번지르르했던 병원은 병을 고치는 숭고한 의술을 빙자해 이웃들을 갉아먹는 세균이었다. 그 병원체는 오늘날 성형의 칼과 바늘로 변형이 돼 멀쩡한 인간의 원형을 갉아먹고 있는지도 모를 일이다.

귀중품도 깊이 보관돼 있고, 사랑도 은밀한 데서 싹튼다. 인간들이 선망하는 진선미(眞善美)는 생각 속에서 피어나고, 그 생각은 두개골로 깊이 둘러싸인 정교한 뇌 속에서 이루어지는 화학작용이다. 아름다운 영상도 동공 속 망막에 이르러서야 완성되며, 생명을 일으키는 생화학 기능도 몸 안에 감춰진 뇌와 내장의 통제 아래 이루어진다. 마찬가지로 정치, 경제, 사회, 문화의 혁신이나 쇠퇴도 사회의 깊은 내부에서부터 태동해서 밖으로 번져 나온다. 외곽도 중요하지만, 중심은 더 소중하다. 외모에 도취해 내공을 소홀히 한다면 모과와 같은 꼴이 되겠지.

"무슨 불편이라도…?"
이발사가 나의 굳은 표정을 살피며 묻는다.
"아니요. 생김보다 더 멋지게 됐네요. 수고하셨어요."

생김보다 더 멋지고 싶은 욕망이 과도한 치장을 부추긴다. 생김새 자체를 멋지게 하는 길이 내면에 널려 있을진대.

2014. 2. 7

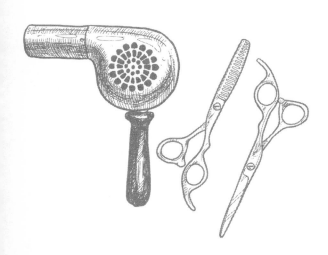

제2부

칼
럼

세월호를 수장한 우리들의 참회록

세월호는 우리 사회가 다 함께 침몰시켰습니다. 종교의 탈을 쓴 악마의 선주뿐 아니라, 나만 살고 보자던 선원뿐 아니라, 부패한 기관뿐 아니라 나와 저들 그리고 우리 모두가 가담한 참사였습니다. 나만 알고 우리와 그들을 모르는 이기적인 사회가 모여 저질렀습니다. 너, 나 할 것 없이 모두가 그렇게 저급한 사회의 틀 안에서 알게 모르게 부도덕에 물들어 있었거나 최소한 방조했던 것입니다. 그러니 병균이 득실거리는 그 진창에 모두가 한 발을 들여놓고 있지 않았다고 부인할 수 있겠습니까?

하나의 배가 가라앉은 원인이 열 가지도 넘는 규범 위반과 관련이 있었습니다. 그 위험한 항해에서 꼭 지켜야 한다는 규정조차 어겼으니 범죄의 덩어리가 사슴 같은 아이들을 가득 싣고 항해하다가 가라앉은 것입니다. 그 범죄가 문어발처럼 여러 분야에 걸쳐서 연결돼 있었던 만큼 범죄심리와 도덕적 해이는 참으로 광범위하게 퍼져 있었습니다. 더 무서운 것은 이런 해악이 우리 사회의 구석구석 폭넓게 침투해 있었음이 분명히 드러났어도 여전히 허둥지둥할 수밖에 없다는 현실입니다.

사교(邪敎) 같은 집단이 독버섯처럼 자라서 신앙을 미끼로 혹세무민하고 갖은 교활한 방법으로 탈법을 저지르면서 탐욕을 채우고 있을 때, 우리는 그와 같이 병든 공동체 안에 버젓이 살고 있었습니다. 한국 국민의 태반이 각종 신앙생활을 하면서도 타락한 종교에 대한 자정판(自淨辦)은 작동하지 않았습니다. 억대의 헌금을 받아 탐욕의 사업자금으로 돌리고 그 종잣돈으로 크게 번식한 회사는 법망의 개구멍만 노렸습니다. 유령 협동조합을 세워 국민의 세금을 착복하고 그 돈으로 국내·외의 금싸라기 땅을 마구 사들였습니다. 아아! 수백 명의 어린 학생을 태운 배는 운송의 적인 과적(過積)을 썩은 뱃속에 터지게 구겨 넣고 저 높은 풍랑 속을 뒤뚱거리며 사지(死地)로 내달렸습니다. 가증스럽게도 흘수선을 눈가림하려고 배의 교감신경과도 같은 평형수를 빼서 바닷속에 섞어 버렸습니다. 선원의 훈련은커녕 직업의식조차 없는 미달 선원들을 싸게 부렸습니다. 그러면서도 회사의 명의를 대가로 수천억 원을 공출해 챙겼고 예술성이 희박한 사진에다가 수천만 원씩 퍼부었습니다. 이 어인 일입니까? 성직의 탈을 쓰고 있으면서도 사술(邪術)과 범죄로 구역질 나는 영달을 누리며 거들먹거렸고, 그래도 걸리는 곳이나 막히는 곳은 하나도 없었습니다.

공직 사회는 조직이 썩어 나라와 국민이 앓고 있을 때 마취상태에 빠져 있었나요? 또는 스스로도 온통 오염이 되었나요? 권력을 쥐고 있는 행정부와 사법부 그리고 그 산하에서 끊임없이 터지는 비리들은 빙산의 일각이라는 인상을 지울 수가 없습니다. 저 무서운 바다에서 수백 명씩 나르는 선박의 개조와 수명(壽命)을 허가할 때 인명(人命)은 한낱 장신구에 불과했습니다. 생사를 가르는 린치핀(비녀장) 필수규정의 검사도 귀찮아서 생략하거나 눈감아 주었습니다. 선주 측의 영향권 안에 있던 관계기관들은 금빛 재물에만 혈안이 됐습니다. 구조 기관에게는 훈련도, 사명감도, 정의감도 없었습니다. 그저 무능한 윗선의 지시나 코앞의 미봉책, 영욕이 풍기는 눈치만이 번득였을 겁니다. 그것이 오랫동안 우리들의 조직문화 속에 도사려 온 일 처리 방식이었습니다. 전통문화의 비합리성을 탓할 일이 아닙니다. 전쟁의 후유증을 운위할 일도 아닙니다. 근대화의 과정을 거치면서 합리주의가 물밀 듯 들어왔고 그동안 큰 사건과 재앙으로 이를 성찰할 계제가 적지 않았습니다. 그러나 우리 사회는 사욕(私慾)의 늪에 빠져 그 당연한 길을 외면했습니다. 오늘의 사무치는 아픔과 부끄러움은 예정돼 있었던 것입니다.

그 와중에서도 의인들이 보인 숭고한 희생정신에는 얼굴을 들 수가 없습니다. 몸 바쳐 구조하다가 희생된 선원과 학생, 구조원, 자원봉사자들이 우리에게 왜 이렇게도 먼 세상 사람들처럼 생소하게 느껴지나요?

경제계는 어떠했나요? 경제활동의 혈관들이 불순물로 협착되고, 찌들고, 곪아 있다는 아우성이 들리지 않나요? 청해진 일파의 병적인 사업 행태가 어느 먼 후진국의 사례일까요? 전력 산업과 금융, 철도 등 공공기관과 대기업들의 비리가 연이어 불거지면서 국민들은 이미 그 증상을 짐작하고도 남았습니다. 정경유착이야 신물이 나도록 경험했고, 을에 대한 갑의 횡포, 기업 간의 담합, 기업 내부의 비리, 공정거래 위반, 불량제품과 터무니없는 폭리 등, 우리 산업이 척결해야 할 난제들이 너무 많이 산적해 있습니다.

교육계, 예술계, 체육계 등도 들춰보면 어느 한 곳도 성한 곳이 없다면 과장일까요? 이념 논쟁에만 빠져있던 교육계는 교사와 학부모 간의 검은 거래에서 얼마나 자유로워졌나요? 악명 높은 예술계의 비리는 정화되었나요? 체육계에 대해서도 같은 질문을 던질 수밖에 없습니다. 압축 성장한 사회의 성장통이라고 애써 이해하려 해도 자꾸만 켕기는 가슴을 가눌 수 없습니다. 경제에 뒤진 문화적인 지체 현상이라고 변명할 기력도 없습니다.

이 나라 지식인들은 모두 참담한 심정일 것입니다. 사회가 이렇게 일그러져 있도록 그동안 지성계는 무엇을 했었나 하는 자괴심에 빠져 있겠지요. 철학자들은 사회의 지도이념과 윤리의식을 바로 세우는 데에 무력했음을 한탄하고 있을 터이고, 사회학자와 정치학자, 법학자들도 미비한 제도와 구부러진 의식을 바로 세우지 못한 자책에 속이 쓰릴 것입니다. 번득이는 영감으로 사회의 갈 길을 비춰야 할 예술인, 빛과 소금으로 세상을 밝혀야 할 종교인들은 물론이거니와 양식 있는 인격체를 양성해야 할 스승들, 사회의 목탁이라 할 언론인들의 회한과 부끄러움은 무엇으로도 덮을 수가 없겠지요.

정치에 대한 기대는 더욱 추락했습니다. 그들은 문제의 후진성과 염증을 어느 분야보다도 신속하고도 정확하게 파악했어야 합니다. 위급한 상황의 사태 수습에는 실무자들의 처리를 기다릴 사이도 없고 계산기를 두드릴 여유도 없었습니다. 정적을 탓할 처지도 아닙니다. 가능한 모든 수단을 동원해서 수습에 진력하면서도 현황을 신속하고도 정확하게 국민들에게 알리고 힘을 모아야 했습니다. 여야 할 것 없이 즉각 별도의 수습체제를 꾸려 용수철처럼 나섰어야 합니다. 초비상 상태여야 할 정치는 어디에 있었습니까?

우리 사회가 몽땅 썩은 것은 물론 아닙니다. 실제로 우리 이웃에도 순수하고 선량한 양심세력이 얼마나 두껍게 형성돼 있습니까. 그러나 그렇게 자위에만 머무른 안이한 접근으로는 미래가 없습니다. 암세포는 성한 부위를 무섭게 공격하면서 퍼집니다. 국민은 심각한 트라우마로 고통스러워하고 있고, 그런 증후군은 면역력의 약화를 부릅니다. 국제사회에서 우리를 보는 시선도 주저앉았습니다.

이제는 우선 괴물 같은 사태를 정성껏 수습하고 희생을 극진히 위로하는 한편, 위법사항은 철저히 밝혀 준열히 처벌해야 합니다. 다음으로는 안전의 수준을 높이는 획기적인 제도의 개선과 그 안에 정착시킬 투철한 정신 무장이 필요하겠지요. 비리의 온상을 발본색원하고 더 이상 오염되지 않도록 강력한 정화장치도 구축해야지요. 그것이 공론화된 사회적 명령입니다. 사회 전체가 건전해지고 시퍼렇게 깨어 있어야 부조리가 서식하지 못합니다. 이참에 국민 의식의 혁명적인 대전환이 필요한 이유입니다. 대한민국은 세월호 사태의 이전과 이후가 확연히 다르도록 일대 변혁이 이뤄져야 합니다.

지금 온 누리를 짓누르는 아픔을 헛되지 않게 국가 에너지로 승화시켜 나라의 모든 분야에서 새싹이 일제히 돋아나도록 일신해야 합니다. 부조리가 발붙일 수 없도록 모두가 철저히 감시하는 사회, 개혁하지 않고 안주하면 도태되는 사회, 건전하고도 치열하게 일하는 장인정신의 사회, 그리하여 구석구석까지 정의가 중심을 이루는 사회를 건설하는 것입니다. 그러한 사회적 가치가 정립되도록 국민적 각성이 형성, 유지돼야 하고 나라 전체가 지속해서 집중해야 합니다. 그러기 위해서 정치인, 학자, 교육자, 예술인, 종교인, 경제인, 언론인 등 사회 지도층을 비롯한 모든 구성원의 뼈를 깎는 성찰과 각오가 있어야 하겠지요. 바로 도덕과 윤리의 재무장입니다.

독일의 철학자 피히테(Johann Gottlieb Fichte)는 〈독일 국민에게 고함〉이라는 강연에서 "국민적 열의가 있으면 방법을 찾아낼 것이다."라면서 패전으로 절망 속에 헤매던 독일인에게 국가 개조와 재건의 희망을 불어넣어 주지 않았습니까. 오늘 깊은 슬픔에 젖은 한국 사회를 건강하고 성숙한 공동체로 끌어올리기 위해서는 모두 피히테가 되어 서로서로 격려하며 애써 나아가야 합니다.

남해에 수장시킨 희생자들의 영혼과 비통한 유족들에 바치는 애끓는 참회의 변입니다.

2014. 4. 27

❧세월호가 말하다

세월호는 죄인이라 입이 없습니다. 멋은 심장에서 터져 나오는 검붉은 죄책감과 희원(希願)을 토해 낼 뿐입니다. 나, 세월호가 이렇게 처참하게 침몰한 원인이야 그 윤곽이 이미 어지간히 드러났고 앞으로 더 정밀한 수사와 조사 활동으로 분명히 밝혀질 것입니다. 그렇지만 누리를 진동시키고 있는 그 슬픔과 억울함은 어떻게 다 가늠할 수가 있겠습니까? 잊히지 않는 앙금으로 오래오래 남아 대대적인 정치·사회적 변화가 일겠지요. 아직도 그 파장의 사회사적 심각성과 지속성이 잘 인식되지 않고 넘겨지는 듯하여 안타깝습니다.

사실 세월호는 성치 않은 몸뚱이에 엄청나게 구겨 넣은 과적과 미숙한 선원들, 악머구리 떼처럼 달라붙은 탐욕과 부대끼며 뒤뚱뒤뚱 운항할 때면 늘 불안에 휩싸여 있었습니다. 하늘을 나는 항공기들을 올려다보면서 늘 부러워했습니다. 기체 내 첨단기기와 운항-관제 시스템, 고도로 훈련된 인적 자원은 해운 산업이 엄두도 못 낼 수준이겠지요. 바다가 하늘보다 덜 위험할까요? 과학기술이 오늘날처럼 발달한 시대에서 이렇게 낙후한 모습으로 처져 있음은 참으로 부끄러운 일이었습니다. 지금이 콜럼버스(Christopher Columbus) 시대도 아니고, 타이태닉 시대도 아니니 한심한 노릇이었지요.

사회는 봉건사회도 아니고, 개발도상국도 아닌 민주·시민 시대에 접어들어서도 여전히 속속들이 병들어 있었습니다. 구조 체제는 세월호의 둔한 더듬이로도 그렇게 질척일 줄 이미 알았습니다. 어느 지방의 소방 시스템만도 못한 그 제도의 후진성과 인적 미숙성이 빤히 보였습니다.

정치권의 행태는 겨우 겉치레만을 내보이며 허둥댔고, 고질적인 행태인 남의 탓이나 해대지 않았습니까? 정치는 누구를 위해 목소리를 높여 왔나요. 빠르게 진화하는 시대를 따르지 못하고 당리당략이나 인기 전술에만 매몰돼 있는 한국 정치의 한심한 지체 현상을 그대로 보여줬습니다. 아직도 정치권, 이 나라의 많은 지도층은 지금의 사회적 충격과 무기력한 후유증을 명쾌하게 인식하지 못하고 있는 듯해서 울분이 치솟곤 합니다.

공동체 앞에 놓인 난제는 트라우마처럼 나타난 집단적인 좌절감이고 열등의식입니다. 그동안 국가가 상당한 수준으로 성장한 것으로 믿고 있다가 그 기대감이 바닥으로 추락한 것입니다. 기술과 훈련, 관리 체계, 부패 정도의 수준 그리고 법과 정치 제도, 위기관리, 국민 생명보호의 수준, 나아가서 국가경영과 미래에 대한 비전의 수준 등 사회의 뼈대와 혈관, 신경의 수준이 터무니없이 저급하다는 것이 단번에 드러나니 불안해지면서 자존감마저 와르르 내려앉은 것이지요.

이제부터입니다. 우리 사회가 희생자들의 영민을 헛되지 않게 하기 위해서도, 앞으로의 불행을 막기 위해서도, 나아가 이를 계기로 공동체가 다시 일어나 훌쩍 성숙해지도록 개혁하기 위해서도 쓸개를 씹는 결기를 다잡아야 합니다. 나, 세월호는 곧 육중한 예인선에 의해 흉물스러운 몰골을 세상에 내보이겠지요. 무고한 생명들을 앗아간 섬찟한 괴물의 모양일 것입니다. 고백건대, 세월호는 감당 못할 엄청난 죄책감에 빠져 있으면서도 하나의 간절한 회원이 있습니다. 나의 몰골을 제물 삼아 한국 사회가 더 이상 자괴감에 빠져들지 말고 오히려 외상후증후군의 치유와 건강한 내일의 단서를 잡아달라는 것입니다. 노쇠한 삭신에 세상의 모든 비리를 덕지덕지 안고 다니다 비참하게 최후를 맞은 이 세월호가 흉측한 몰골로 인양돼 해체된 뒤에도 세상의 마음속에서 영원히 저주받지 않기 위한 애절한 희망입니다.

이번 사태의 모든 충격과 슬픔, 분노, 뉘우침, 부끄러움은 나, 세월호의 흉측한 몰골에 던져버리십시오. MRI와 CT를 들이대 정밀하게 검사해 날카로운 메스로 썩은 부위와 전이된 조직까지 말끔히 해부하고 도려내십시오. 교활한 저항에 주저하지 말고 저 비장했던 충무공의 갈고 또 간 필즉생의 칼날로 쳐버립시요.

안전체제를 재정비하고 정교한 예규와 새로운 운영지침에 따른 S.O.P., 그에 준한 철저한 훈련은 기본일 것입니다. 비단 안전사고의 예방뿐만 아니라 각종 범죄와 비리, 특히 관료사회 등 권력 주변의 부조리와 안보적인 위험성, 앞으로 정보사회에서 창궐할 지능범죄에 대해서도 전시에 준하는 대비 태세가 급하지 않을까요?

그러나 치유는 그것으로 끝이 아닙니다. 안전장치와 관피아 방지, 인적 교체로도 충분하지 않습니다. 국민적 상실감은 자신감의 회복으로만 치료할 수 있고, 더 건강하고 활기찬 사회로 전진할 수 있습니다. 이 나라는 처절했던 전쟁과 민주화 시민운동, 경제위기를 겪으면서 강인한 자생력을 키워온 만큼 이번에도 그 저력을 분명히 보일 것입니다.

요체는 사회적인 일체감이지요. 이 판국에 구태의 악의적인 정치 공세를 펴거나 치졸한 방어에만 급급해서야 되겠습니까? 정치, 경제, 사회, 문화·체육을 비롯한 언론, 사회단체 등 모든 분야가 합심해서 나라 전체를 몇 단계 격상시킨다는 각성과 각오로 머리를 맞대고 궁리해도 모자랍니다. 서로에게 독하게 대립각만 세우지 말고, 톨레랑스의 폭을 넓혀 머리를 맞대고 지혜를 모아야 합니다. 법 제도의 세밀한 재정비와 집행의 준엄성은 물론 모든 분야에서 선진사회에 걸맞은 제도와 기술의 업그레이드, 사회·문화적 수준의 격상 그리고 그 토양이 될 합리적인 의식의 혁명이 이뤄져야겠지요.

천진무구한 희생자들을 안고 순장된 죄 많은 세월호의 마지막 회원이자 희생자들에 대한 부끄러운 진혼곡입니다.

2014. 5. 5.

국민의 눈에 비친 세월호 사태

세월호 참변이 일어나자 국민들의 가슴은 미어졌습니다. 모두가 지켜보는 가운데 어린 아들, 딸들은 "기다리라."고 하면서 자신들만 도망친 몹쓸 책임자들의 말만 믿다가 고스란히 수장됐고 구조의 손길은 멀리서 허둥대기만 했습니다. 참극은 종교와 기업, 감독기관의 온통 썩고 넝쿨진 부조리의 합작품이었습니다. 그리하여 온 국민이 함께 아파하고 분노했으며 나라가 이참에 완전히 개조돼야 한다는 데 국민적 합일이 이루어졌습니다. 아직도 국민들은 유족들에게 마음을 모아 위로를 하는 중입니다.

그런데 지금 국민의 시선에 들어와 망막에 꽂히는 세월호 사태는 일그러지고 괴상한 형상으로 비쳐 또 다른 근심과 피해를 낳고 있습니다. 변형이 되어서 상처 같기도 하고, 암 같기도 합니다. 유족들은 과욕을 부리고 있고, 야당은 그에 편승해 그악스러운 근성을 드러내고 있으며, 여권은 무능을 여실히 보이고 있습니다.

여권이 진상조사위원회에 조사권과 수사권을 부여할 수 없다는 원칙을 세운 점은 높이 평가할 만합니다. 대국적으로 보아 위원회의 월권과 선례도 걱정될 뿐 아니라 의회 정치와 헌법기관의 보호도 중요하기 때문입니다. 그러나 여권은 유족들의 성역 없는 조사와 철저한 규명 주장에 더 전향적으로 다가서야 할 것입니다. 불가하면 대안이라도 끌어 내놓아야 합니다. 진상조사야 당초 여권이 더 적극적으로 나서야 할 판이었습니다. 다만 정치적인 불순한 의도만을 철저히 대응하면 될 것입니다.

여권의 무능은 대응의 경직성과 설득력의 결여에서 더 뚜렷합니다. 유족도 국민이고 야권도 국정의 한 축인데 너무도 정치적으로 판단하고 거리를 두고 있습니다. 수용할 수 없으면 무던히 설득하고 기대에 부응할 방책을 부단히 고민해야 합니다. 정국의 경색은 나라의 갈 길을 막는 일이고 궁극적으로는 집권 세력의 책임입니다. 민생 문제와 의회 파행을 야당의 탓으로만 돌려서는 설득력이 없습니다. 국가의 어려운 국면에서 헤쳐나갈 지도력이 없으면 여권의 무능이고, 국민의 불행입니다.

야당의 어렵고 아픈 곳에 대한 집중은 당연한 것입니다. 그것이 진보의 기본일 것입니다.

진보와 보수는 서로 보완하고 견제함으로써 사회는 진화하고 발전합니다. 그러나 정치가 합리적이지 않고 목적만을 노릴 때, 시야가 좁아 국가와 사회의 큰 틀을 외면할 때 국민들의 지지를 잃게 됩니다. 그것은 날개의 한 죽지를 잃는 국가적인 손실입니다.

민생 법안과 세월호 법안을 연계시키는 당략은 편법입니다. 어떤 이유에서든 공당의 자세가 아닙니다. 더구나 경제가 어렵기 때문에 민생 법안의 심의를 유보하는 일과 국감과 예산준비를 앞둔 의회의 기능을 유예하는 일은 정당의 직무유기와 국정 파행의 원인으로써 비난을 자초할 것입니다. 성숙한 국민들은 야당이 당리당략보다는 국민을 위해 더 진정성과 전향성을 보일 때 박수를 보낼 것입니다. 거리보다는 의회로 들어가서 투쟁보다는 정책 경쟁으로, 대립보다는 타협으로 국사에 임할 때 신뢰가 쌓일 것입니다. 당 대표로서 합의한 법안을 두 번씩이나 무효화하고, 유족과 동조해 거리 단식을 고집한다면 민주주의로 발전하는 이 나라의 정당답지 않고 선진사회로 가는 국격에 맞지 않습니다.

유족들의 슬픔과 고통은 당사자 외에는 차마 다 알 수 없겠지요. 그리하여 국민과 국가는 유례없는 간곡한 위로를 보여 왔고 상당한 보상을 위한 대책도 진행되고 있습니다. 진상조사도 마땅히 철저하게 이뤄져야 합니다. 진상조사가 제대로 되겠느냐는 유족들의 우려도 국민들은 충분히 이해하고 있습니다. 유족들의 의사 표시는 당연히 존중돼야 하고 미진한 부문에는 촉구도 할 수 있습니다. 국민들도 날카롭게 주시하고 있어서 소홀히 다루거나 은폐할 수 없을 것입니다.

그러나 유족들은 피해를 본 국민일 뿐입니다. 그 이하도, 그 이상도 아닙니다. 물론 국민은 국가의 운영에 의사를 표시할 수 있고, 더구나 국민적 위로를 받는 입장에서는 강력한 발언권이 있을 것입니다. 그러나 다른 국민과 사회 전체에 영향을 주는 일을 요구할 수는 없습니다. 그렇게 되면 나라에 누를 끼치게 되고 국민의 마음을 잃을 수 있습니다. 법률가들의 조언도 받을 수는 있으나 승패에 천착하는 그 직업인들의 논리와 전략에 휘둘릴까 걱정입니다. 공동체의 일은 완벽하게 만족스럽기가 어렵습니다. 슬픔과 아픔 속에서도 국민들의 성원과 여야 타협의 결과, 정부의 최선책을 기다리면서 안정과 희망을 키워나가는 길이 순리일 것입니다. 그 길이 희생된 이들의 이름에 꽃을 바치는 일이며, 명복을 비는 일일 것입니다.

2014. 8. 25

메르스가 남기고 간 메시지

메르스[MERS(Middle East Respiratory Syndrome: 중동 호흡기 증후군)]의 살기가 죽어가고 있다. 사막과도, 낙타와도, 알라신의 경전과도 멀고 먼 엉뚱한 한반도에 잠입해 5천만 공동체를 단숨에 공황으로 몰고 간 메르스의 악령은 깊은 상처를 남기고 태풍이 떠나듯 사라지고 있다. 14세기에 유럽과 중국 등지에서 1억여 명의 인명을 앗아간 페스트, 그 공포의 악령을 연상케 하는 메르스 사태는 한 달 반이 넘도록 온 나라를 혼미에 빠트린 어이없는 재앙이었다. 관계자들의 안이한 처리가 이렇게 큰 상처를 남길 수 있다는 비싼 교훈을 던져주고 메르스의 코로나바이러스 RNA는 고사하고 있는 것이다.

이제 메르스를 어떻게 보낼 것인가? 한숨만을 내쉴 것인가, 아니면 관련자를 철저히 문책하고 방역체계를 물샐틈없이 개선해 놓을 것인가? 아니, 그것들만으로는 어림도 없다.

알베르 카뮈(Albert Camus)가 그의 걸작 『페스트』에서 명쾌하게 묘사한 오랑 시장과 의사협회장 등 관계자들의 무지와 무성의, 형식적인 대처 등이 한국에서 그대로 재연돼 돌림병이 들불처럼 번지자 국민적인 분노가 들끓은 것은 당연하다. 희생자들에 대한 비통함과 관계자들과 의료인들의 노고, 사회적 손실을 떠올리면 슬픔과 분함을 누구라도 가눌 수가 없을 것이다. 그러나 분노하지 말자. 분노에 휩싸인 사회는 면역력이 떨어져 또 다른 재앙에 노출되기 쉽다. 초기에 의료기관의 미숙함이나, 보건 관계자의 태만, 정부의 무책임, 대통령의 활달하지 못하고 선제적이지 못한 리더십만을 탓할 일이 아니다. 크게 보면 더 근본적으로는 국가와 사회의 구석구석에 도사리고 있는 매너리즘과 전향적이지 못한 의식의 문제다.

한국은 제3공화국의 성장 정책에 힘입은 산업화로 국력 면에서 양적으로 크게 성장했고 경쟁력도 나름 강해졌다. 그러나 그 풍요를 짜임새 있게 운용하고 발전시키는 철저한 직업의식(Professionalism)은 아직도 미약함을 벗지 못했다. 막스 베버(Max Weber)는 직업의식을 종교적 소명으로까지 연결하지 않았는가. 직업의식의 핵심은 정신이다. 자기의 맡은 일은 끝까지 책임지고 최상으로 해결하려는 결기다. 보건 관계자와 의료기관의 안일했던 자세는 비단 그들만의 나태가 아니었고, 정치와 관계기관 등 모든 조직의 지도층에서 하부에까지 널려있는 현실이어서 메르스가 노린 허점이었다. 세월호 사태를 겪고도 뼈를 깎는 개혁에 머뭇거린 업보이기도 하다

한국은 선진국의 기술과 노하우를 물을 빨아들이는 솜처럼 흡수하는 강한 흡입력을 보인다. 그러나 미국과 유럽, 일본 등이 고도의 현대사회를 발전시킨 엔진 속에서 면면히 작동하고 있는 가치, 즉 질서와 규범, 공공성, 존중, 도전과 창의의 정신이 기단처럼 자리 잡고 있음을 받아들이는 데는 부지런하지 못했다. 겉으로만, 또는 계산적으로만 모방한다면 내공이 탄탄치 않아 뜻밖의 위기에도 당황하게 될 것이고, 또 어엿한 선진사회로의 지향은 기대하기 어렵다.

흔히들 큰 재앙을 겪고 나서 외양간을 고치려 한다. 외양간을 고친다고 해서 잃은 소가 돌아올까. 메르스 사태는 한국 사회에 분명한 메시지를 남겼다. 그것은 사회구성원 모두가 분연히 일어나 무사안일과 책임 전가, 이기주의에 쩔은 매너리즘의 껍데기를 깨고 튀어나와 치열한 장인정신과 번득이는 개혁 의지로 거듭나라는 값비싼 교훈이다. 그렇지 않고는 한국 사회는 또 다른 위기에 노출될 수 있다는 암시도 주었다. 이참에 잃은 소보다 더 귀한 건강하고 성숙한 사회를 건설하라고 충고하고 있는 것이다.

2015. 6. 30

김영란법 제정과 건강한 사회

일명 김영란법(「부정청탁 및 금품등 수수의 금지에 관한 법률」)의 국회 통과는 대한민국이 건전한 사회로 건너가는 다리를 건설한 것이다. 아시아에서 민주주의가 싹트는 일은 쓰레기통에서 장미가 피는 것과 같다는 비아냥을 들은 지 반세기 만에 만연한 부패의 넝쿨을 자르는 획기적인 역사가 시작된 것이다. 정치는 물론 도덕과 종교도 청소하지 못한 더럽고 해로운 독소를 세밀한 법으로 막고 다스려 나가는 첫발을 내디디게 된 것이다.

김영란법이 만능의 병기는 아니다. 그러나 이 법이 만들어진 그 자체가 국민의 마음을 어루만져 주고 그 존재 자체가 예방의 깃발로 보여 든든하다. 법의 대상자뿐 아니라 온 사회에 맑고 깨끗한 큰 물줄기를 트는 느낌을 준다. 그동안 약한 국민들이 당한 설움과 좌절이 어떠했는가를 돌아보면 시민들의 소회를 짐작하고도 남을 것이다.

예를 들어, 인허가를 둘러싼 관리들의 갑질은 얼마나 거칠었고, 재판 과정에서 판·검사들의 횡포는 얼마나 교묘했으며, 세무 현장의 뒷거래와 촌지 받는 교사들의 일그러진 표정, 장군 진급의 불공정과 납품 비리, 인사와 일 처리에서의 연줄(배경)과 돈의 위력 등 나라의 모든 분야에서 부조리하고 비합리적인 작태가 사회를 얼마나 깊이 좀먹고 있었던가. 또 그러한 부조리가 사회 전체의 분위기를 혼탁하게 한 책임이 얼마나 큰가.

김영란법의 처리 과정에서 국회의 미숙은 한심한 수준이었다. 3년 이상이나 끌어온 법안이 여야 협상에서 걸러지고 정무위와 법사위도 거쳐 본회의의 심의를 통과하면서 나타난 문제점을 간과한 것은 국회의원들의 자질을 의심케 한다. 정쟁이나 일삼고 득표에만 열중했다는 증거다. 국회 전문위원과 의원 보좌관들도 직무 유기를 했다. 기본권에서의 헌법에 위배될 소지와 형법과의 충돌 요소, 대상의 형평성 등이 지적되고 있다. 또 유예기간을 두고 빠져나갈 여지를 뒀다고 의원들의 보신 의도가 비난받는다. 서비스 업종의 위축을 우려하기도 한다. 개정과 보완은 필요할 것으로 보인다. 개정안과 절차법의 제정, 시행령을 통해서 얼마든지 보완할 수 있을 것이다.

그러나 관련자들로부터 다소의 저항이 있더라도 법의 기본 취지에서는 조금도 후퇴하면 안 된다. 오히려 시민단체나 대기업 등 새로운 권력으로 등장한 권력의 횡포를 막기 위한 장치를 추가하는 노력도 필요할 것이다. 다만 민주주의 법철학에 맞게, 혹 불순한 목적의 사법권 행사나 법의 남용이 자행되지 않도록 방어적 규정을 명문화하는 작업도 반드시 이뤄져야 할 것이다.

김영란법의 정신은 부패를 척결하고 선진사회를 이룩하라는 시대정신의 한 결실이다. 세월호 참사에 대한 국민의 분노와 요구의 결실이기도 하다. 누구도 이 엄숙한 흐름을 거역할 수 없다. 어떤 집단 이기주의도, 어떤 불순한 이해도 끼어들 틈이 없다. 만일 그러한 조짐이 드러나면 국민들이 용납하지 않을 것이며 용서해서도 안 된다. 국회나 언론이나 전문가들이나 단체들이나 모두 소소한 문제점에 천착해 오랜 숙제, 건강한 사회로 거듭나는 대의를 거스를 수 없을 것이다.

2015. 3. 4

김영란법과 대한민국의 미래

김영란법의 제정은 깨끗한 한국으로 들어가는 첫 관문이다. 부조리의 온상으로 지목받았던 공직 주변의 적폐를 차단할 강력한 검문소의 설치이기 때문이다.

세월호 침몰 후 부조리에 대한 사회적인 분노가 팽배한 뒤라 국민의 요구도 높아서 그 처리가 더 지체될 수 없다. 2012년 6월에 태동해서 정부의 법안 발의 후에도 17개월이나 동면한 지금까지도 위헌성 등을 들어 반대의 기류가 정치권과 법조계 후면에서 넘실대고 있어서 법 제정은 주춤거리고 있다.

제기되고 있는 위헌요소와 기본권의 제약은 국회 심의과정에서 원래의 법취지와 줄거리를 훼손하지 않도록 부분적으로 수정하면 될 일이다. 공직자와 가족, 관련 단체까지 2천여만 명 이상이 관련된다지만 모두가 결백하면 될 일이고, 사회정화라는 대의를 위해서라면 범위가 넓어도 기본권 침해를 막을 방법을 찾아야지 트집만을 잡을 일이 아니다. 오히려 정치권이 이해관계를 떠나서 나무가 아니라 숲을 보는 지혜로 큰 걸음을 내딛지 않는다면 대한민국의 미래를 옥죄는 장애물을 방치해 두는 꼴이 될 것이다.

싱가포르가 도시국가지만 선진국이 된 것도 3C(Clean Water, Clean Street, Clean Administration: 깨끗한 물, 깨끗한 환경, 깨끗한 공직사회) 정책을 강하게 펴서 사회를 정화한 덕이 크다. 일본이 세계 2~3위의 대국이 된 것도 유아기부터 남에게 폐를 끼치지 말라는 교육을 시켜 서로 부딪치지 않는 세련된 사회를 이룬 기반이 기여한 바가 크다고 할 수 있다. 미국은 정교하고 강력한 법규로 이민사회의 그 복잡한 태생적 이해관계와 일탈을 잘 통제하고 있으며, 중국도 시정 없이는 장래가 없다는 인식 아래 시진핑(習近平) 체제 출범 이래로 대대적인 부패 청소작업을 벌이고 있다. 역사적으로 부패의 진흙탕에서 질척였음에도 쇠퇴하지 않고 번성한 사회는 지구상에 없었다. 한국은 근대화된 뒤에도 합리성보다 친소관계와 인연을 고리로 권력의 배분이 이뤄졌고 그 과정에서 뇌물이 오가는 부정이 횡행했다. 그 전통사회의 적폐가 아직도 남아 있어 은밀히 그리고 폭넓게 자행됨으로써 정상적이고 깨끗한 사회 운영의 암이 되었다. 사회가 전반적으로 합리화가 되지 않으면 효율적인 성장도 어렵고 선진국 수준에 이를 수도 없다. 김영란 법안의 처리가 나라의 명운에까지도 중요한 이유가 여기에 있다. 물론 김영란 법안이 완벽하거나 정교하다고 보기에 석연치 않은 면도 있다. 부정청탁의 15개 유형과 7개 예외의 모호성이나 포괄적 직무관련자의 가족에 대한 취업제한, 정당한 민원과 부정청탁의 불분명 등은 여야 협의와 심의과정에서 더 구체적으로 특정하고 하위 법규로 세밀하게 규정하면 될 것이다. 또 후일 보완 입법도 가능하며 사법부의 분별력도 기대되지 않는가. 미국의 공직자 선물보고제도와 이해충돌방지법도 반면교사가 된다. 국민의 기대는 100만 원 이상의 금품수수에 대한 처벌과 그 이하에 대한 과태료 부과와 같은 개별응징에 국한하는 것이 아니라, 그런 장치를 둠으로써 청렴한 사회가 되도록 유도하고 날로 분화, 발전하는 고도사회의 건강한 활로를 여는 데 파수꾼이 되라는 것이다. 정치권은 좌고우면할 계제가 아니다. 묵묵히 일하는 유능하고 청렴한 공직자들의 사기도 높여주고 밝고 건전한 사회로 나갈 대문을 여는 준엄한 입법의 삽질을 기대한다.

2015. 1. 10

박근혜 대통령의 고독한 정치

정치는 사람들을 만나는 데에 그 요체가 있다. 다양한 만남을 통해 국민의 살아가는 형편을 살필 수 있고, 무엇이 필요한가, 무엇을 요구하는가를 알 수 있기 때문이다. 또한, 자신의 생각을 반추해 볼 수 있고, 설득도 할 수 있다. 더구나 날로 대중화하고 분화되는 민주사회에서는 더욱 그러하다. 정형화한 통로만으로는 자칫 편협되기 쉽다. 박근혜 대통령은 2년 가까운 집권 기간 동안 비교적 건전한 노선과 정책을 제시해 왔다. 무리하지 않고 추진해온 창조경제와 불황 타개책, 복지 수령의 제동 그리고 활발한 국위의 선양과 유연한 대북 태도 등은 앞으로 그 결실에 따라서 상당한 평가를 받을 것이다. 그런데도 국민들의 전폭적인 지지는 미흡하고, 야권의 저항은 극렬하다. 물론 국회선진화법과 인사청문회 같은 제도적인 난삽성과 세월호 사건 등 불행한 사태도 악재였다. 그러나 우리는 대통령의 정치 스타일에 대한 많은 지적과 우려에 귀 기울여야 한다. 물론 이는 박 대통령의 개성이나 성별을 탓할 일은 아니다. 나름대로 긍정적인 면도 있지 않은가. 그러나 많은 사람을 만나야 하는 입장에서 지나치게 형식적인 보고와 지시 채널에만 의존한다든지, 대화 통로가 소수의 틀에 박히면 자신은 물론 정권과 국가를 위해서 바람직하지 않다. 광범하고 다양한 의견수렴이 어렵고, 판단의 기준이 흐려질 수 있다. 현실적으로 비서실장이 대통령을 면담하려면 차를 타고 가야 하는 등 5분이나 걸리고 대통령은 일과를 마치면 대체로 서류 뭉치를 들고 관저로 향한다고 한다. 수석들과 장관들도 면담이 뜸하다. 의도적으로 형제자매와도 거의 접촉이 없고, 공식 일정을 빼고는 업무상의 보고자나 호출된 사람 그리고 주로 문고리 권력자들에게 둘러싸여 지내는 듯싶다. 그러니 문고리 3인방과 옛 측근의 국정농단 같은 불협화음이 벌어진 것이다. 청와대 비서실은 대통령의 판단과 행위에 밀착하고 두뇌와 손발이 돼야 한다. 대통령의 두뇌집단(브레인트러스트, Brain Trust)이어야 하고, 때로는 난상토론도 벌이는 창의적인 브레인스톰(Brain Storm)이어야 한다. 수석회의에서 보이는 모습처럼 관료적이면 제 기능을 발휘할 수 없다. 국무총리는 대통령과 가장 호흡이 맞는 긴밀한 동반자여야 하고, 내각도 대통령의 분신같이 함께 숨 쉬며 터놓고 정무를 논의할 수 있어야 한다. 그래야 국가수반의 비전과 어젠다가 정부에 스며들고, 국민을 위한 조직이 될 것이다. 또 국민 생활의 실상과 민의가 효율적으로 수렴될 것이다. 청와대 비서실이 대통령의 미진한 부분을 보완하고 올바른 판단을 조언하며 정치철학에 영감을 준다면, 내각은 국민과의 다리 역할을 하면서 이를 공식화하고 권력화한다. 밤낮으로 대통령의 지근거리에서 늘 대화해야 할 참모들이다. 비서실과 내각이 그런 기능을 제대로 수행하지 않거나, 능력이 없다면 국가를 위해서 대통령은 강력한 제동을 걸든지, 아니면 단호한 조처를 하는 수밖에 없다. 대통령은 여당과 야권과의 대화에도 문을 활짝 여는 과단성을 보여야 한다. 불통이란 지탄을 깨면 정치권은 물론 국민들의 박수갈채를 받을 것이다. 듣는 것이 힘이다. 다양한 음성을 들어 취사선택하되 여과를 거쳐 공식화하면 된다. 비선의 작용은 비리가 되지만, 좋은 의견을 합리적으로 처리하면 준엄한 시책으로 통한다.

2014. 12. 7

박근혜 대통령의 정치 어젠다, 통일

박근혜 대통령의 남·북 통일에 대한 언급이 부쩍 늘었다. 광복절 이후 크고 작은 행사와 국무회의 등 정부 회의, 국내·외 외빈과의 만남에서 통일은 거의 빠지지 않는 화두가 된다. 대통령은 관계자들에게 통일 준비를 누누이 강조하고 있고, 수석비서관 회의에서는 "내년에라도"라고 언급도 한 것으로 알려졌다.

박 대통령의 통일에 관한 언급 중 백미는 중국의 전승절에 참석한 뒤 귀국길에서 항공기에 동승한 기자들에게 "앞으로 중국과 통일에 관해 구체적으로 협의해 나가겠다."고 밝혀 모두를 놀라게 한 것이다. 시진핑 주석과의 정상회담에서 어떻게 더 교감했는지는 알 수 없으나 정황상 진전된 방안들이 개진됐음을 짐작하기는 어렵지 않다. 북한은 즉각 외부세력의 간여를 경고하고 나섰고, 미국도 북한의 핵실험 위협에 '경제 제재 이상의 규제'라는 케리 국무장관의 강수로 소외를 불식하는 간접 효과도 꾀했다. 중국의 향배가 북한의 존립에 결정적이라는 인식에서 나온 반응들이다. 실제로 중국은 목침지뢰 사태 때 경제적 압박과 함께 국경지대에서 군사이동 작전까지 실시해 북한의 강경 모드를 돌리게 했다는 평이 유력하다. 물론 미국의 막강한 군사력 시위도 으스스한 위협으로 작용했겠지만, 생필품과 유류, 산업원료의 수입까지 중국에 의존하는 북한으로서는 생명줄을 쥐고 있는 중국의 중압에 숨이 막히는 듯했을 것이다. 중국이 북한보다 한국에 더 비중을 두는 형세는 한반도 통일에 일대 지형변화를 의미한다. 주변국들의 역학관계와 남·북의 내부사정 등으로 당장 지각변동이 일어나기는 어렵겠지만 중국의 선회는 북한의 폐쇄 노선과 핵 위협의 나사를 빼는 격이다. 뒷배 없는 북한의 약화는 박근혜 대통령의 통일 어젠다의 추동력으로 이어진다.

'평화통일이 핵 문제 해결의 궁극적이고 빠른 해결 방법'이라는 박 대통령의 언급도 통일 추진에 대한 자신감과 의지에 근거한 판단으로 봐야 한다. 단순히 순서를 바꾼 게 아니라 핵 집착을 꺾기보다 통일에의 길이 더 넓어 보인다는, 또는 최소한 동시추진을 하겠다는 뜻이다. 미국 6자 회담 성김 대표도 북한과 대화할 수 있다고 모처럼 빗장을 푸는 듯한 언질을 내놨다. 다음 달에 줄줄이 열리는 미·중 정상회담과 한·미 정상회담, 한·중·일 정상회담에서도 한반도 통일은 주 의제가 될 것이다. 박 대통령은 통상적인 외교행사 이상의 의미 있는 성과를 기획하고 있음이 틀림없다.

통일은 주변 강국의 동의 없이는 불가하다고 하나 외세의 협조는 변수이지 결코 상수는 아니다. 어떻게든 미국과 중국, 일본, 러시아 등을 우호 세력으로 삼아 남·북이 뜻을 모아 주체적으로 민족 굴기의 역사를 이룩해야 한다.

통독도 훌륭한 모델이지만 한국적인 형편을 백안시한 모방은 맞지 않는다. 고식적인 인식을 벗고 수백 가지, 수천 가지 변수의 시뮬레이션과 방정식을 통해 상대를 압도하는 묘책을 찾아냄이 앞선 한국의 과제다. 그중에서 가장 바람직한 구상으로 민족을 영도하는 리더십이 발휘된다면 빛나는 새 역사를 열 수 있을 것이다. 평화적인 방법으로 북을 개방시켜 무리 없이 통합한다는 큰 그림은 그려져 있다. 북한은 곤궁에 빠져있고 남한은 이미 기선을 잡았다.

2015. 9. 10

박근혜 정부의 앞서가는 정치가 고프다

　노무현 정부의 탄핵정국과 이명박 정부의 쇠고기 파동은 정부가 나라를 선도하지 못하고 파국 직전까지 끌려간 미숙과 무능으로 기록됐다. 두 정권은 출범 초기에 국민에게 신선하고 희망을 주는 큰 어젠다로 나라를 앞서서 이끌어가기는커녕 정치적 악수를 둠으로써 예상치 못한 태풍을 맞았고 그 수습도 수준 미달이어서 국가적인 손실을 안겼던 것이다. 박근혜 정부에 들어와서도 그와 유사한 정치적 파행이 계속되고 있어서 다수의 국민은 답답해하고 있다. 세월호 침몰사고는 예측은 어려웠다 하더라도 사회적 파장이 매머드급임을 재빨리 감지하고 민첩하게 대처했으면 온 나라를 휩쓴 불행과 분노는 지금과는 그 양상이 많이 달랐을 것이다. 부조리의 덩어리가 줄줄이 드러났을 때도 들끓는 여론을 깨끗한 사회를 건설하는 에너지로 돌려 새 역사와 국면을 펼 기회였지만, 과도한 기세에 눌려 동력을 키우지 못했다. 청와대 문서 유포사태도 초기의 정무적 판단이 느슨했음은 말할 나위도 없거니와, 잘잘못을 따지기 전에 다수 국민이 못 믿는 상황이라면 여론의 표적이 된 주변 인물들을 읍참마속의 심정으로 단호하게 정리했어야 했다.

　총리의 경질과 비서실 개편, 비서실장의 퇴진 등이 진행되고는 있지만, 문고리 3인방의 그림자가 아직도 남아 있고, 담대한 환국과 전향적인 포석에는 미치지 못했다. 박근혜 정권은 집권 후 남·북 문제 제안과 창조경제 추진, 경기부양시책, 개혁과제 제시 등 당면한 국정의 기본 대책을 열심히 제시하기는 했다. 그런데도 대통령의 지지가 29%(한국갤럽 기준)까지 추락한 이유는 대통령의 정치 스타일이 틀과 격에 너무 치중해 스스로 갇혀 있기 때문이다. 소통의 요구가 드세도 마음을 활짝 열지 못하고 정당과 각료들, 참모들, 당사자들 그리고 국민들에게 다가가지 못했고, 사과해야 한다는 여론이 높아도 때를 놓치고 한 박자 늦게 하곤 했다. 원칙에 천착하려고 상대를 존중하지 않으면 소통의 문은 열리지 않으며 정치는 멀어져 간다. 정치력은 소극적인 자세에서는 절대 나오지 않는다. 국민은 현실적인 평범한 정치로는 감동받지 않는다. 틀을 깨고 나오는 새롭고 공격적인 어젠다와 정치가 필요한 시점이다. 사정은 다르지만, 중국 시진핑(習近平) 주석의 G2 노선이나 사정의 긴 창칼, 전 대륙의 도시화 정책 같은 거대한 담론에 국민들이 따르지 않을 수 있을까? 비록 한국에는 거슬리지만, 일본 아베(安倍晉三) 총리의 양적 완화와 극우적 노선에도 일본열도는 환호하고 있다. 푸틴(Vladimir Putin)의 국가주의도 일단은 국민적 지지를 받고 있다. 국민의 호응은 우선 힘있게 정국을 주도할 수 있게 하고 국정의 추진력을 뒷받침한다.

정도를 벗어나는 정책은 결국 국민과 역사의 심판을 받게 되겠지만, 그보다 먼저 정치력이 떨어지면 국민의 외면을 당한다. 정치력은 예리한 정치 감각과 순발력 있고 지혜로운 판단에서 나온다. 또 앞을 내다보는 비전에서 싹튼다. 지도자의 고통스러운 결단이 국가경영에 핵이겠지만, 발군의 인재들이 손과 발이 되어 호흡을 맞추는 팀워크도 그에 못지않게 중요할 것이다. 박근혜 정권이 3년 차를 맞아 이제는 끌려다니는 정치 대신, 앞서가는 정치로 나라를 이끌어나가기를 국민은 바란다. 정치는 여백 위의 예술이다.

2015. 1. 24

대통령의 사과는 어디에 있는가

　박근혜 대통령 측근의 국정개입 의혹과 청와대 문서 유출 파문은 계속 증폭되고 있다. 검찰이 수사하고는 있지만 많은 국민들은 이를 전폭적으로 믿지 못하겠다는 태세다. 박근혜 대통령에 대한 지지도는 39.7%(리얼미터의 15일 발표 기준)로 처음으로 40% 이하로 추락했다. 문서 유출 장본인으로 지목된 정보 경찰의 자살은 사태를 더 악화시키고 있다. 나라가 시끄럽고 국력의 누수가 우려된다. 의혹의 진위를 불문하고 보아도 사태가 대통령과 청와대 주변에서 일어나 계속 번지고 있어서 심각한 상황이다. 대통령은 누가 뭐라 해도 5천만 국민의 지도자며 청와대는 국가 경영의 본산지다. 그런 곳에서 불길이 번지면 국가를 위해서 우선 진화 작업부터 서둘러야 한다. 사태의 진화는 대통령의 사과로부터 초동작업이 시작될 것이다. 확실한 상황판단을 기초로 한 진정성 있는 사과는 일단 국민의 불신을 잡을 수 있다. 화재 원인의 철저한 규명과 재발 방지의 다짐, 조처가 함께 담겨 있어야 사과의 뜻이 오롯이 산다. 지금은 결백을 아무리 강조해도 불길에게 꺼져달라고 외치는 형국이 되었다. 또한, 사과의 진정성은 발화 지점의 깨끗한 정리로써 힘이 실릴 것이다. 잘잘못을 떠나 먼저 주변의 당사자들을 사태에서 격리하는 용단이 필요하다. 물론 읍참마속의 쓰라림과 조직 관리의 어려움이 적지 않겠지만, 국가 관리를 위해 용단이 불가피하다는 소리가 이유있게 들린다. 결백은 수사결과와 사태 진정 후 보상을 염두에 두면 될 것이다. 국민의 다수는 박근혜 대통령이 임기 안에 나라의 기강을 바로 세우고, 창조적 성장동력으로 국운을 한층 더 일으킬 수 있기를 바라고 있다. 아직 그 절반도 되지 않은 시점에서 레임덕 현상을 운위하는 불행은 대국적으로는 결코 용인될 수 없다. 그런데도 대통령의 정치 패턴과 리더십에 시선이 계속 모이고 끊임없이 고기압권이 거버넌스(Governance: 국정 운영)에 형성된다면 이는 나라의 큰 손실임이 틀림없다.

더구나 부조리의 핵심인 인사와 청탁 문제에 관련해서는 난국을 타개할 과감한 국면전환이 필요하지 않을까? 박근혜 대통령은 임기 안에 할 일도 많고 책임도 크다. 저성장 조짐을 보이는 거시경제, 어려움을 호소하는 민생, 세월호 사태에서 드러난 사회적 난맥상, 격동하는 주변 국제정세, 경색된 남·북 관계 등이 대통령의 역동적인 정치력을 기다리고 있다. 대통령의 리더십이 약해지거나 궁지에 몰리면 한 정치인이나 정권의 문제가 아니라 온 사회, 온 나라, 온 국민의 불행이다. 대통령이 "살아 있는 한 번뇌가 계속된다."는 종교·철학적인 한탄에서 벗어나 보다 실천적인 결기를 보이기를 국민들은 기대하고 있다.

"무엇이 두렵겠는가, 국가와 국민의 행복만을 위해 산다."는 대통령의 신념이 소극적이고 방어적이 아니라, 국정의 기수로 당당하게 앞장서 나가는 보다 대승적이고 진취적인 신념이 되기를 국민들은 또한 바라고 있다.

2014. 12. 15

❦ 어려울수록 더 절실한 지도자의 리더십

한국의 현대사에서 걸출한 지도자를 꼽는다면 이승만, 박정희 두 전직 대통령이 꼽힐 것이다. 이승만 대통령은 깨끗한 사회의 건설에는 실패했지만, 혼란기에 자유민주주의 체제로 건국을 이루고 한미 동맹 등으로 나라를 지킨 업적으로 우뚝하다. 박정희 대통령은 권위적인 통치로 일부 자유를 제약해 희생을 냈으나, 피폐와 빈곤의 나라를 경제우등국으로 일으킨 선장으로서 세계도 인정하는 지도자가 됐다. 건국과 중흥이란 비전을 각각 실현한 두 지도자의 리더십은 고뇌와 충정이 녹아 빚어낸 고초와 결단의 산물이었다.

김대중, 김영삼 두 대통령의 민주화 투쟁 지도력도 기념비적이고, 김대중 대통령의 방북을 성사시킨 남·북 화해시도와 노태우 대통령의 한·중 관계 개선을 연 북방정책은 국가의 명운에 크고 긴 영향을 미쳤다. 물론 그만큼 위험성도 크고 압박도 큰 힘든 결정들이었다.

지금 한국 사회는 매우 어수선하다. 미래를 준비하기 위한 개혁이 이해당사자들의 완강한 태도에 막혀 혼미를 거듭하고 있다. 공무원연금개혁을 위한 타협이 합의된 시한을 넘기며 파행을 계속하고 있고 노동개혁을 위한 노사정 타협도 노동계의 강한 요구에 걸려 교착 상태에 있다. 국가와 국민의 무거운 부담이 몰려온대도 당사자들의 요구는 높기만 하다. 합의가 이루어져도 속 빈 강정이 될 수 있다는 우려도 있다. 정도전이나 조광조, 정약용의 개혁처럼 꺾이지 않으려면 개혁 주체의 정점인 국가지도자의 치열한 지도력이 절실하다.

무상급식 문제도 국민의 눈에는 정당 이기주의가 부추기는 정치적 갈등으로 비친다. 중앙과 지방부서의 재정 형편을 놓고 급식대상을 조정한다든지 절충을 하겠다는 의지가 있으면 길을 찾을 수 있는 데도 충돌을 해결하려는 진지한 태도는 보이지 않는다. 정치 공학적으로 대립과 공격만 고집하면 결국 국민과 역사의 심판을 받을 것이다.

한반도 위에는 무거운 기압골이 군데군데 자리 잡고 있다. 저성장은 2000년 이래로 계속 이어지고 있고, 빠른 고령화와 저출산은 미래의 전망을 어둡게 한다. 기업들은 애써 개척한 시장의 잠식이 걱정이고, 청년들은 취업 전선에서 지쳐 있으며, 민생은 갈수록 어려워진다. 중국의 무서운 부상은 두려움을 동반하며 다가오고, 일본은 여전히 간교한 언사를 일삼는다. 주변 강대국들의 위압을 오히려 능동적으로 활용할 비스마르크(Bismarck)다운 수완은 기대난이다. 북한의 젊은 지도자 김정은은 배급제조차 무너져가는 극심한 간난 속에서도 미사일 발사를 참관하기에 바쁘다.

국민들은 오늘 어려웠더라도 내일을 기약하고 싶고, 살림과 사업이 나아질 것이라는 밝은 전망에 목마르다. 나라가 깨끗해지고 날로 성장하고 있다는 믿음으로 뿌듯해지고 싶고 그런 나라의 국민인 것이 자랑스러워지고 싶다.

대통령이 회의나 행사 주관 등의 일정을 소화하는 일도 물론 중요하다. 그러나 국가가 처한 어렵고 중대한 문제들을 껴안고, 고민하고, 결단하고, 헌신할 때 국민은 감동하면서 희망을 얻을 것이고 그만큼 지도력도 높아질 것이다. 외교적 저울질을 넘는 결단으로 모스크바에 가서 김정은 국방위원장도 만나고, 아베 총리도 불러들여 대화라도 해야 한다. 오바마(Barack Obama) 대통령과 시진핑 주석과도 더욱 긴밀히 접촉해서 북핵 해결을 우선적인 어젠다로 올려놓을 수 있다. 지금 한국은 통상적인 틀을 넘는 국면 전환이 절실한 뜨거운 바다 위에 서 있는 것이다. 국민은 개혁의 현장에서도 피아를 아우르며 지휘하는 지도자의 굵은 땀방울을 보고 싶고, 목이 쉬도록 외치는 진정성을 듣고 싶어 한다.

2015. 4. 5

최순실 사태의 어지러움과 한국의 선택

국가는 법으로 교직된 유기체다. 법이 기능을 잃으면 사회는 뼈 없는 액체처럼 흐물거린다. 아노미이고 카오스다. 지금 한국 사회는 정치와 경제, 사회 등 가장 중요한 체계에서 상당히 그런 상태로 다가갔거나 혹은 수렴하고 있다. 정치는 기능적으로 마비됐고, 경제와 사회는 중병에 시달리고 있으며, 이를 치유할 국정운영과 정치력은 기력이 없다. 박근혜 대통령이 사안의 중요성을 인식했든, 못했든 공적 조직 대신에 사적인 인연을 국정운영의 파트너로 삼은 것이 분명히 불행한 사태의 진앙지였다. 저명한 정치학자 헤럴드 라스키(Harold Joseph Laski)가 『국가란 무엇인가』에서 "공적이지 않은 권력 행사는 필연코 사술과 증오, 파당을 낳는다."고 했음은 정치의 금과옥조다. 최순실 게이트는 암세포가 너무 넓고 깊게 퍼져 있어서 현재 진행 중인 검찰의 수사로 쉽게 일단락되지는 않을 성싶다. 곧 이뤄질 대통령 수사가 하나의 주요한 분수령이 되겠지만, 여야 합의로 벼르고 있는 특검수사와 국정조사로 또 한바탕 파란이 일 것이다.

수사결과와는 별도로 대통령은 거취문제를 포함해서 난국을 타개할 선언을 내놓도록 압박을 받고 있다. 자진 하야와 탄핵, 시한부 후퇴와 조기 대선, 국회 추천 총리와 거국내각에 권한 이양 등의 요구에 직면해 있으나, 그동안의 정치행태로 보아서는 하야와 완전 후퇴를 선택할 가능성은 희박하다. 야권의 이재명, 안철수, 박원순 등의 하야 요구와 박지원, 문재인 등의 퇴진 요구 방침이 시민단체를 비롯해 시위 민심과 상승작용을 타고 있어서 심각한 위기를 맞고 있지만, 대통령은 헌법 질서의 보전을 내세워 버티기와 국면전환을 기다릴 것이다.

대통령은 첫째, 이미 드러난 과오에 대해서 추가로 사과하면서, 둘째,

여야가 합의한 총리에게 내각 통할의 권한을 대폭 이양하겠고, 셋째, 국회가 헌법개정 등 정치일정을 마련하면 존중하겠으며, 넷째, 새누리당도 탈당하여 여야 간에 대립하는 정치에서는 손을 떼겠다는 입장을 표명하리라고 예상된다. 물론 야당의 강경한 요구와 급진적인 민주노총, 시민단체들의 그치지 않는 저항은 잠재워지지 않을 것이다. 그것은 필연적으로 정치의 장기대치와 시위의 과격화를 예고한다.

대통령이 어떤 선택을 하더라도 대통령 자신과 주변 세력은 이미 회복할 수 없는 정치적 상처를 입었다. 법을 어긴 부분은 당연히 응분의 심판을 받게 될 것이고 책임을 져야 할 것이다. 그러나 더 엄중한 일은 국가적인 차원에서 경제와 외교, 사회의 곳곳에서 보이거나 혹은 보이지 않게 날로 상처가 깊이 파이고 있다는 점이다. 대통령제와 의회주의 등 정치의 기본 구조는 이번 사태로 움츠러들어 오랫동안 트라우마에 시달릴 것이고, 시위정치는 거리의 답답한 체증과 소란을 오래 이어갈 것이다. 그러는 사이에 국세는 위축되고, 성장의 기세도 더 약화될 것이다.

일부에서 주장하는 하야 정국으로 들어가면 60일 이내에, 또는 시한부 하야 후 60일 이내에 특정인의 우세 속에 대선을 치르게 되는데, 아무리 야권과 시민의 저항이 강경해도 그 실현 가능성은 크지 않다. 사태가 급박해져 그렇게 된다면 운동장이 기운 상태에서 정권이 창출됨으로써 한국 사회의 특성인 보수와 진보로 나뉜 균형이 깨지고 만다. 그런 정치일정은 국민의 건강한 선택에 고루 기여하지 못하는 만큼 큰 부작용이 예상되며, 그것은 불안한 정국과 차기 정권의 부담으로 이어질 것이다. 벌써 난국의 해법을 순수하게 추구하지 않고 집권만을 우선적으로 노리는 세력이 정국을 요리하고 무임승차를 하면 정통성의 논란 등 큰 역풍을 당할 것이라는 우려가 크다.

무슨 이유든 간에 정치권은 대화의 테이블에 앉아야 한다. 법을 어겨

불거진 사태를 법을 뛰어넘는 방법으로 대처하면 필연코 또 다른 후유증을 수반한다. 당략이나 개별 잇속을 떠나서 난국의 수습이라는 일념만으로 숙의하는 것이 정도다. 단발적인 언론 플레이만 하지 말고 의회의 틀 안에서 자꾸 만나서 계속 논의하고 협상하는 일이 국민이 위임한 권리이자 의무이다. 입장이 다르다고 모임조차 거부하면서 의회가 아니라 거리정치를 선호하는 것은 잿밥에 눈독을 들이는 아전인수와 유아독존의 발상이지 나라를 위한 정치의 기본에 부합하지 않는다.

일부 인사들은 국가의 현실과 미래를 사려 깊게 숙고하지 않고 과격한 언어로 대중에 영합하거나 선동함으로써 튀고자 하는 언행을 보인다. 그렇게 해서 인기가 오르고 표가 모일지는 모르나 국민의 이성과 역사는 매우 높은 기준으로 정치인들을 평가하고 있다는 사실을 기억해야 할 것이다. 라스키는 "민주주의적인 이성이 역사에 구현되어야 진정한 현실이 된다."고 설파했다.

대중민주주의와 시위문화는 현대사회에서 중요한 정치참여 방식이다. 주권재민이며 국민의 의사전달이 가장 집약적이기 때문이다. 그래서 11. 12 광화문 집회는 나름의 정치적 의미가 있다. 어떤 방식으로든 그 민중의 의사가 반영되는 게 맞다. 그러나 대중집회는 의사 전달이 불가능하거나 철옹성을 뛰어넘어야 하는 불가피할 때에만 필요하고 그럴 때일수록 진가를 발휘한다. 그 자체가 공공성(Fairness)이 아닌 순수하지 않은 목적으로 정치 공학적으로 이용되거나 남용되면 사회적인 폐해만 주게 된다. 대중은 때로 감성적이고, 돌발성을 띤다. 이번 광화문 집회는 주로 노조와 과격한 시민단체, 그리고 야권의 동원 등으로 조직됐음에도 불구하고 대체로 평화적으로 이뤄졌고, 시위대와 경찰이 모두 범법과 충돌을 자제해서 매우 다행이다. 다만 내자동에서 일부 과격한 측이 경찰을 무시하고 폭력을 행사하면서 지정된 시간을 넘기고 제한된 지역을 넘어 청와대로 전진하려던 시도는 그 휘발성 때문에 국민들의 걱정을 일으켰다. 대중도 공중처럼 즉흥적이기보다는 사려 깊게 행동해야 진정한 공권력의 보호 아래에서 질서를 누리며 공동체가 순리대로 성숙하게 돌아가고, 발전할 것이다.

시위가 과격한 세력에 휘둘려 극단적인 구호에 앞장서거나, 특정 단체나 정당에 의해 작위적으로 조직되거나 선동되면 그런 시위는 순수한 민의도 아니고 국민 전체를 대표할 수도 없다. 시위를 지켜본 더 큰 다수의 공감과 우려가 동시에 지켜보고 있음을 깊이 인식해야 할 것이다.

2016. 11. 13

문재인 정치의 실험적 포석

문재인 정부는 제도 정치보다는 대중의 힘을 더 업고 등장했다. 집권 후에는 대중에 어필하기 위해 홍보적 행보에 진력하고 있다. 대통령의 행보가 대중을 크게 의식하고 있음은 곳곳에서 감지된다. 물론 대중과 호흡을 맞추려는 노력이 민주주의 원리에 벗어나는 일은 아니다. 더구나 진보진영은 민주 투쟁 인사들이 주 세력권을 형성하고 있어서 민주적 성향이 높은 것이 자연스러운 일이며, 민주주의의 신장을 위해서도 충분한 명분이 있다. 그러나 국가의 운영, 즉 국정의 차원에서는 대중 정치와 세력 정치의 테두리를 벗어나지 못하면 합리성과 정통성에 심각한 손상과 후유증이 발생한다. 대통령과 그 정권이 대중을 의식해 집권 전에 구상했던 정책을 엄중한 국정의 현실을 백안시하고 밀어붙이면 국가적 손실이고 국운에 누를 끼치게 되는 것이다.

문재인 대통령은 취임 후 한 달 남짓한 기간 동안에 많은 중요한 정책적 조치들을 쏟아 냈다. 사드 배치의 의도적 지연과 원자력 발전의 제동, 부자 증세, 위안부 합의 부정, 국정교과서 폐기 등은 이미 진전된 국사를 뒤엎는 중대한 현안들이다. 찬반도 심각하게 엇갈리는 예민한 문제임에도 불구하고 국론의 충분한 수렴과 공론화를 거치지 않은 상황에서 대통령이 주체적으로 추진 의지를 보였다. 임기 내내 갈등의 소지가 될 것이고 임기 후까지도 논란이 예상되는 정치적 포석을 거침없이 내놓은 것이다. 그런 판단은 여론조사의 높은 지지도와 야권의 혼란을 염두에 둔 자신감, 집권 초기의 강한 영향력 행사라는 전략적 계산에서 나온 것으로 보인다. 국민이 선거를 통해서 새로운 정권을 출범시킨 건 개혁을 하라는 요구의 반영이다. 더구나 이념적으로 보수 정권에서 진보 정권으로 바뀌면서 개혁의 의지가 높을 것이라는 점은 예상된 일이다. 그러나 안보 문제와 국익의 비중이 큰 사안, 첨예한 갈등을 부를 쟁점 등은 여론 수렴과 전문가들의 분석, 국민을 대표하는 국회의 토론을 거쳐야 함에도 지금과 같이 한 쪽과 우호세력의 주장만을 수용해 채택하는 정치는 바람직하지 않다. 당장 대통령 후보 시절부터 부정적이던 사드 배치를 일반환경평가 지시 후 하루 만에 바꿔야 하지 않았는가. 그만큼 길면서 넓게 보고 면밀하게 검토하지 않았다는 방증이다. 원자력 발전 문제도 환경단체들을 비롯한 이상주의적 주장에 치우쳐 단 한 번의 공청회 개최도 없이 안전의 현실과 국익을 면밀히 검토하지 않고 논란의 소지가 있는 민간위의 심사에 이를 맡긴 일은 성급했다. 결정권의 혼선과 관계없이 사전에 이미 방향이 정해진 상태라는 오해를 지울 수 없다. 증세 문제도 기업의 사정과 경쟁력, 국가 경제 등을 감안하지 않고 복지비용의 일부만 기대되는 여당의 주장을 덥석 받아들일 간단한 문제가 아니다.

　인수위 활동 없이 취임했음을 감안하더라도 천여 명의 인재들을 모았고, 두 번째 대선에 도전하는 동안 어느 정도 국가 정책상의 구상이 있었을 입장에서 중차대한 국정에 졸속으로 포석을 둔다면 엄중한 국가경영에 시행착오가 일어나지 않을까 우려된다. 한국의 헌법은 대통령제를 채택하면서도 의회 민주주의도 함께 명백히 담고 있다. 대통령제 아래에서라도 국민의 대표기관인 국회에서 충분히 여과 과정을 거쳐야 정당성과 합법성이 담보된다. 촛불 혁명을 운위하면서 지구촌의 선진 정치·제도적 흐름을 역행하면 그 불길이 부메랑이 되어 돌아올 때 어떻게 감당할 것인가. 국회의원들이 무기력해 보이고, 시간이 걸리더라도 국민을 대표한다는 인식 아래 의회를 존중하고 대화하면서 절차를 밟아 나가야 대통령도 독주라는 비판의 예봉을 벗어나고, 나라도 곡절 없이 굴러갈 것이다. 삼권이 분리돼 있고 국회가 제구실을 다 하지 못하더라도 건전하게 운영되도록 간섭은 하지 않되 환경을 조성해주는 것도 국가수반의 책무일 것이다. 더구나 '대화'와 '국정 파트너'는 야당 시절 대통령을 배출시킨 집권 민주당이 수없이 소리 높여 주장해온 요구였지 않은가.

2017. 8. 1

대중정치에서 공중정치로

문재인 정부는 대중의 열기에 힘을 크게 받아 집권했다. 광화문의 촛불시위가 박근혜 정권의 퇴진을 촉진한 현상은 엄연한 사실이고, 문재인 대통령도 대중을 의식한 언행을 자주 내세우면서 대선 캠페인을 벌였음을 모두가 기억한다. 문 대통령은 취임 후에도 국민이라는 개념을 바탕에 두고 대중을 향한 정치적 제스처를 이어가고 있다. 사드 배치와 위안부 문제, 세월호, 4대강 건설, 인사청문회, 경제계와 법조계 개혁 등에서 '국민'을 앞세우며 정치 행위의 타당성을 다지려 하면서, 한편으로는 서민풍의 이미지 만들기에도 열중이다. 대중정치의 내음이 물씬함을 누구도 부인하지 못할 것이다.

국민은 다양한 층과 의사의 총합체다. 국민 중에는 보수성향도 있고 진보성향도 있으며, 서민으로부터 중산층, 상류층이 있고, 지적 편차는 물론, 지역을 비롯한 다양한 이해관계가 공존한다. 국가관도 자유주의적 시장경제에 역점을 두는 견해와 서민복지에 방점을 주는 시각이 혼재한다. 국민을 뭉뚱그려서 하나의 공동체로 표현하는 데는 자기편에게 우호적인 방향으로 포장하는 정치적 지향이 담겨있다. 이는 비우호적인 대상을 제치고 대중의 지지도를 높이려는 의도로 읽힌다. 또한, 대중의 지지를 무기로 의회 등 제도권을 압박하려는 모양새다.

대중은 감성적이고 비정형성이다. 어떤 사상(事象)을 합리적으로나 포괄적으로 판단하기보다 단순하게 반응하며 군중심리에 노출되기가 쉽다. 스스로 대책을 구현하는 장치도 취약하다. 주동세력의 이해에 휘둘리기도 한다. 따라서 대중은 역사의 추동력이 되기도 하였지만, 반대로 국가경영에 깊이 간여한다면 심각한 역기능이 우려된다. 인류가 직접민주주의 대신 의회제도를 발전시킨 이유일 것이다.

국가경영에는 시행착오가 용납되지 않는다. 그만큼 엄중하고 되돌릴 수가 없는 중차대한 일이기에 뛰어난 기량이 요구된다. 고도의 전문성과 예리한 분석, 예측, 기획뿐만 아니라 건전하고 균형 잡힌 판단이 곧게 작동해야 국운이 일어선다. 정의롭고 전향적인 정치, 거버넌스는 자연히 대중의 환영을 받을 것이다. 그 지지가 미흡하면 설득을 해서라도 이끌어 나갈 때 나라는 안정되고 번성할 것이다. 대중에 영합하기보다 국가 명운을 걸고 대중을 이끌어 나가야 진정한 지도자다.

　문재인 정부는 집권체제의 성격을 확연히 드러내고 있다. 선거 후유증은 가셨고 인사청문회의 진통이 깊었지만, 곧 인선이 마무리되면 공약으로 내세운 현안과 개혁에 집중할 것으로 보인다. 한·미 관계와 재벌개혁이란 가장 민감한 문제는 아직 뜨거운 감자지만, 지금껏 드러난 정도만 보아도 어느 정권보다 진보성을 띠고 있다. 이념적 성향과는 별도로 출범 초기의 난관에도 불구하고 국정이 중단없이 굴러가게 되는 것은 대통령책임제의 강점이기도 하다. 그러나 한국의 정치지형이 앞으로 청와대에 유리한 순풍이 되리라는 보장은 없다. 이제 '이게 나라냐?', '헬 조선'과 같은 분노성 대자보라든가, '적폐청산'이란 보복성 인상의 레토릭은 순화시키고 국가 대계를 위한 진정한 의미의 개혁, 조용하고도 내실 있는 시정 그리고 무엇보다 과거를 들추는 개혁보다 미래지향적인 정책개발로 성공하겠다는 의지를 보일 때만 국민의 호응을 받을 것이며, 협치의 서광도 보일 것이다.

　사회의 기둥은 공중(公衆)이다. 공중은 대중과 달리 쉽사리 표면화되지 않지만, 보다 이성적이고 면면히 흐르는 사회의 양식이다. 올바른 판단의 평균치이며 결국 세상을 움직이는 오피니언 리더다. 아무리 대중사회화가 급속히 진행되고, 대중의 힘이 거세져도 나라의 현실대응과 미래의 포석은 양식 있는 공중, 조용하면서도 사려 깊은 지성인들의 몫임을 정치지도자들은 깊이 인식해야 한다. 그래야 국가가 건실해진다.

　요즈음 정치사회를 재단하는 척도로 많이 원용되고 있는 여론(Public Opinion)도 공중을 염두에 두고 더 면밀히 분석할 필요가 있다. 여론(Public Opinion)과 대중론(Mass Opinion)이 혼재하고 있기 때문이다. 조사방법은 물론 평가도구도 기획 단계부터 분석적으로 적용되도록 세밀하게 연구돼야 국민의 진정한 뜻이 표출될 것이다. 그래야 건실한 여론과 굽은 여론을 구분할 수 있을 것이며 국정의 나침판으로 삼지 않겠는가? 여론조사 결과에 지나치게 좌우되는 여와 야 양쪽이 모두 간과할 수 없는 일이다. 문재인 정부가 정권적 차원이 아니고 국가와 국민을 위해 탑을 쌓으려면 이제 포퓰리즘, 센세이셔널리즘의 정치를 숙성시켜, 국세(國勢)를 멀리 보고, 넓게 생각하면서 이성적이고 합리적인 공중과 함께 무게 있고 격조 높은 정치를 펴야 희망이 있다.

2017. 6. 18

사회적 안정을 다지며 개혁해야

  한국 사회는 지난 1년 반 동안 박근혜 대통령의 탄핵과 문재인 정권의 출범을 겪으면서 커다란 변동의 파도를 탔다. 정치는 물론, 사회와 문화, 경제가 보이거나 보이지 않게 극심한 변화의 물결에 휩싸인 것이다. 부문적으로는 너무 급격하고 커서 지진에 비유할 만하다. 그 여진은 아직도 나라 구석구석에서 현재진행형이다. 정상적인 정치 일정이 아니라 광화문을 흔든 '촛불시위' 사태 끝에 대통령이 탄핵당하면서 구속까지 되었고, 보수 정권에서 진보 정권으로 교체됐기 때문에 상승작용을 불러서 사회 전반에 미치는 급격한 변화를 보였다. 정치의 판도는 여야가 바뀌면서 '기운 운동장'이라는 어휘가 성행할 정도로 새 여권에 쏠림현상까지 동반했고, 사회적으로도 기성 제도를 겨냥한 이익, 또는 시민단체들의 목소리가 대중을 제압했다. 적폐청산을 내세우고 전 정권의 비리를 캐는 검찰의 칼날은 비상하게 매섭다. 경제면에서도 대기업보다 중소기업을 중시하는 기류가 팽배해 있어 경제구조까지도 그 충격이 지속될 것으로 예상된다.

  세월호 침몰은 하나의 해상 사고였다. 그러나 그 사고에 덕지덕지 붙은 비리는 가히 백화점이라고 할 만큼 총체적으로 망라돼 있어서 국민의 공분이 충천했던 것이다. 그때 국가와 사회, 특히 정부는 부패에 분노하는 국민의 일체화된 여론을 에너지화해서 사회 정화에 일대 민족적인 전기를 마련했어야 했다. 그러나 국가쇄신에 느슨했던 정권은 대중의 신뢰를 놓쳤고, 야권의 정치적 공세에 자중지란까지 겹쳐 힘없이 무너져버렸다. 문재인 정부는 기세를 몰아 개혁 드라이브를 계속 이어가고 있다. 전 정권의 비리를 단죄하고 그동안 이어져 온 제도와 정책 노선을 바꾸려는 것이다. 한·미·일 공조에 거리를 둔다든지, 중국의 사드 불만 해소, 한·일 위안부 협약의 문제 제기 등은 분명히 차별화의 결과다. 탈원전과 비정규직 해결, 최저임금 인상, 법인세 인상, 검찰의 최순실 사건과 블랙리스트, 국정원 특활비 등의 수사는 시민들의 관심을 집중시키고 지지층을 결집했다. 사회 부조리 척결 의지는 누구도 그 자체를 폄하할 수 없을 것이다. 어느 사회든 어두운 면은 있기 마련이고, 그것들을 광정하겠다는 데에 반대하면 정의롭지 않다. 그러나 그 대상과 시기 그리고 방법이 국가경영이라는 큰 명제에 얼마나 부합하는가에 있어서는 전략적인 고려가 중요하다. 물론 진영논리에서 자유로운지도 심도 있게 성찰해야 한다. 순수하지 않으면 부작용과 저항이 드세고, 개혁을 강하게 밀고 나간다고 해서 성공하는 게 아니라는 교훈을 역사는 말해 준다. 많은 과격한 개혁과 혁명은 큰 희생과 실패를 낳지 않았던가.

국가적으로 중요한 개혁의 과제는 사회적 동의를 얻기 위한 절차가 필수다. 그 합법적인 제도가 의회이며 선거다. 정부나 어떤 세력도 의회를 무시하고 독주하면 후유증만 남을 뿐이다. 정치에 대한 국민의 불신이 팽배한 상황이지만, 그래도 의회에는 대표성이 있고 토론하는 과정에서 여과되고 중지를 모을 수 있다. 미국이 그토록 복잡다단한 사회임에도 안정적으로 국정이 운영되는 이유는 정책들이 의회의 정밀한 여과를 거치기 때문이다. 문재인 정부가 추진하는 정책 중에서 찬반이 극명하게 갈리는 현안들은 신중하게 재검토할 필요가 있다. 북핵 문제에서 운전자론은 긴박한 위기에 처한 한국의 입장에서는 비현실적이다. 한반도에서의 전쟁 불가론은 당연하다. 그러나 아득한 대화의 기대에 집착하며 한·미 간에 불협화음을 빚으면 한국 안보는 스스로 설 땅을 파는 꼴이지 않은가. 전쟁의 피해를 내지 않기 위해서도 한·미는 한몸처럼 더 살갑게 머리를 맞대야 한다.

한·일 위안부 협약 폐기는 긁어 부스럼 격이라는 게 외교전문가들의 다수 의견이다. 외교적으로나 경제적으로 일본과의 갈등은 국익에 도움이 안 된다는 지적이다. 2007년 김대중·오부치 성명 이래 지속해서 개선된 한·일 관계는 2015년 소녀상 갈등 이래로 악화돼 지금은 최악으로 치달았다. 2017년 방일 한국인은 700만 명인 데 반해서 방한 일본인은 200만 명으로 기대치의 1/3도 안 된다. 국가 간 협약을 바꿀 가능성은 희박하고, 믿지 못할 나라만 됐다.

탈원전과 기존 원전의 졸속 중단은 국가산업을 고려해서 안전장치에 치중하면서 신중하게 연구해야 한다. 시민단체들의 주장에 휘둘려 서두르면 UAE 경우처럼 기술과 플랜트 수출에서 문제가 발생하고, 전력비용에서도 막대한 손실이 우려된다. 한국과 같은 지형과 기후조건에서는 태양광과 풍력발전은 비경제적이라는 전문가들의 지적이 많다.

노총이 정권 창출의 지분을 요구한 사실은 일종의 희화와 같다. 일개 이익집단이 국정을 나누자고 한다면 이는 결국 또 다른 국정농단이며, 정권의 체면까지도 깎이게 한다. 엄중한 국정의 운영에서는 포퓰리즘은 지극히 위험한 독소임을 브라질과 아르헨티나, 그리스, 베네수엘라 등이 보여주지 않았는가.

국정과 개혁의 과제들이 면밀히 검토되지 않고 일부의 주장에 좌우되든지, 진영논리에 치우치면 갈등이 격화되고 사회적 불안이 증폭된다. 사회적 불안은 필경 정치적·경제적 혼란과 후퇴를 낳는다. 그것은 곧 국력의 손실이고, 국운의 쇠퇴로 이어진다. 사회적 안정 위에서 개혁이 추진돼야 하는 이유다. 이념주의(Ideocracy) 위에 공동체주의(Commcracy)가 있고, 공동체주의(Commcracy) 위에 민주주의(Democracy)가 있다.

2017. 12. 31

❦사회는 전문성을, 전문가는 시민을 존중해야

제1차 산업혁명 이후 세계는 놀라운 속도로 전문화돼 왔다. 전문가들이 세상을 빠르게 바꾸면서 이끌었다. 전문성이 앞서가는 사회는 발전했고, 그렇지 못한 지역은 뒤처졌다. 유럽과 미국은 그 흐름을 타고 앞서갔다. 제2차, 제3차 산업혁명을 거치면서 전문화는 가속 페달을 밟아댔고, 제4차 산업혁명의 초입에 진입한 지금은 비전문가인 일반인들은 따라가기가 버거울 만큼 전문 사회는 고도화되고 어려워졌다.

전문화는 비단 과학과 기술뿐 아니라 사회의 모든 분야로 확산되었다. 군사와 경제가 그렇고, 법률이 그렇고, 문화와 스포츠 등도 그렇다. 전문가가 아니면 그 용어조차도 이해하기 힘들 지경이다. 당연한 결과로 세상에는 전문성을 중심으로 사회가 작동하는 거대한 메커니즘이 형성될 수밖에 없었다.

사회를 움직이는 거의 모든 분야가 전문화됨과 더불어 세분화되면서 전문가들도 자기 분야가 아니면 비전문가의 처지가 되었다. 그러니까 사회구성원의 대부분이 전문가이면서 동시에 비전문가인 셈이다. 경제전문가가 정치인이 되었다면 그는 정치적 프리즘으로 경제를 보기 때문에 이미 순수한 경제전문가로 분류할 수 없다. 그 정치인은 해당 전문가의 도움을 받아야 양질의 경제 정책을 수립할 수 있다. 전문성은 그만큼 특정지워졌고, 중요해졌다. 사회가 제대로 발전하려면 그러한 현장의 전문가들을 존중하고 전문성을 중심으로 전진토록 해야 하며, 전문성 간의 충돌이 우려되면 사회적 조정이 필요할 것이다. 여기에 국가의 미래를 여는 동력이 싹틀 수 있는 토양이 기름질 것이다.

전문가들이 오만과 횡포에 빠진다면 특혜를 누리는 만큼 더욱 심각한 해악을 빚는다. 존중과 책임은 동전의 앞뒤와 같다. 그 책임은 사회에의 도덕심이며 시민에의 존중이다. 사회는 전문성을 존중하고 전문가들은 시민을 존중하면 된다. 전문가들은 존중받는 만큼 정의로운가를 끊임없이 스스로 성찰해야 한다. 물론 시민을 존중하지 않고 일탈하는 경우를 예방하고 규제하는 도덕적·법률적 규범 체계는 준엄해야 할 것이다.

요즈음 한국에서 시민사회의 기세가 오르고 목소리가 커지면서 상대적으로 전문가들의 위상이 폄하되는 양상이 눈에 띄게 나타난다. 시민단체나 노동조합, 지역대표 등의 주장이 민주주의를 내세우며 전문성을 압도하기도 한다. 탈원전의 결정 과정에서도 시민의 참여가 중요한 몫과 변수가 되었다. 비전문가들로 구성된 공론화위원회가 이러한 중요한 정책 결정을 진행하는 것이다. 시민의 정책과정 참여 형태는 앞으로도 확대하겠다는 정부의 의도를 고위층이 밝히기도 했다. 저울추의 환치가 예상된다. 우려되는 점은 비전문가들이 민주주의라는 명분으로 전문분야의 중요한 결정을 좌우하는 사태다. 그것은 아무리 세간의 분위기를 반영하고 공평성을 고려한다 하더라도 분명히 기존에 발전시킨 제도에 제동을 걸어 앞서가려는 기세에 브레이크가 될 수 있기 때문이다.

민주주의는 국가와 사회에 가장 중요한 가치이고 이념이다. 그러나 그 방법에 있어서 사회가 발전시켜온 시스템과 거버넌스가 손상, 또는 후퇴하지 않도록 유의해야 하며 더욱이 전문성이 약화돼 세상을 약진시키는 예각이 무디어지게 해서는 곤란하다. 오히려 사회가 발전함으로써 시민들이 그 혜택을 향유하면서 자유와 평등, 정의를 구가할 수 있어야 한다. 사회가 뒤지면 시민들은 궁색해진다. 사회의 도약을 선도할 전문성이 활발하게 자랄 수 있도록 북돋아 주고, 전문가들은 사회성을 깊이 인식해서 발전적이고도 정의로운 방향을 세우도록 하는 환경조성이 오늘의 현실에서 뜨거운 명제다.

2017. 9. 23

❧북핵에 대한 발상의 전환

북핵 문제가 한국에 심각한 안보 불안을 안겨주고 있고, 미국과 일본에게도 적잖은 우려를 던지는 상황까지 온 것은 한·미가 이에 대한 수세적인 대응에만 급급했던 전략적 미숙에도 그 책임이 크다. 한국과 미국은 2003년 북의 2차 NPT 탈퇴 이후 핵 개발을 뻔히 우려하면서도 북의 끈질긴 실험에 수동적으로 대처했고, 사후약방문격으로 일이 터진 뒤에야 비난하면서 제재수단을 내놓는 등 줄곧 뒷북만 치곤 했다.

북한과 같은 공산주의 독재자들은 절체절명의 상황이 아니고서는 절대로 양보하지도, 포기하지도 않았고 불리하면 대화하는 척하다가 다시 공격하는, 이른바 '담담타타(談談打打)'의 교활한 전술을 보여 왔다. 더구나 그런 상황에서 핵과 같이 그들의 사활이 걸린 문제, 딛고 일어설 유일한 발판으로 삼는 목표를 소극적 대응이나 일정한 타격을 주는 제재 또는 유화적인 당근으로 풀려던 전략은 허망한 결과를 낳았음이 이제는 명백해졌다.

몰래 핵을 개발하는 북과의 정상회담, 연평도가 공격을 받아도 적절한 응징도 못한 무기력, 오바마 미국 정부의 '전략적 인내' 등은 재론하기도 무의미한 패착이었다. 요새 주목되는 '도발하면 즉각 보복'식 작계나 적의 미사일 공격을 선제 요격하는 킬 체인(Kill Chain), 미국과 연계된 한국형 미사일 방어체계 KAMD, 고고도 미사일 방어 체계 THAAD, B-2나 B-1B, B52 등도 요격, 내지 공격용 군사 장비이지 핵을 근본적으로 막고, 제거할 수는 없다. 올해 북의 잦은 실험으로 그들의 민낯이 더

드러나자 지도부의 초토화가 포함된 3단계 K 전략이나, 미국의 전략 핵무기의 한반도 재배치, 북핵의 선제타격론 등이 거론되는 것은 그 언급 자체로도 뒤늦게나마 북을 긴장시킬 것이다. 중·북 밀거래 무역창구였던 홍샹그룹의 고발과 북과 거래한 제3국 금융기관에 대한 Secondary 제재, 북의 비밀거래의 통로였던 조선항공의 조사 등 최근 미국의 전방위적인 압박에도 북한은 심하게 고통스러워할 것이다. 그러나 그런 조치들이 과연 김일성이 깊이 심어 놓은 핵 개발의 오랜 뿌리까지 뽑을 수 있을지는 가시적이지 않다. 북핵은 북이 스스로 절벽의 위협을 느끼고 자포하기 전에는 쉽게 풀리지 않을 숙제이기 때문이다. 지금 필요한 것은 보복할 힘의 쇼잉이 아니라 북의 결심을 끌어낼 명시적인 의지의 표현과 북이 넘지 못할 마지노선(Red Line)의 제시다. 만약 북한이 6차 핵실험의 강행이나 미사일과 수중발사함 SLBM을 더 발전시키려 한다면, 북의 관련 시설을 초토화하고 국제사회에서 완전히 고립시켜 이라크의 후세인 정권 처지가 된다는 실효적인 결의를 들이대면 북을 굴복시킬 수 있을 것이다. 중국이 북의 석탄을 금수하고 석유의 제공을 끊는 식의 위협도 가능성이 높다. 주민을 대상으로 한 대대적인 역체제 홍보전략도 주효할 것이다.

북의 핵은 이러한 강공에 의해서만 중단되는 고질적인 성질의 난제다. 북을 자극하지 말자는 견해가 있으나, 국민의 안녕이 걸린 핵을 두고 가상의 전쟁을 벌이고 있다는 인식이라면 그런 판단은 옳지 않다. 전쟁을 벌일 능력도 없는 북에게 끌려다니는 어처구니없는 일은 더는 설득력이 없다.

분위기는 매우 우호적이고 무르익었다. 미국과 일본은 더없이 적극적이며, 국제사회의 지지도 절대적이다. 중국과 러시아도 북의 핵무장은 원하지 않는다. 북핵의 해체 없이는 한국에는 평화가 없다는 결기로 올코트 프레싱(전면 강압 수비), 총력 외교를 펴야만 실마리가 풀릴 것이다. 한국전쟁 당시 유엔(UN: United Nations)에서 벌인 장면 팀 같은 절실한 입장이 돼야 하며, 대통령의 전용기는 쉴 사이가 없어야 한다. 국가의 안위처럼 중요한 일이 어디에 있는가. 물론 강경 모드가 꼭 대화의 창을 잠근다는 뜻은 아니다. 오히려 소프트 파워는 동력을 얻게 될 것이다. 투 트랙으로 분리된 접근법을 펼친다는 철칙 아래 안보 태세는 전시상태에 준해 확고히 하되, 인도적인 순수한 주민 후생의 측면에서는 과감하게 열린 자세로 임한다면 곤궁에 처한 북은 필경 반응할 것이다. 효험을 잃은 5.4 조치와 개성공단 문제도 재고할 시점이 왔다. 이는 자연히 내부의 화합에도 도움이 될 것이다.

북핵에 대한 발상의 전환은 통일의 길에도 닿아 있다. 북핵의 긴장을 푸는 과정에서 한국에 유리한 국면은 활용하기에 따라 민족의 장래를 여는 열쇠가 될 것이다. 높아지는 한국의 위상과 주변의 국제정치적 역학관계, 국제사회의 우호적인 분위기가 그런 가능성을 암시해 준다. 비스마르크와 콜(Helmut Kohl) 총리의 통독에는 자체의 단단한 국력과 함께 주변 세력의 협조를 끌어낸 빼어난 외교력이 주효했음은 한국의 현 상황에도 값진 귀감이 된다.

2016. 10. 3

막다른 골목에 선 북한의 선택

　모든 싸움은 끝이 있기 마련이다. 하물며 강자와 약자 간의 힘겨루기가 한없이 계속될 수는 없는 노릇이다. 이제 북한과 초강대국 미국이 이끄는 국제사회와 벌여온 북핵 분쟁도 긴 터널의 출구가 보인다.

　북한의 선택은 두 가지다. 하나는 끝까지 버텨서 핵보유국이 되는 험난한 곡예이고, 다른 하나는 핵 포기를 전제로 협상에 나서는 넓은 길이다. 미국과 북한의 입장을 단순화해 보면 그 중간책은 없다는 것을 알 수 있다. 남·북 접촉과 정상회담, 미·북 회담 등은 절차와 과정이고, 핵의 일시적 동결(Moratorium)이나 한·미 군사훈련 연기 등은 비본질적인 가지일 뿐이다. 핵 보유를 이유로 한반도에서 힘의 우위를 누리겠다는 북한의 허망한 꿈은 미국의 역린을 건드린 탓에 역공을 당해서 깨어지기 직전이다. 미국은 완전하고도 검증 가능하며, 돌이킬 수 없는 비핵화(CVID)를 전제하지 않으면 테이블에 앉기조차 거부하겠다는 원칙에 흔들림이 없다. 평창에서의 남·북 접촉 이후 문재인 대통령이 트럼프(Donald Trump) 대통령과의 통화에서 대화의 문턱을 낮춰달라고 요구하자 그는 비핵화가 없는 대좌를 완강하게 거부했다. 미국은 주적이 된 북한의 미사일과 핵이 본토까지 위협하는 것을 절대 용납할 수 없다는 태세다. 핵을 빌미로 적화통일까지 넘볼 가능성을 제거한다는 점에서 남한에게는 천만다행인 일이다.

　북한은 또 다른 고난의 행군에 들어섰다. 주민들의 빈곤은 지극히 심화되고, 통치 수단이자 최강의 선전 매체인 〈로동신문〉의 발행 부수까지 줄여야 했다. 지난해에는 최대의 수출 품목인 석탄 생산량이 39%나 축소됐으며, 유일하게 매달리는 중국 수출이 66%까지 줄어든 것으로 알려졌다. 더 심각한 것은 계속된 미국과 유엔의 제재로 이제부터 더 견딜 수 없는 경제적 발작이 예상된다는 것이다.

　강경 일변도의 트럼프 대통령이 더 참기 어려운 제2의 규제를 명시적으로 공언했고, 해상 봉쇄와 완벽한 제3자 제재(Secondary Sanction)가 가시권에 들어와 있다. 더욱 혹독한 제재로 북한을 기아의 섬 안에 고립시킨다는 고사작전이다. 미국이 첨단 전략무기와 항모를 전개하여 대규모 무력시위를 벌이고, 참수 작전, 코피 작전, 코마 작전 등이 회자됨으로써 신변에 위협을 느낀 김정은의 동선은 지극히 제한적인 것으로 알려져 있다. 이런 상황에서 북한은 생존을 고민해야 하는 곤혹스러운 처지가 된 것이다. 핵 개발에 대한 근본적인 재검토를 피할 수 없었을 것으로 보인다. 북한의 핵에 대한 태도 변화는 김정은의 신년사와 평창올림픽에 대표단을 파견하면서 감지됐다. 김여정의 방남(訪南)과 남·북 정상회담 제의는 핵 보유를 강하게 밀고 나가는 와중에는 나올 수 없는 유화책이다. 남한을 우회적으로 활용하겠다는 의도였다. 아직도 비핵화는 뜨거운 감자지만, 대화의 신호 자체가 어렵고 급격한 선회의 신호다. 정의용 청와대 국가안보실장을 단장으로 하는 설훈 국정원장 등의 방북 특사단이 근본적인 해결책을 들고 돌아올 가능성은 아직은 이르고 희박하다. 그러나 비핵화를 비롯한 모든 문제를 의제로 다루자는 데에만 의견을 모아도 일단 협상은 시작된다. 미국도, 북한도 대화를 전면 거부할 상황이 아니기 때문이다.

북한은 뾰족한 나무 꼭대기에 위험하게 앉아 있는 형국이므로 아무리 감추려 해도 난국을 뚫어야 하는 긴박함 속에 속을 끓이고 있음이 역력하다. 미국은 한국 정부가 무력 사용을 반대하고 있을 뿐 아니라 국내·외적인 사후 후유증도 걱정하는 상황이며, 북한이 공격받으면 자동으로 개입하게 되어 있는 중국의 압박도 걸릴 것이다. 중국이 미·북 분쟁에 개입하면 수출로 일어선 중국 경제는 물론, 세계 경제도 혼란에 빠진다. 미국은 지구촌 리더의 입장도 고려해야 하며, 최근에 불거진 러시아와의 핵확산 신경전과 날로 굴기하는 중국의 견제도 의식해야 한다.

세계의 관심을 끌 북핵 회담은 미·북 회담이 되든, 남·북·미 3자 회담이 되든 지리한 밀고 당기기가 오래 계속될 것이 뻔하다. 그러나 결국 그 종착역은 비핵화가 될 것이다. 미국은 경수로를 건설하던 제네바 협의를 북한이 1997년에 파기한 전철을 들어 완벽한 보장을 요구할 것이며, 북한은 핵보유국 지위를 보장받으려 버티기식 몽니를 부릴 것이다. 다행히 중국과 러시아가 한 테이블에 앉지 않는다면 비핵화로의 결론 도출 가능성은 커진다. 힘의 규모와 기술에서는 하룻강아지와 범의 싸움인 만큼 미국의 의도대로 비핵화로 가되, 북한의 안보와 경제적 지원을 한·미가 약속하는 방향이 큰 그림이다.

북한이 주장하는 핵보유국 지위와 미국이 주장하는 북한의 완전한 비핵화를 어떻게 접점을 찾아 충족시킬 것인가? 협상은 주고받는 것이다. 난제를 풀려면 그만한 희생이 따른다. 회담장 안에서도 치열한 다툼과 타협이 일어날 것이다. 또한 예상치 못한 방책도 튀어나올 수 있지만, 지금까지 양측에서 나온 주장을 추려서 대체적인 시나리오를 유추해 볼 수는 있다.

• 북한은 핵확산금지조약(NPT: Non-Proliferation Treaty)에 다시 가입하고, 핵을 살상 무기가 아닌 평화적 용도로 모두 바꾸어서 국제원자력기구(IAEA)의 철저한 감시를 받는다.

• 소요되는 모든 비용을 지원받고, 개발비도 일부 보상받는다.

• 한·미는 키 리졸브(Key Resolve) 훈련은 유지하되, 병력과 장비가 동원되는 독수리 훈련은 유보 또는 축소한다.

• 미·북 평화협정을 체결하고, 5.4 조치를 해제하여 개성공단과 금강산 관광사업, 이산가족 상봉을 재개한다.

• 북한에 대한 보상은 국제사회에서 따로 협의한다.

• 북한이 이러한 협약을 번복할 수 없도록 단단한 장치를 둔다. 빈 회의 당시 "회의가 진척은 없고, 춤춘다."는 말이 있었듯이 국제 협상은 어렵고 난해한 고차방정식이다. 국가들의 명운이 걸린 회담이 순조롭게 풀릴 리는 없겠지만, 남·북·미 세 나라가 모두 오랫동안 시달려 왔고, 이제는 견디기 어려운 레드 라인에 서 있는 만큼, 해결의 실마리를 찾지 않을 수 없다. 북한이 패망하지 않기 위해서라면 타협을 선택해야 한다. 북핵의 긴장이 극에 달했음은 역설적으로 결말이 가까워졌음을 알리는 징후다.

　호랑이의 등을 타더라도 한국은 정신을 차려야 할 사항이 있다. 북핵문제의 해결이 미국의 관점에서만 논의되고 한국의 안보가 조금이라도 소홀하게 다뤄지면 안 된다는 점이 바로 그것이다. 또한 한·미 관계가 벌어지지 않도록 해야 하며 한미 동맹에 추호라도 금이 가서는 곤란하다. 아울러 경제적으로 한국의 부담이 크지 않도록 외교력을 최대한 발휘해야 하는 등의 일들이 대통령을 비롯한 외교안보팀에게 주어진 무거운 짐이다.

2018. 3. 4

북한을 어떻게 다룰 것인가

클레오파트라(Cleopatra)와의 달콤한 사랑에 빠져 조국을 등진 안토니우스(Marcus Antonius)는 처남인 옥타비아누스(Octavianus Gaius Julius caesar)의 로마 함대에 패배해 자살했다. 춘원 이광수는 조국 독립에 역행하는 일본의 학도병 자원을 독려했던 대가로 해방 후 사찰로 피신해 있다가 하산해 효자동 자택에서 요양하던 중 납북돼 비참한 최후를 맞이했다. 나폴레옹 정권은 빈 체제를 깨고 기세등등하게 팽창하려다 러시아와 워털루에서 무너졌고, 히틀러(Adolf Hitler)는 베르사유 협정을 어기고 세계를 뒤흔든 참혹한 전쟁을 벌이다가 자폭했다.

개인이든, 국가든 배반의 징벌은 혹독하다. 물리적인 형벌은 물론이거니와 보이지 않는 타격도 크고 깊다. 견디지 못하고 자멸의 길을 걸을 수밖에 없었던 예는 역사 속에 수두룩하다.

북한은 1985년 핵확산금지조약(NPT)에 서명했고, 1992년에는 국제원자력기구(IAEA)와의 핵안전조치협정, 1994년에는 원자로 건설 등을 지원받는 제네바 합의를 체결했다. 그러나 이 모든 국제사회와의 엄중한 약속을 헌신짝처럼 저버리고 핵 실험을 강행함으로써 지금 지구촌의 공분을 사고 몰매를 당하는 것이다.

북한은 국가로서의 기능이 가물가물하도록 허약하다. 유엔의 제재로 대외활동은 옴짝달싹도 못 할 정도로 제한적이고, 경제는 세계의 바닥 수준이다. 남한의 1인당 국민소득이 3만 달러에 육박하고 있고 후발국 중국도 1만 달러를 바라보고 있는데, 북한은 겨우 1천 달러 남짓이다. 주민들의 궁핍이 오죽하겠는가. 그 정도의 국력으로는 치열한 국제 경쟁에서 버티기 힘든 수준이고, 정상적인 나라로서 인정받기도 어려운 지경이다.

북한은 핵탄두 미사일 한 대의 보유에 성공했을까 말까 하는 상태에서 5,000대를 보유하고 있는 미국을 적으로 삼고 있다. 상대도 안 되는

데 바락바락 싸움을 건다. 2003년 이라크는 두 달 만에 초토화됐지만, 그 후로 15년이 지난 지금은 IT의 발전으로 인해 미국의 전력은 놀랍게 더 고도화됐다. 미국이 핵 투하는 고사하고 항공모함과 전략 전투기로만 집중적으로 타격해도 순식간에 섬멸될 지경임에도 불구하고 북한은 오히려 으름장을 놓고 있다. 이런 북한을 어떻게 다룰 것인가.

현실적으로 국가의 형태를 갖추고 있는 상대를 무시해버릴 수는 없다. 그러나 상대가 어떤 실체인가를 냉철히 인식하고 그 바탕 위에서 정교하게 짜이는 전략은 그렇지 않은 입장과는 전혀 다르다. 상대를 파악한 입장은 당연히 우위에서 주도해야 하고 베푸는 자세여야 한다. 물론 남한의 기본적인 체제와 국민의 여망을 손상시키는 일은 결코 용납될 수 없다.

평창올림픽에 북한이 참가하기를 요청하기 위한 남·북의 협의에서 참여 자체를 끌어낸 점은 평가할 만하다. 또 한반도기의 사용과 아이스하키의 단일팀 구성 문제, 마식령의 훈련은 많은 논쟁을 일으켰지만, 이미 루비콘강을 건넜다고 치자. 그러나 한·미 합동군사훈련을 연기해 준 마당에 평양의 도발성 군사 퍼레이드를 막지 못하는 미약함과 핵 중단 논의를 올림픽 참여의 전제로 관철하지 못한 점, 그리고 선전을 노린 북한 예술단의 대규모 공연을 허용한 일은 분명히 협상의 미숙이었다. 그들의 최고 '존엄'이 제기해서 달려든 협의에서 목마른 쪽에 끌려간 형국이다. 북한의 의도는 북핵을 위한 시간 벌기와 남한과 국제사회의 흔들기임이 뻔한데, 남측은 대화 자체를 튼다는 데에만 급급했다. 이 때문에 얻은 것보다 내준 게 더 크고 많았다. 문제는 가장 심각한 현안인 북핵 문제에는 접근도 못하면서 한·미 간에 전략적인 접근방식의 미묘한 차이를 보인 것이다. 기본적으로 미국은 제재를, 한국은 대화를 견지하고 있음이 양국 고위층의 언어에서 뚜렷이 나타나고 있다.

남·북 관계와 북핵 해결에 있어서 한·미 간의 공조는 한국 안보의 대뇌이자 척추다. 세세한 정보로 짠 작전을 공유할 뿐 아니라 동맹의 존재만으로도 굳건히 버티게 해주는 등뼈다. 그 기반 위에서 막강한 군사력까지 지원해 준다. 그런 미국의 지원이 없는 한국의 안보는 위험하기 짝이 없다. 북한의 오판뿐 아니라 중국과 러시아의 잠재적 위협도 무겁다. 청와대 안보특보인 문정인 연세대학교 교수는 남·북 화합을 위해서는 한미 동맹을 거둬들일 수도 있다는 뉘앙스로 말했다가 여론의 집중포화를 받았다. 자유민주주의 국가 대한민국을 나무 위에 올려놓고 흔드는 위험한 발언이라는 지적을 많이 받은 것이다.

한국 정부가 북한을 제재하려는 트럼프 정부의 노선을 벗어나면 미국은 한국의 피해를 보호하려는 입장에서 자유로워질 수 있다. 미국은 북한의 핵탄두가 자국의 영토를 위협하지 않도록 자위권을 행사하려 할 것이며, 필요하면 군사행동을 하는 데 있어 한국을 덜 의식하게 되기 때문이다. 한국은 트럼프 대통령이 북핵 문제를 자신이 해결하겠다고 공개적으로 누누이 다짐하고 있음을 잊지 말아야 할 것이다.

북한은 평창올림픽 후에는 개성공단과 금강산 관광의 재개를 놓고 회담을 이어가려 할 것이다. 시간 끌기로 한·미 군사훈련과 동맹 관계의 파기를 지렛대로 삼을 게 훤히 보인다. 반면, 미국은 4월부터 다시 군사훈련의 제재를 강행하는 수순을 밟을 것이다. 이런 상충하는 대결에서 한국 정부는 스스로 샌드위치의 입장이 되었다. 대화도, 제재도 놓칠 수 없을 것이다. 그러나 북한의 행태와 국제사회의 역학관계, 북핵의 위험성을 인식한다면 한국의 좌표는 명확하다. 북핵의 우선적 타결 외에는 어떤 선택지도 없다. 북한이 핵 동결의 의견을 비치더라도 속으면 안 된다. 이미 북한은 약속 파기의 전력이 있고, 유불리를 따져 표변하는 '담담타타'의 술수를 쓰기 때문이다. 미국도 경계심이 높아진 국내의 여론과 국제적인 지지를 업고 철저한 핵 폐기를 강하게 요구할 것이다.

이제 북한의 선택은 두 가지 중 하나밖에 없다. 미국이 시한으로 보는 올해 상반기 안에 핵을 포기하던가, 아니면 미국과 국제사회의 혹독한 응징을 받는 것이다. 핵을 포기하면 경제적인 지원을 받고 회생할 것이고, 버티면 깊은 곤궁으로 빠져들어 간다. 북한에게는 지금 절체절명의 순간이 다가오고 있다. 한국은 이 두 가지 가능성을 놓고 큰 그림으로 바쁘게 전략을 세워야 하며, 어떤 경우에서라도 국가 안보의 견고한 기본 위에서 당당해져야 한다. 북핵의 폐기와 김정은 정권의 퇴진 후의 상황을 모두 상정하고 치밀한 프로그램을 짜야 한다.

2018. 1. 29

평창올림픽 이후의 한반도 정세

북한이 남한에 제의한 정상회담이 뜨거운 감자가 되면서 한반도의 안보는 시계가 보이지 않는 흰 구름 속으로 들어섰다. 김여정 특사가 전달한 김정은 북한 정무위원장의 평양 초청에 문재인 대통령이 '여건'을 전제로 걸어 응답함으로써 고차방정식의 숙제를 안겼기 때문이다. "여건을 만들어서 성사되도록 하자."는 대통령의 반응은 북핵이라는 난제의 해법을 찾자는 의미다. '성사'에 방점을 두면 회담에의 의지가 읽히지만, '여건'을 들여다보면 만만치 않은 벽이 보인다. 여건의 핵심인 북핵은 한국과 미국에게 무서운 파괴력을 지닌 안보적인 위협이고, 북한은 물러서지 않으려고 완강하게 진을 치고 있어서 양측에게 이 문제는 사활을 거는 문제다.

북한이 회담 자체를 고집스럽게 저울질하던 과거와 달리 정상회담을 선뜻 제의하고 나온 것은 미국의 압박과 제재에 못 견디고 이이제이(以夷制夷)식으로 남한을 공략한 것으로 보인다. 미국은 핵의 포기가 전제되지 않는 한 대화 자체를 거부해 왔고, 한국은 대화로 풀자는 유연한 입장을 견지해 왔기 때문이다. 미국은 펜스(Mike Pence) 부통령의 방한 중 북한 대표를 철저히 무시한 태도에서 보였듯이 평창 올림픽에 북한이 참여하는 문제에도 냉랭하다. 한국 정부와 북핵에의 접근방식이 차이가 있음을 분명히 나타내고 있는 것이다. 문재인 정부와 트럼프 정부 사이의 이러한 견해 차이는 남·북 정상회담의 성사에도 가장 큰 현안이 될 것이다. 지금까지의 성향으로 봐서는 한국 정부는 일단 만나서 해법을 찾자고 설득하겠지만, 미국 정부는 북의 위험한 노림수라는 강경 노선을 견지할 것이다. 문재인 정부에는 자주파의 입김이 센 만큼 가까운 시일 안에 답방 형식의 특사 파견은 예상된다. 핵 개발의 동결과 한·미 군사훈련의 연기라는 두 가지의 중단 사항을 얻어올지 모른다. 그러나 미국은 그 정도의 협상안에 만족하지 않을 것이며, 자국의 안보와 세계

지도국의 견지에서 핵의 완전 폐기를 포기하지 않을 것이다. 트럼프 미국 대통령은 지난 3일 백악관에 탈북자들을 초청한 자리에서 "평창 이후는 아무도 모른다."는 함축적인 말을 세계에 던졌다. 그리고 펜스 부통령과 메티스(James Mattis) 국방 장관, 던퍼드(Joseph F. Dunford Jr) 합참의장 등의 강경한 발언이 이어졌다. 트럼프 대통령의 "아무도 모른다."는 언급의 함의는 실낱같은 타결의 여지와 강경한 제재라는 두 가지 의미가 담겨 있다. 타결은 북한이 핵을 완전히 포기하는 것을 뜻하는데, 미국도 쉽지 않은 선택임을 알고 있을 것이다. 강한 압박은 두 가지 카드밖에 남지 않은 것으로 보인다. 그 하나는 해상 봉쇄와 함께 2차 규제(Secondary Boycott)을 바짝 조여서 북한과 교역하는 제3국의 정부와 은행, 기업을 전면적으로 차단해서 북의 경제를 고갈시키는 것이다. 김정일 생존 당시 마카오 은행, BDA에 대한 제재를 북한이 매우 고통스러워했다는 후문이다. 다른 하나는 군사적인 시위와 선제공격이다. 트럼프 행정부는 그 전 정권과는 다르게 반드시 북핵 문제를 해결하겠다며 선제공격에 대한 가능성까지 띄우면서 북한을 계속 압박해 왔다. 한·미 군사훈련도 4월부터 재개할 예정이다. 물론 그 정도의 압박으로 북한이 항복하지 않았어도 무력행사에 대한 국내·외 여론의 지지도를 높이는 효과는 계산됐을 것이다. 최근에 북한의 인권상황을 집중적으로 들추는 이유도 일종의 여론전이다. 힘의 사용에 명분을 얻기 위함이다.

북한의 핵기지를 때려 혼을 내주는 코피(Bloody Nose) 전략이 보도되고 있지만, 미국이 실력을 행사한다면 그보다 훨씬 더 강력할 것이다. 전면전까지는 아니라도 주민의 피해를 최소화하면서도 북한군의 지휘를 마비시키는 신경마비(Neuroparalysis) 전략 정도는 돼야 남한의 피해까지 막을 수 있다. 속전속결로 북한이 대항할 수 없도록 무력화시킨다는 전략이 훈련 과정에서 감지된다. 이는 최근에 미국이 한반도에 전개해서 보여준 첨단무기로도 충분히 가능하다고 여겨진다. 트럼프 대통령을 비롯한 지휘부의 언급으로 미루어보면 작전계획은 이미 세워져 있다. 미 해군 태평양 사령부 전직 지휘관은 15분 이내로 북한군을 완전히 제압할 수 있다고 장담한 바 있다.

문재인 대통령이 김여정 특사에게 "미국과의 대화에 적극 나서 달라."고 요청한 것은 비핵화를 간접적으로 요구한 것이다. 미국은 비핵화를 전제로 하지 않는 한 대화는 없다고 누누이 밝히고 있어서 대화의 선택지가 없기 때문이다. 북한이 협상에 나온다면 남·북 군사훈련은 물론, 주한 미군의 철수와 미·북 간의 평화협정, 그리고 몇십 조의 배상을 요구할 것이 뻔하다. 북한이 비핵화를 받아들여 국제원자력기구(IAEA)의 감시 아래 핵 폐기가 이뤄질 수 있다면 정상회담뿐만 아니라 미·북 협상도 급진전할 것이다. 다만 주한 미군의 철수는 한국의 안보와 미국의 아시아·태평양 정책상 타협이 불가한 사항이다.

북한 정권이 이번 올림픽을 계기로 한국 측에 파격적으로 유화책을 들고나온 배경에는 내부의 견디기 힘든 빈곤과 위기의식이라면 실낱같던 평화적인 타협이 가능하겠다는 기대를 아주 배제할 수는 없다. 그러나 그들이 핵을 포기하고 국제사회에 복귀하겠다고 발상의 전환을 결정했는지는 알 수 없다. 또한, 그들의 판을 뒤엎는 위약의 행태에 대한 경계심이 여전히 높게 퍼져 있음도 엄연한 사실이다.

2018. 2. 11

트럼프와 김정은의 제2 라운드 게임

제1 라운드는 트럼프 미국 대통령의 판정승이다. 김정은 북한 정무위원장이 남·북 정상회담과 미·북 정상회담을 제의한 것은 군사적·경제적으로 극도의 위기감에서 궁여지책으로 내민 화해의 몸짓이기 때문이다. 감춰진 노림수가 있다든지, 회담이 파탄 날 것이라는 우려가 없지 않지만, 테이블에 앉는 일 자체가 북한이 다급해서 내놓은 카드이므로 제1차 시기는 트럼프 대통령이 요구하는 비핵화로의 결말이 난 것이다. 그 결과 우선 추가 핵미사일 실험은 이미 중단됐다.

일단 던져진 카드를 되돌리기는 어렵다. 세계의 곳곳에서 여러 눈이 부릅뜨고 감시하고 있고 도로 돌아가기에는 북한의 사정이 너무 긴박하다. 만일 북한이 회담을 깬다면 가뜩이나 불량한 신용은 더 거덜 날 것이며, 미국과 국제사회의 제재가 가중돼 견딜 수 없을 지경에 이를 것이다. 북한 주민들의 생계를 유지하는 장마당은 이미 반 토막이 났고 앞으로는 경제의 발작이 일 것으로 예측된다. 김정은 위원장은 미국의 전략무기의 한반도 전개에도 과민반응을 보이는 것으로 전해지고 있다.

제2 라운드의 대회전이 어떻게 진행될지에 대해 미국 조야의 걱정과 부정적인 지적이 높게 들린다. 전직 안보 관리들과 전문가, 워싱턴 포스트와 월스트리트 저널, CNN 등 미국 언론은 북한의 표변 가능성과 핵 검증의 어려움을 집중적으로 우려한다. 북한이 1994년 제네바 협정과 2005년의 6자 회담 합의를 팽개치고 몰래 핵을 개발한 편력이 있어서 이번 사건은 더욱 의구심을 낳고 있다. 그들은 핵탄두와 미사일은 물론, 핵 원료와 재처리 시설, 기술 인력 등의 검증이 쉽지 않음을 지적한다. 또한 비밀 프로젝트 유무와 재개발 방지 장치도 걱정한다. 이는 트럼프 대통령의 정치 장래 생명과도 직결될 중요한 숙제다.

트럼프 대통령은 경세가라기보다 협상(Deal)으로 대성한 기업인 출신 정치가다. 기업인은 모든 사물을 상품으로 보고 수익성으로 판단한다. 트럼프 정부가 완전하고 검증 가능하며 돌이킬 수 없는 핵 폐기(CVID)를 공언했기 때문에, 그런 완벽한 상품이 아니면 분명히 수용하지 않을 것이다. 미흡하면 정치적 후유증도 만만치 않을 것이며, 오는 11월 중간선거에서의 악재로도 작용할 것이다. 성공하면 대박이고, 실패하면 재선도 어렵다는 것을 트럼프 대통령은 잘 알고 있을 것이다.

트럼프 대통령이 미·북 정상회담을 선뜻 받아들인 배경에는 비핵화에 대한 김정은 위원장의 양해가 전달되었음이 감지된다. 공개적으로는 김정은 위원장이 한반도의 비핵화가 선대의 유훈이라고만 표현했지만, 그 정도로는 트럼프 대통령의 빠른 결단을 끌어내기에는 부족했을 것이다. 정의용 특사가 트럼프 대통령에게 전달한 김정은 위원장의 은밀한 메시지가 무엇인지는 알려지지 않았으나 매우 진전된 제안임에는 틀림없다. 회담 장소는 김 위원장이 방북을 초청했지만, 평양 방문은 트럼프 대통령에게는 부담스러울 것이며, 남·북 정상이 만나는 판문점이나 제3국이 유력한 것으로 보인다. 김정은 국무위원장은 나라를 통째로 쥐락펴락하는 통치에 길들여진 인물이다. 35살의 젊은 나이에도 '수령에게는 실수가 없다'는 식의 절대적 통제력을 움켜쥐고 있다. 마음만 먹으면 예상치 못한 놀라운 패도 구사할 수 있다. 그의 발등에 떨어진 난제는 굶주림에 고생하는 주민들과 지지 세력을 다독이는 일 그리고 안전의 불안을 해소하는 일이다. 그걸 담보하기 위해 어떤 묘수라도 던질 수 있다.

김정은 위원장이 비핵화의 대가로 요구할 리스트는 북한의 지속적인 주장으로 미루어 보아 이미 대충 알려져 있다. 한·미 군사훈련의 중지와 주한 미군의 철수는 북한이 줄곧 주장해 왔던 사항이었으나, 정의용 특사의 전언으로는 김정은 위원장이 통 크게(?) 양해한 것으로 알려졌다. 한국과 미국에게는 한·미 동맹의 주요한 장치이므로 결코 양보할 수 없는 것이다. 김정은 위원장은 대신에 북한에 대한 각종 제재를 풀어달라고 요구할 것이다. 이 문제는 비핵화의 진전에 따라 수용하는 데에 큰 문제는 없을 것이다.

북한이 가장 중점을 둘 요구 중 하나는 미국과의 수교일 것이다. 미국과의 수교가 이루어지면 적대관계가 해소되고 국제사회가 북한의 안전을 기본적으로는 담보하게 된다. 또한 부수적으로 정전협정이 평화협정으로 바뀔 수 있다. 북한으로서는 천지개벽이고 무려 65년 만의 변화가 될 것이다. 북한은 체제 붕괴를 두려워하지 않고 경제 살리기에 몰두할 수 있다. 김정은 위원장이 내부통치에 자신이 붙었다면 못할 일도 아니다.

북한의 다른 요구는 보상과 지원에 집중될 것이다. 김정은 위원장의 스타일과 북의 형편상, 예상보다 큰 규모의 요구가 나올 것으로 회자된다. 트럼프 대통령의 미국 우선이라는 국내 정치적 입장으로 미루어 보면 상당한 수준을 한국에 떠넘길 가능성이 높다. 물론 주변 당사국들과의 협의가 진행되겠지만, 제네바 협의를 복기하면 한국의 부담은 만만치 않을 것이며, 야권과의 협조 체제가 미흡해 국내의 설득에 어려움이 적지 않을 것이다. 한국은 북핵 분쟁이 미국에게도 큰 위협이 된 만큼, 트럼프 대통령이 책임을 회피하지 않도록 외교력을 극대화해야 한다.

문재인 대통령은 법률가 출신이어서 합리성에 익숙하면서도 대중의 정치에 힘입어 집권했다. 그런 면면으로 보아 김정은 위원장과 대좌할 때 북한에 대한 국제 제재가 유지되는 상황을 의식해서 무리하게 획기적인 제안을 내놓고 합의할 가능성은 적어 보인다. 우선 비핵화에 대한 의견 접근에 몰두하면 될 것이다. 그리고 이에 더하여 남·북 정상회담의 정례화에 합의하면 추후에 많은 일을 논의하고 진전시킬 수 있을 것이다. 미·북 합의와 김정은 위원장의 개방적인 태도에 따라서는 장차 북한의 인프라 건설과 철도 연장, 각종 기술지도 등도 대상이 될 수 있다.

박왕자 사건에 대한 김정은 위원장의 유감 표명을 얻어내고 5.4 조치의 매듭을 푸는 데 합의할 수도 있을 것이다. 5.4 조치가 풀리면 금강산 관광과 개성공단은 재개의 계기를 맞고 이산가족 상봉도 다시 시작될 것이다. 다만, 지극히 유의해야 할 점은 북한이 북핵의 해결을 계기로 남한의 남·남 갈등을 꾀하려는 대남 전선을 강화할 가능성과 남한 내부에 박힌 종북 세력의 준동이며, 이에 대해서는 높은 경각심을 가져야 한다.

북핵 분쟁의 매듭은 정상회담이 열린다고 일거에 풀릴 쉬운 문제는 아니다. 그러나 실무회담을 통해서 각론부터 따져나가는 형식이 아니라, 다행히 최종 결정권자들이 만나 정치적으로 굵게 타협하는 하향식 (Top Down)이어서 예상외로 빠르게 진전될 수도 있다. 한·미 정상회담과 미·북 정상회담에 세계와 국민의 기대가 쏠려 있다. 앞으로 두 달은 한국의 안보와 경제 그리고 미래에 중요하기 짝이 없는 포석의 시기가 될 것이다.

2018. 3. 11

판문점 선언은 실현돼야 빛난다

문재인 대통령과 김정은 국무위원장이 어제 하루 처음 만나서 내놓은 합의들은 세계를 놀라게 할 만큼 획기적이다. 공동발표된 판문점 선언에 담겨있는 13개 조항은 그 하나하나가 오랜 시일에 걸쳐 협의해도 결론을 내기가 힘든 난제들이었다. 그런 문제들의 합의를 한꺼번에 쏟아낼 수 있었던 것은 그만큼 양측의 입장이 뜨겁고도 긴박했고, 숙원이었으며, 상황이 무르익었음이 반영된 것이다. 또한, 정상들의 비전과 의지가 강했고 최고지도자들에 의한 하향식(Top Down) 결정이었다는 점도 도움이 되었다고 본다. 가장 중요한 의제는 한반도의 비핵화 문제였다. 판문점 선언은 완전한 비핵화를 통해 핵 없는 한반도를 실현한다는 공동 목표를 확인하고, 북측의 조치들이 의의 있고 중대한 조치라고 인식했다. 또 앞으로 각기 자기의 책임과 역할을 다하기로 했다. 이는 비핵화를 실현한다는 기본입장을 포괄적으로 확인하는 선언적 의미가 있다. 그 취지대로만 실천하면 북핵 문제가 평화롭게 해결될 수 있을 것이다. 그러나 자세히 들여다보면 과거 북한의 주장을 되풀이한 것에서 별로 진전이 없고, '목표'라는 느슨한 어휘를 사용함으로써 강한 해결 의지에 미치지 못하며, 그 실천 방법이 구체화되지도 않았다. 또 양측이 함께 책임과 역할을 하자고 함으로써 북의 책임 회피의 여지와 트집 가능성을 열어주었다. 북한이 제네바 합의 등 두 번이나 국제사회와의 약속을 깨면서 누락된 부분의 추가 사찰을 거부하고 네 탓으로 돌린 과거의 변절도 있지 않은가.

김정은 위원장은 비핵화라는 의제에서 세부로 들어가지 않았는데 이는 트럼프 대통령과의 담판에서 구체적인 협상을 하려고 히든카드를 남겨둔 것으로 보인다. 앞으로 그는 체제 보장과 보상 요구 등의 첨예한 협상에 대비할 것이다. 30여 년 동안 개발한 핵을 쉽게 포기하지는 않을 것이 뻔하지 않은가. 어차피 미·북 정상회담 전의 사전 준비과정에서 상당한 밀고 당기기가 벌어질 것으로 예상되지만, 트럼프 대통령의 강경한 태도로 보아 과감한 판단이 아니고서는 타협이 불가하다는 현실을 김정은 위원장도 파악하고 있을 것이다.

판문점 선언에서 양측은 한반도의 평화체제를 구축하기 위하여 정전상태를 종식시켜 올해 안에 종전협정을 평화협정으로 바꾼다는 원칙에 합의하고, 평화체제를 위해 남·북·미의 3자 정상회담, 또는 중국을 포함한 4자 회담을 추진하기로 했다. 한반도에서 휴전을 종전으로 바꾸고 더이상 전쟁이 없다고 선언하는 것은 한민족뿐만 아니라 지구촌이 원하는 평화의 정신이다. 당연히 남한의 온 국민은 물론 북측의 주민들도 환호할 일이다. 이 방안도 북한이 계속 요구했던 체제보장의 한 모양새로써, 주한 미군 철수 등의 숨겨진 주장이 나올지 모른다. 물론 이 문제도 정전협정의 당사국인 미국과의 협의에서 진전될 수 있으며 미·북 간의 관계개선 방안과도 연계돼 있다.

남·북한의 두 정상은 상호불가침 합의를 확인하면서 단계적 군축도 실현해나가기로 했다. 또 지상과 해상, 공중을 비롯한 모든 공간에서 군사적 긴장과 충돌의 근원이 되는 일체의 적대 행위를 중지하기로 하고, 다음 달부터 군사분계선 일대의 확성기 방송과 전단 살포를 중단하며, 비무장지대를 평화지대로 조성하기로 했다. 두 정상이 이번 회담에서 표방한 평화, 번영, 통일이라는 명제에 뜻을 같이한다면 당연히 취할 선결 조치다. 다만 이는 북의 비핵화가 전제돼야 뒤따를 수 있는 군사적 대치의 완화임은 틀림없다. 남·북 간의 군사적 대립과 충돌을 막기 위해 다음 달에 장성급 군사회담을 열기로 한 것은 중단됐던 회담의 복원이지만, 북이 그동안 미온적이었던 점을 돌이켜보면 어떤 상황에서든 돌발적인 충돌의 예방 차원에서 유익한 일이다. 그리고 남·북 정상 간의 직통전화 활용을 재확인했다는 점도 앞으로의 대화를 진전시키는 데 도움이 될 것이다. 더 나아가 정상회담의 정기화와 올가을에 있을 문재인 대통령의 평양방문에 합의한 일은 남·북 화해와 경제적 협력을 위해 매우 전향적이다. 문재인 대통령이 평양을 답방한다면 그만큼 남·북 간의 신뢰는 쌓일 것이며, 북의 도로와 인프라, 플랜트 건설 등에 대한 남측의 투자방안이 필연코 논의될 것으로 보인다.

판문점 선언은 개성에 연락사무소를 설치하는 데 합의함으로써 개성공단의 재개에도 희망을 주었다. 남·북 철도의 개통에도 청신호를 밝혔으며 금강산 관광에도 폐쇄의 빗장이 풀릴 수도 있다는 예상을 낳았다. 또한, 과거 두 차례의 남·북 정상회담에서 합의한 남·북 협력안도 재추진할 명분을 살렸고, 남·북 이산가족의 상봉도 희망적이며, 2018 아시안 게임의 공동참여에도 합의를 보았다.

그러나 이 모든 합의와 희망들은 미·북 정상회담에서 김정은 위원장과 트럼프 대통령이 비핵화를 확실하고, 검증 가능하며, 되돌릴 수 없게 (CVID) 합의하느냐의 여부와 운명을 같이한다. 만일 불행히 미·북 협상이 결렬되면 사태는 또다시 걷잡을 수 없이 파국으로 치닫고 북핵 긴장은 더 고조될 것이다. 그렇게 된다면 국제사회의 북에 대한 제재도 강화될 것이며 남·북 합의도 물거품이 된다. 다행히 김정은 위원장이 문재인 대통령을 만나 과거로 되돌아가지 않게 하자고 강조했으니 미·북 정상회담에서 북핵이 타결되고 한반도에 평화가 다져지게 되리라는 기대를 갖는다.

김정은 위원장이 올해 들어서 남·북 정상회담과 미·북 정상회담, 그리고 북·중 정상회담을 하는 등 은둔의 틀을 깨고 파격과 특단의 행보를 보이는 데는 북한이 타개해야 하는 난국의 심각성이 도사리고 있다. 미국을 비롯한 국제사회의 강력한 제재와 무력시위로 신변과 체제에 위협을 느끼고 주민들도 견디기 힘든 빈곤에 처해 있기 때문이다. 김 위원장은 이런 상황에서 선택의 여지가 없다. 대립하면 파국이고 협조하면 지원을 받는다. 판문점에 북한의 수뇌부가 총출동해서 공을 들이는 모습과 표정에서 그들의 힘든 처지가 읽힌다. 김정은 위원장의 갈 길은 하나다. 북핵을 포기하고 중국처럼 국제사회에 동참함으로써 지원도 받고 시장도 개선하는 일이다. 그러면 경제적 발작을 이기고 안심하고 그들의 이른바 '경제 강국'이 되도록 어젠다를 돌릴 수 있다. 그것이 곧 판문점 선언이 효력을 얻고 빛나는 길이기도 하다. 물론 한국도, 미국도 그리고 북한도 평화와 안정과 번영을 위한 새로운 국면을 맞게 되는 길이다.

2018. 4. 28

주한 미군 철수론의 유독성

애치슨(Dean Goodenham Acheson) 미 국무장관이 1950년 1월 12일 미 상원 외교위원회 비밀회의에서 미국의 극동방위선은 타이완 동쪽에서 오키나와까지로 이어진다고 밝힘으로써 한국과 타이완, 인도차이나가 제외됐다. '애치슨 라인'의 설정이었다. 이는 미국이 이 지역에서 완전히 손을 뗀다기보다는 직접 개입을 피하고 자국들이 방어에 대한 노력을 벌이는 동안 유엔을 통해 지원한다는 포석이었다. 그런데도 이는 김일성의 오판을 불러 5개월 후, 엄청난 비극을 낳은 남침의 구실이 되었다.

주한 미군의 철수론은 그보다도 더 심각한 파급효과를 낳을 유독성이 있다. 주한 미군은 한미 동맹의 린치핀이며 한국 안보의 보루이자 미국의 아시아 전략의 전초이기 때문이다. 주한 미군은 애치슨 라인처럼 해상 위의 보이지 않는 선(線) 정도가 아니라, 강력한 군사력의 실제 주둔에 의한 억지력이다. 미군 2만 8천 5백여 명의 한국 주둔은 한반도와 동북아의 안정을 틀어쥐고 있는 상징적인 안전핀이다.

주한 미군은 한국전쟁 당시에 국군이 낙동강까지 밀려 한국의 운명이 백척간두에 처했을 때 나타난 구원투수였음을 우리는 잘 기억하고 있다. 그 후에도 북한은 물론이거니와 소련과 중국 등 북방 공산주의의 팽창을 막아주는 든든한 방패와 핵우산이 돼 한국의 번영을 담보했음도 잘 알고 있다. 지금도 주한 미군이 한국에 상주함으로써 유사시에는 세계 최강의 미국이 자동으로 개입하게 돼 있지 않은가. 만일 한국군이 자위 능력을 충분히 갖추지 못한 상태에서 조기 경보시스템과 전술핵, 전략무기 등 최첨단 무기를 활용할 수 있는 미군이 한반도에서 소개(疏開)하면 한국의 안보는 그만큼 약화된다. 더구나 북핵이 어디로 튈지 모르는 불확실한 상황에서 누구를 위하여 주한 미군을 철수하란 말인가? 북핵 문제가 심각성을 날로 더해 가다가 다행히 남·북 정상회담과 미·북 정상회담으로 이어져 비핵화가 논의될 수 있었던 것은 트럼프 미국 대통령의 군사적인 강공 드라이브와 제재에 힘입은 바가 크다. 그런 각축의 와중에 만일 한미 동맹과 주한 미군의 존재가 없었다면 한국 쪽에서는 사태가 어떻게 전개됐을까? 아마도 한국은 먹이사슬의 하위 계층이 됐을 가능성이 크고, 한반도는 북핵의 사술에 놀아났을지도 모른다. 소름이 끼칠 정도다.

북한은 공격적인 대남 전략의 하나로 줄곧 주한 미군의 철수를 주장해 왔다. 사회주의 국가인 중국은 중국몽(中國夢)을 내세워 패권주의를 드러내고 있고, 러시아도 조지아와 우크라이나 등 주변국들에게 무서운 군사적인 힘을 행사했다. 이러한 북방의 으스스한 야심이 숨겨져 있든, 잠시 희미해져 있든 간에 언젠가는 되살아날 개연성을 배제하기는 어렵다. 더구나 이들 세력은 냉전 이후에도 계속 끈끈한 유대를 유지하고 있어서 어떤 예기하지 못한 변수로 인해 한국전쟁 당시와 같은 오판이 재발한다면 그 폭발력은 상상을 초월할 것이다. 굳이 전쟁의 발발이 아니라도 힘의 비대칭이라도 일어나면 모든 면에서 한국에 불리한 국면이 벌어지기 마련이다.

자주파나 남·북 평화주의자들은 주한 미군이 철수함으로써 진정한 주권국가가 된다고 보는 듯하고, 북한과 북방국가들과의 관계에서 괄목할 발전이 있을 것으로 믿는 듯하다. 또 주한 미군의 철수를 통일을 위한 정지작업으로도 여기는 듯하다. 물론 국가는 주권을 확실하게 확보하고 있는 것이 이상적이다. 그러나 19세기에 풍미했던 보수적인 자주의 개념은 세계화와 지구촌 개념에 밀려 점차 희석되어가고 있고, 특히 안보에 있어서는 집단안보가 대세인 만큼, 한국의 지정학적 특수한 상황을 고려했을 때 현실을 도외시하는 자주적 안보 프레임의 고집은 바람직하지 않다. 힘의 공백을 자초하는 격이다.

미국은 주한 미군을 이용하여 한국의 내정 간섭이나 주권을 침해하려는 조짐도 없고, 중국의 패권을 견제하는 전략적인 역할 외에는 무슨 이득을 보지도 않는다. 오히려 한국은 세계의 리더인 미국을 동맹으로 두어서 국제활동이나 경제적으로 큰 도움을 받아왔고 앞으로도 동맹 관계의 강화를 통해 서로 도움이 될지언정 손해를 볼 일은 없을 것이다. 한국은 다행히 미국을 우방으로 삼고 있어서 안보를 굳게 지켰음은 물론, 초기에 수출입국의 대상으로 진출했고, 기술을 배웠으며, 앞으로도 중국과 함께 가장 큰 수출 시장이 될 것이다. 미국의 굴레를 벗어나야 한다는 주장은 명분도, 실익도 없는 일종의 도그마(Dogma)에 불과하다. 이러한 상황에서 문재인 대통령의 문정인 안보특보의 미군 철수 언급에 대한 경고 조치는 당연하다. 문정인 특보가 〈포린 어페이어스(Foreign Affairs)〉에 게재된 기고문에서 "남·북 평화협정이 체결되면 주한 미군의 지속적인 주둔이 정당화되기 어려울 것."이라고 주장한 것을 대통령이 대변인을 통해 진화한 모양새다. 청와대는 주한 미군은 한미 동맹의 문제로 평화협정과는 관련이 없다고 차별화했다. 임종석 비서실장도 문정인 특보에게 전화를 걸어서 대통령의 입장과 혼선이 없도록 하라고 질책했다고 청와대 대변인이 전했다. 문정인 특보의 발언에 대한 문재인 대통령의 경고는 이번이 처음은 아니다. 한국의 대통령이 원하면 주한 미군은 철수할 수 있다고 말했다가 진화당한 바 있고, 평창 올림픽 개최에 즈음해 한·미 군사훈련의 축소를 언급했다가 경고를 받은 적도 있다. 문제는 그가 여러 차례 돌출 발언을 해도 학자의 사견이라는 정도의 두둔을 받았지 퇴출당하지 않고, 오히려 시간이 흐른 다음에 보면 그의 발언이 현실로 나타나곤 했다는 점이다. 문정인 특보가 정권의 촉수로서 이미 정해진 사안의 충격을 완화하기 위해 예민한 문제를 사전에 흘린다는 지적도 있는 이유다.

만약 문정인 특보의 언급이 청와대의 의도를 사전에 흘려보는 방편이라면, 결국 그의 발언은 주한 미군 철수가 현실이 될 수 있다는 뜻으로 해석할 수도 있다. 나라를 경악시킬 중차대한 일이다. 어찌 보면 한국 안보에는 북핵 문제보다 더 큰 현안일 수 있다. 이는 진보나 보수라는 이념의 문제도 아니고 정쟁의 문제도 아니다. 일부 자주파의 문제도 아니고 어떤 세력의 문제도 아니다. 국가 안보가 걸린 문제이고 나라의 명운과 관련이 있는 문제다. 다행히 문재인 대통령이 일단 부정적인 반응을 보였음은 평가할 만하다. 좀 더 국가의 장래를 바라보는 시각에서 바른 자세로 판단하면서 논의의 확산을 차단해야 한다. 가랑비에 옷 젖듯이 자꾸 인구에 회자되면 여론에 악영향을 줄 수도 있다. 이런 문제는 여론전을 벌여서는 곤란하다. 대통령과 여권은 입장을 더욱 분명히 하고 부작용이 일지 않도록 신중하게 대처해야 할 것이다.

주한 미군이 한국의 안보와 한반도, 동북아, 나아가서 세계의 안정에 기여하는 평화의 안전판 같은 존재로 남아있기를 대다수 한국인은 바라고 있을 것이다.

2018. 5. 2

대한민국, 날개를 펴라

　미국과 북한 간의 세기에 걸친 적대관계를 끊고, 고도의 긴장이 지속돼 온 동북아 정세도 바꿔놓을 미·북 정상회담이 목전으로 다가왔다. 아직은 북한의 비핵화와 그 급부의 구체적인 방법이 드러나지는 않았지만 큰 테두리의 윤곽은 잡힌 것으로 여겨진다. 비핵화의 방법과 북한의 체제 보장 그리고 보상책 등이 간헐적으로 흘러나오고 있어서 그에 관한 조율이 첨예하게 진행 중임도 감지된다.

　싱가포르에서 다음 달 12일에 열릴 미·북 정상회담이 발표된 자체가 이미 담판의 줄거리는 접근을 보았으며, 구체적인 방안이 논의되고 있음을 의미한다. 트럼프 미국 대통령은 회담이 비핵화 문제에서 합의가 여의치 않으면 자리를 박차고 뛰쳐나오겠다고 으름장을 놓지만, 세계적인 지도자가 세기의 담판에서 그런 희화적인 정치 행위를 보일 가능성은 희박하다. 김정은 북한 국무위원장도 세계의 시선이 모인 무대에서 생뚱맞은 주장으로 판을 뒤엎을 수 없을 만큼 상황의 엄중함을 충분히 인식하고 있을 것이다. 최근 김계관 북한 외교부 부상이 미국의 북핵 폐기 압박에 불평하면서 정상회담 무산 가능성을 띄운 사실과 트럼프 대통령이 그에 응수하며 거듭 두고 보자면서 중국의 입김에 의심을 두는 듯한 발언을 한 것은 서로 협상의 우위를 노린 것이지 회담 자체를 원점으로 돌리려는 의도는 아니라는 분석이 지배적이다. 트럼프 대통령이 만일 회담이 깨지면 카다피(Muammar Gaddafi) 꼴이 될 것이라고 언급한 경고는 대못 치기 효과를 노린 것으로 보인다.

　북핵을 둘러싼 한반도의 긴장이 일단 가공할 전쟁을 피하고 남·북 정상회담과 미·북 정상회담으로 이어지는 회담의 장으로 발전한 것은 트럼프 대통령의 강공 드라이브와 김정은 위원장의 노선 변화, 문재인 대통령의 대화 모드 견지의 종합적인 산물이다. 그러나 무엇보다 주효했던 요인은 견디기 어려운 북한의 상황이었다. 북한에게는 세계 최강 미국의 간 졸이게 하는 압박과 국제사회의 숨 막히게 하는 제재를 빠져나가는 돌파구가 절실했을 것이다. 거기에 트럼프 대통령의 선거를 의식한 정치적 위상도 작용했지 싶다. 북핵 문제의 최근 추이를 '상황이 낳은 결과'로 본다면 트럼프-김정은 간의 타협도 그런 궤도 위에서 논의가 진전되리라는 예상이 나온다. 밀고 당기기, 공세와 관용(톨레랑스, Tolerance)은 곡절을 겪겠지만 큰 틀에서의 합의는 확실하게 선보일 것이다. 트럼프 대통령은 북핵의 완전하고도 영원히 되돌릴 수 없고 검증된 비핵화(PCVID)를 받아낼 것이고, 김정은 위원장은 체제 보장과 정전협정의 평화협정 전환, 미·북 수교의 약속 그리고 상당한 경제적 보상을 얻어낼 것이다. 구체적 내용은 실무적으로 논의되기 마련이다.

김정은 위원장은 정권을 장악한 이듬해인 2012년부터 올해 4월 공산당 전체회의에 이르기까지 줄곧 '경제 강국'을 부르짖었다. 올해 신년사에서는 계속 함께 강조했던 두 가지 '강국' 목표 중에서 '군사 강국 건설'도 빼고 '경제 강국'만을 외쳤다. 그만큼 세계의 밑바닥이고, 한국의 1/30 수준인 경제적 후진이 통치자의 뇌리에 사무쳤을 것이다. 김 위원장은 핵을 일단 개발했으니 이제는 핵을 대가로 중국과 베트남처럼 경제적 굴기의 끈을 잡겠다는 판단을 내렸을 개연성이 높다. 그이라고 최악의 곤궁에 처해 있으면서 중국을 굴기시킨 덩샤오핑(鄧小平)의 신화를 떠올리지 않았을 리가 없다. 김 위원장은 최근 시진핑 국가주석을 만나 처음으로 개방경제를 언급했다고 〈요미우리 신문〉이 보도하지 않았던가. 그의 최근 행보와 표정으로 보아 내부의 권력은 이미 단단히 장악한 것으로 비치고 있지만, 현재의 곤경으로는 더 이상 통치가 어렵다는 위기의식에도 시달릴 것으로 보인다.

김정은 위원장이 받아갈 급부의 첫째는 미국과 유엔의 제재를 해제하는 것이다. 그에 따라 제일 무역국인 중국과의 수출입이 자유로워져 경제의 숨통이 트이게 된다. 더불어 북한의 유감 표명을 받아내면 5.4조치가 풀리면서 금강산 관광사업과 개성공단의 재개도 속도를 내게 될 것이다. 청와대는 노무현-김정일 회담에서 합의한 남·북 철도 연결과 서해안 공동조업도 준비하고 있는 것으로 전해진다.

그러나 유의할 일은 북핵의 해결과 북한의 개방 후 미국과 중국의 북한 진출 열풍이다. 폼페이오(Mike Pompeo) 미 국무장관은 이미 국세를 들여 북한을 지원하는 대신에 북한 경제를 호전시키기 위해 미국 기업들의 북한 진출 가능성을 언급했고, 그동안 북한과 홀로 무역을 유지해 온 중국의 대대적인 공세는 불을 보듯 뻔하다. 저렴한 인건비와 미비한 SOC, 낙후한 생산시설 등이 투자의 구미를 돋을 것이다.

한국은 언젠가는 남·북이 하나의 공동체가 되리라는 관점에서 어느 나라보다 더 큰 비전을 품어야 한다. 개별 프로젝트는 물론, 북한의 경제개발 전반의 설계에도 참여하는 포석이 중요하다. 남·북 소통이 더 원활해지면 남쪽의 경험과 기술, 자본의 제공도 폭넓게 논의할 수 있지 않겠는가. 남쪽에는 경제개발의 노하우뿐 아니라 중국 등의 초기 개발에 협력한 경험도 있다. 카이스트 등 경제 관련 연구소들과 북한 전문의 두뇌 집단 그리고 경제 테크노크라트 층이 두텁다. 북측이 개방적인 태도를 보이면 북한의 실정을 감안하여 유익한 조언을 해 줄 수 있을 것이다. 개발 계획에 의견 제시 등으로라도 참여하게 되면 당연히 플랜트 수출이나, 생산과 유통에도 많은 기회가 가시권에 들 것이다. 인도적인 분야의 자금은 국제사회가 분담해서 지원할 수도 있고, 개발비용은 IMF 등 국제기구에서 장기 저리로 제공하도록 지원할 수 있지 않을까? 한국은 비록 북핵 담판에 대한 의구심이 아직 말끔히 가시지 않았지만, 그래도 북한의 개발에 참여하는 전략을 부지런하고도 조심스럽게 준비하는 게 앞으로의 진출은 물론 북한의 진로를 유도하는 데도 도움이 될 것이다. 안보와 북한, 통일 문제는 특정인이나 정파의 독점 사안이 아니다. 진보나 보수의 극단적인 진영 싸움의 대상도 아니고 국가적인 명제다. 국민의 동의가 필수이며, 따라서 범 정당적인 지지와 국회의 양해와 동참도 받아내야 한다. 문재인 정부와 여당은 그런 점에서 대통령의 정치력과 성과의 홍보에만 치중하고 야당과의 소통에 소홀했다는 지적에 귀를 기울여야 한다. 지나치게 친북 정권이라는 비판의 소리에도 고민해야 한다. 대다수 국민이 수용할 만큼 중지를 수렴하고 투명해져야 하며, 정당성이 확실하다면 야권을 더욱 참여시키고 설득해야 한다. 정책의 정통성을 확보하기 위해서다. 독주하면 비판과 저항이 따르는 게 불변의 이치다.

야권도 시시비비는 가리되, 국가적인 측면에서 대국적으로 인정할 것은 인정하고 협력할 것은 협력하는 정치의 금도를 지켜야 할 것이다. 정부와 여당이 무시하지 않도록 대안을 내고 선제적으로 강하게 나서면 된다. 무조건 반대만 하면 스스로 소외를 부른다. 무엇보다 중요한 일은 국민의 뜻이고 희망이다. 국민의 여망 위에서 신선한 모습으로 거듭나기를 다수의 국민은 야권에 바라고 있다.

대한민국은 지금 또 하나의 전기(轉機) 앞에 서 있다. 기회를 잘 잡으면 국운(國運)이 찾아올 것이며, 미욱하면 난국(難局)을 면치 못할 것이다. 날개를 펴자!

2018. 5. 19

미·북 정상회담을 앞둔 한국인의 기원

미·북 정상회담이 며칠 앞으로 다가온 만큼 한국인들에게도 긴장감이 높아지고 있다. 기대와 우려의 수치가 올라가고 있는 것이다. 기대는 트럼프 미국 대통령과 김정은 북한 국무위원장이 비핵화에 담대하게 합의함에 따라 이 지역에서 북핵의 공포를 제거하게 되리라는 희망이고, 우려는 한국이 빠진 협상에서 이해 당사국인 한국의 안보와 경제에 심각한 부담을 주는 담판이 이뤄지지 않나 하는 걱정이다.

미국이 군사력을 유보하고 협상을 통해서 완전한 비핵화를 일괄타결하겠다고 나선 것은 처음부터 무리한 것이고 회의적이라고 보는 입장이 있었다. 협상은 원래 상충하는 이해를 조율해서 서로 양보하는 합의점을 찾는 기술인데, 가공할 무기와 오랜 적대관계를 CVID, 즉 완벽하고, 검증 가능하고, 되돌릴 수 없게 일괄 타결하기에는 사안이 너무 난삽하기 때문이다. 트럼프 미국 대통령이 강경한 자세에서 다소 유연한 태도로 변화한 것은 그러한 현실을 반영한 것으로 보인다.

트럼프 대통령은 자신의 수완으로 북핵을 결판내겠다는 의욕에서 어떻게든 이 문제를 해결하려 한다. 그는 김영철 북한 통일전선부장을 파격적으로 만난 뒤 강경했던 포괄적 해결 원칙을 늦추는 듯한 태도로 세계의 시선을 끌었다. "신속한 단계적 타결"을 언급하기도 하고, 회담의 하루 연장이나 자신의 휴양지 초대 등을 의식한 '여러 차례의 회담' 가능성도 비쳤다. "최대의 압박"이라는 용어도 사용하지 않겠다고 말해 한발 물러서는 기색이다. 메티스 국방부 장관 등 측근들이 비핵화 전에는 제재의 완화는 없다고 수습했지만, 북한의 페이스를 얼마나 들어줄지에 대한 미국 조야의 비판적 시각이 날카롭다.

김정은 북한 국무위원장은 한국을 징검다리로 삼아 미국에 접근한 뒤, 내친김에 중국과 러시아를 협상의 지렛대로 활용해서 목소리를 높이려 한다. 중국과 러시아가 스스로 접근해오니 기회를 재빨리 잡은 것이다. 북·중, 북·러 정상회담이 예약된 상황은 고립무원이었던 김 위원장에게는 고맙기 짝이 없는 원군이 되었다.

북한은 풍계리의 핵실험장과 중·장거리 유도탄 실험시설을 선제적으로 파괴하고 미래의 실험을 포기한 듯이 보이려 했다. 이미 보유한 핵도 체제위협을 피하면서 경제적 곤경을 부른 국제 제재의 해제와 경제지원을 위해 "단계적으로 폐기하겠다."고 공언하고 있다. 그러나 핵 개발 물질과 능력조차 깔끔하게 치우지 않는다면 사찰이 진행된다고 하더라도 비공인 핵보유국의 위상을 확보한 파키스탄의 사례가 된다. 그것이 북한이 노리는 핵보유국 지위이며, 남·북한 간의 역학관계에서 끊임없는 비대칭 불균형으로 작용하고 위협요인이 될 것이다. 티눈은 뿌리를 제거하지 않으면 계속 자라나기 마련이지 않은가.

트럼프 대통령이 화려한 성과와 계산적인 정치 공학에 치중한다면 미·중 수교와 월남 철수와 같은 절반의 성공이라는 비판에 직면할 것이다. 두 개의 사례는 공산국가를 국제사회에 유도해 내긴 했지만, 사회주의 체제의 용인이라는 점에서 미국의 가치인 자유민주주의 이념에는 미치지 못했다고 평가된다.

지금까지 간헐적으로 밝혀진 미·북 정상회담의 의제로 미루어보면 북한은 비핵화 원칙을 선언적으로 약속할 것이다. 또 이미 보유한 핵과 핵물질의 파기와 반출은 미국의 불가침을 위한 조치에 연동시키겠다고 주장할 것이다. 그리고 미래 핵을 이미 중단한 급부로 미국은 한·미 군사훈련의 중지 등 체제를 보장하는 조치를 취하면서 경제 제재를 풀어 달라고 요구할 것이다. 구체적으로는 알 수 없지만, 평화협정과 불가침 조약, 국제사회의 경제제재 해제 등의 요구일 것으로 예상된다.

미국으로서는 의회의 절차에 묶이지 않는 종전선언은 합의해 줄 수 있다. 그러나 제재의 해제는 상당한 수준의 비핵화를 전제조건으로 내세울 것이다. 미국은 숨겨놓은 핵과 실험시설, 핵물질의 폐기에 집중하면서 완벽한 사찰을 집요하게 요구할 것이다. 핵 폐기 비용을 미국이 부담한 카자흐스탄 모델도 제기할 것이다. 이 문제에서 길고 긴 밀고 당기기가 예상된다. IAEA, 국제원자력기구의 사찰과 NPT, 핵확산금지조약의 재가입도 의제로 올려 심각하게 논의될 것이다. 북한의 반발이 거세겠지만 결국 곤궁에서 빠져나오기 위해 북측은 큰 의제에서는 주고받기식으로 대체로 합의할 것으로 분석된다.

미·북 정상회담이 박두함에 따라 그 일정과 장소, 경호, 경비에 대한 뉴스들이 범람한다. 연일 매스컴을 채우고 있다. 트럼프 대통령과 김정은 위원장의 행보도 세계의 스포트라이트를 받는다. 김정은 위원장은 졸지에 세계 제일의 지도자와 맞수가 됐다. 그러나 정작 한국인들에게 중요한 핵심적 관심은 세 가지다. 북핵이 완전히 제거되는가, 그 담판에 따라 한국의 안보에 변화가 있는가, 그리고 경제적인 손익은 어떤가 하는 의문이다.

트럼프 대통령에게는 핵을 장착한 북한의 대륙 간 장거리 유도탄이 미국 영토에 위협이 되지 않도록 하는 문제가 최우선 과제일 것이다. 그러나 한국에게는 북한에 인접해 있으므로 북한의 핵 보유 자체가 엄청난 위협이다. "서울을 불바다로 만들겠다."는 북한의 위협이 남아 있는 것이다. 비핵화가 단계적으로 되면 그만큼 길게 핵의 공포 속에 살아야하며, 숨기는 핵과 잠재적 보유로도 가상전쟁의 위협 아래에 놓이게 되는 것이다.

북한이 끊임없이 주장해 온 주한 미군의 지위와 한미 동맹의 성격이 의제로 올라가 이에 조금이라도 변화가 있다면 한국인들과 미 의회의 거센 저항에 부딪힐 것이다. 트럼프 대통령도 주한 미군과 한미 동맹이 북한만을 겨냥한 장치가 아니고, 동북아시아와 세계질서의 방패막이라는 전략적 장치임을 인식하고 쉽게 흔들리지는 않을 것으로 예상된다. 물론 북한이 평화를 해치지 않는 건전한 국가로 탈바꿈한다면 더 바랄게 없다. 그러나 그들의 과거 행태와 체제로 보아 쉽게 경계를 푸는 일은 매우 위험하다.

한국인들의 또 다른 걱정은 가뜩이나 경제적으로 어려운 상황에서 큰 재정적인 부담을 떠맡게 되는 일이다. 북한은 핵 포기의 대가로 막대한 경제적 지원을 요구할 것으로 전망되는데, 그 상당한 부분이 한국에게 지워질 것으로 걱정된다. 트럼프 대통령은 미국은 그 비용을 전혀 부담하지 않고, 한국과 중국, 일본 등 주변국들이 분담할 것이라고 공개적으로 말한 적이 있다. 협상 주도국이면서 큰 나라의 지도자가 취할 태도는 아니라는 한국인들의 비난을 트럼프 대통령은 귀 기울여야 할 것이다.

한국은 지금 국가적으로 매우 엄중한 담판을 가슴 졸이며 관전하고 있다. 트럼프 대통령과 김정은 위원장이 어떤 합의를 이루느냐에 따라서 안보와 경제에 큰 분수령을 맞이하기 때문이다. 지정학적으로 강대국들에 둘러싸여 있는 운명의 큰 바퀴가 다시 돌려고 하고 있는데 현실과 역사를 주도하지 못하고 멀리서 안타까워하는 것이다. 북한에 속지 말고 바가지도 안 쓰면서, 평화와 통일, 번영을 누릴 수 있게 되기를 기원하면서.

2018. 6. 8

미·북 정상회담의 대차대조표

지난 석 달 동안 세계의 이목을 집중시켰던 미·북 정상회담이 긴 여운을 남기고 마무리되었다. 트럼프 미국 대통령과 김정은 북한 국무위원장은 파격을 거듭하며 싱가포르에서 극적으로 만나 북핵 문제와 65년에 걸쳐 엉킨 적대적 매듭을 풀려고 설전을 벌였으나 절반의 성공에 그쳤다. 김정은 위원장은 조부인 김일성 주석 때부터 20여 년 동안 개발해 온 핵을 단숨에 포기하기에는 그에 매달려 있는 중량이 너무 무거웠을 것이다. 군부는 물론 주민의 의식을 갑자기 바꾸는 일이야말로 제일 큰 압력이었지 싶다. 트럼프 대통령도 마찬가지다. 그가 아무리 협상의 명수라 해도 의회 등 국내 정치의 감시와 견제 아래에서 한 나라가 명운을 걸고 덤비는 심각한 사안을 속전속결로 완벽하게 밀고 나가기에는 힘에 부쳤을 것이다.

미국은 회담 전날까지 폼페이오 국무장관의 회견 등을 통해 부단히 공들였던 CVID, 즉, 완전하고 검증 가능하며 돌이킬 수 없는 비핵화의 명문화에 미치지 못했고, 북한도 안전 보장과 국제 제재의 해제, 경제 지원을 얻어가지 못했다. 다만 두 정상은 원칙적이고 포괄적인 공동선언에 서명했을 뿐이다.

두 정상이 서명한 공동선언의 3개 항에는 양측이 요구하는 1. 새로운 미·북 관계 수립, 2. 한반도의 지속적이고 안정적 평화 구축, 3. 북한의 완전한 비핵화 등이 담겨 있다. 이는 북한이 2000년 미국과의 협상에서 합의한 미·북 공동성명의 내용과 크게 다르지 않다. 다만 4항에서 한국전 전몰 미군의 유해 송환이 명시된 것은 구체적인 차이점이다.

물론 공동선언의 전문에 북한의 안보와 한반도의 비핵화 의지를 선언적으로 명시하고 이를 세계가 주시하는 정상회담에서 분명히 한 만큼, 이전과는 격이 다르다는 기대를 주기는 한다. 앞으로 양 정상이 합의한 것으로 알려진 폼페이오 국무장관 등의 고위급 회담에서 구체적인 논의가 속도를 낼 것으로도 예상된다. 트럼프 대통령은 기자회견에서 미·북 고위급 회담이 곧 열릴 것이며, 김정은 위원장의 백악관 초청과 자신의 평양 방문에 동의했다고 밝힌 바 있다. 싱가포르 회담은 이어질 협상의 시작이라는 것이다.

미국은 이번 정상회담을 계기로 몇 가지 중요한 실질적인 소득을 챙겼다. 북한이 풍계리 핵 실험장과 장거리 유도탄 시험장을 선제적으로 폭파했고, 미사일 에너지 실험장을 조속히 폐기하겠다는 김정은 위원장의 약속을 받아낸 것이 그것이다. 북한의 핵실험이 7개월째 중단됐고, 적의 핵탄두가 미국 본토까지 겨누는 상황, 미국이 가장 걱정했던 위협은 일단 제거된 셈이다. 7천여 명의 한국전 전몰장병의 유해를 보내주기로 한 것도 오랜 숙원사업의 해결이다. 미국 기업들의 북한 진출 가능성도 엿보인다. 또한, 미국은 북한과의 관계를 개선하게 되면 부수적으로 중국의 견제에 또 다른 전초기지를 세우는 셈이므로 여러모로 이득인 부분이 많다.

국제적으로 고립돼 있으면서 위험한 핵무기를 고집하던 독재자 김정은 위원장을 국제무대에 끌어낸 것도 트럼프 대통령의 업적으로 치부될 것이다. 트럼프 대통령은 "협상은 이제 시작"이라고 협의의 계속을 강조했고, 김정은 위원장은 공동선언 서명식에서 "세상은 중대한 변화를 보게 될 것"이라고 언급해서 경제 강국으로 통치노선을 바꾸겠음을 다짐하기도 했다.

그러나 트럼프 대통령은 회담이 성공적일 것이며, 자신이 해결사라고 줄곧 과장해서 판을 키워 놓고도 과거 북한에 속았던 전례를 답습하지 않을 구체적인 장치를 마련하지 못했다는 비판에 직면했다. 핵의 해체와 핵 물질 반송의 담보에 실패했으며, 비록 핵 사찰은 이루어질 것이라지만, 그래도 임의의 사찰 등 돌이킬 수 없는 비핵화의 방법에까지 이르지 못했다는 비난을 받는다. 속 빈 강정이라는 비아냥은 트럼프 팀에게는 매우 아플 것이다.

북한의 소득은 김정은 위원장의 몫이다. 그는 졸지에 국제무대에 화려하게 등장해서 세계 제일의 국가 지도자와 당당한 맞수가 되었다. 최빈국 지도자가 G1의 최고 지도자로부터 친절한 예우도 받았다. "재능있는 젊은 지도자", "밝은 미래를 위해 과감한 결단을 내렸다." 등의 칭송과 함께 백악관 초대도 약속받았다. 은둔의 독재자가 일약 세계의 스포트라이트를 받은 것이다. 자본주의와 서비스 산업국의 한 전범(典範)인 싱가포르의 번영도 학습했다. 국가의 경영에 많은 영감을 얻었을 것이다.

김정은 위원장의 딜레마는 미국의 CVID 요구와 체제 유지 사이에 끼어 있다는 데서 나타나는 것으로 보인다. 담대하게 미국의 요구대로 완벽한 비핵화를 결행하면 체재의 동요와 함께 자본주의가 몰려 들어와 기존의 통치체제가 위험해진다. 사회주의가 아직 쇠락하기 전의 덩샤오핑 시대와 지금은 상황이 다르다. 그러나 그렇다고 해서 핵의 끈을 움켜쥐고 있으면 아직도 머리 위에서 맴도는 미국의 군사적 위협과 국제사회의 제재로 인한 빈곤이 곤혹스러울 것이다. 트럼프 대통령은 회담후 세계 5천여 기자들이 모인 회견에서 비핵화 전에는 북한에 대한 제재를 풀지 않겠다고 분명히 공언했다.

김정은 위원장은 비핵화라는 루비콘강을 이미 건넜다. 결국, 제재를 풀도록 움직여 주고, 미국과 중국, 한국, 일본의 자본과 기술을 도입해서 빈곤에 시달리는 주민들을 돌봐야 하는 급한 사정에 몰려 있다. 그의 싱가포르 출장을 관제 매체들이 신속히 보도하는 것도 SNS 등을 통해 주민들 사이에 빠르게 전파되는 소식과 기대를 의식한 조치 때문이리라. 김정은 위원장은 숨을 고르면서 트럼프 대통령의 전망대로 비핵화의 길을 걸을 것이다.

한국도 빛과 그림자를 맞았다. 북핵이 일단 중단되고, 미국이 비핵화 문제를 북한에게 계속 압박하는 움직임은 고마운 일이다. 만약 북한이 더 성의 있는 조치를 취해 국제 제재가 풀리면 남·북 연락사무소 개설과 이산가족 상봉, 개성공단을 비롯한 금강산 관광, 철도 연결 사업 등

남·북 간의 사업에 다방면으로 박차가 가해질 것이다. 분홍빛 경제의 붐도 꿈틀거릴 것이다. 문재인 대통령도 미국과 북한 사이의 중재자로서 높은 명성을 얻을 것이다.

그러나 한국은 북핵 문제의 제일 당사자임에도 불구하고 미국과 북한의 담판을 멀리서 관망해야 하는 국가적인 입장은 답답하기 짝이 없는 일이다. 또 트럼프 대통령은 싱가포르 기자회견에서 비핵화의 비용과 주한 미군, 한미 군사 훈련 비용을 한국에게 떠맡기고, 무역 불균형 문제까지 언급함으로써 한국인들에게 부담감을 주었다. 일정한 부분을 부담하는 것은 이해하지만, 미국은 빠지고 그 비용을 모두 전가하는 듯한 발언을 한 것은 한국인들의 감정을 거스르는 일이다. 이는 한국 외교가 나서서 열심히 설득해야 할 심각한 과제가 아닐 수 없다.

싱가포르 미·북 정상회담의 진정한 승자는 자유 민주주의 시장 경제다. 자유 민주주의가 북한 체제와 북핵을 국제사회에 유도해서 선도하는 과정이기 때문이다. 그것은 트럼프 대통령의 리더십을 빌린 자유 민주주의 기수 미국의 힘이고, 사회주의를 안고 고약한 무력을 고집스럽게 키우는 북한 체재의 곤경이다. 길게 보면 결말은 뻔하다. 북한은 현실을 바로 보고 평화를 향한 진로에 주저하지 않게 되기를 바란다.

2018. 6. 12

미국 트럼프 행정부의 출범과 그 미래

　도널드 트럼프가 미 대통령에 당선된 주요 동인은 자국 우선의 국가주의와 백인 중·하계층의 불만, 민주당의 8년 집권에 대한 권태 등에서 나왔다. 거기에 힐러리 클린턴(Hillary Diane Rodham Clinton)의 신선한 이미지 형성 실패도 지적할 수 있다. 역설적으로 보수적인 공화당 후보였던 트럼프는 자신은 억만장자이면서도 서민 경제를 내세우면서 공격적인 정부의 경제 운용을 내걸었고, 진보적인 민주당의 힐러리는 기득권 부유층이란 딱지를 떼지 못하고 부도덕한 정치인의 꼬리표를 달고 다녔다.

　트럼프 당선자는 어젯밤 대선 승리 연설에서 국민화합과 국제적 공정성을 언급하는 정치적 레토릭과 함께 구체적인 시책 방향으로는 유일하게 '인프라의 투자를 통한 경제 발전과 고용 증대'를 약속했다. 선거공약과 맥을 같이하는 선언이다. 그러나 그러한 시정 방향이 제대로 구현될 수 있을지는 매우 회의적이다. 시장주의와 신자유주의를 표방해온 보수 공화당의 노선과 상충하기도 하고, 그의 리더십에 대한 불확실성 때문이다.

　트럼프는 존경과 박수를 받고 등장하는 지도자라기보다 경멸과 우려로 먹칠을 하면서 오불관언의 투지로 예상 밖의 승리를 쟁취한 인물이기 때문에 앞길이 평탄하게 보이지는 않는다. 그의 정치적 스타일이 화합의 정치보다 밀어붙이는 스타일임은 잘 알려져 있다. 선거 과정에서도 트럼프는 두꺼운 저항세력을 스스로 키웠다. 거친 언행으로 지성인들의 반감을 일으켰고, 소속한 당내의 반목에도 직면했으며, 언론의 비우호적인 시각도 불러모았다. 따라서 그가 의회와 언론, 여론의 높은 벽을 극복하고 비호감을 지우면서 '위대한 미국'을 이끌 지도자가 되는 여정은 그리 순탄치 않을 것이다.

미국은 대통령제의 종주지만, 대통령은 의회의 치밀한 견제와 언론의 투명한 유리천장, 참모진을 포함한 거대한 정부조직, 지방분권, 300여 개의 싱크탱크 그리고 무엇보다 예민하게 영향을 미치는 여론 등을 거스를 수는 없다. 대통령의 권한이 방대하여 최고지도자의 정치 철학과 시정 방향이 미국, 나아가 세계의 정치사회에 막대한 영향을 미치겠지만, 위에서 열거한 기관들의 동의와 협의 없이 전횡을 휘두를 수는 없다. 따라서 정치 신인 트럼프가 비슷한 처지로 대통령에 올랐던 카터 전 대통령의 전철을 밟지 않을까 하는 우려가 없지 않다. 다만 사업가로서 형성된 공격적인 개성이 어떻게 발휘되느냐에 따라 그의 지도력이 미국과 세계무대의 장래에 큰 영향을 미칠 것은 분명하다.

루스벨트(Franklin D. Roosevelt) 전 미국 대통령의 뉴딜(New Deal) 같은 인프라(Infrastructure), 즉 사회간접자본(Social overhead capital)의 대규모 확충계획은 부동산과 건설업에 익숙한 트럼프로서는 경기부양과 고용증대를 위해 퍽 구미가 당기는 귀감일 것이다. 그러나 금융위기 이후 정부의 시장개입이 대세라고 하더라도 시장주의에 경도돼 왔던 공화당 출신 대통령이 케인스주의의 본류인 정부 주도의 개발을 주도하기에는 부담이 될 것이다. 또한, 입법 과정을 거쳐야 할 계획과 예산을 위해 기반이 없는 의회를 설득하는 일도 난제 중의 난제일 것이다. 국제질서와 세계 경제에 대처하는 정책도 선거 과정에서 내뱉은 거친 언급에서 지금은 더욱 훨씬 순화된 입장으로 선회하지 않으면 국제적인 지도력의 상실은 물론 큰 저항까지 부를 것이다. 보호무역을 강화하겠다는 발상이나 FTA를 손보려는 의도, 인종주의적인 발언 등은 정부 내에서 조율과 조정이 많이 이뤄지리라 예상된다. 지구촌 리더십

의 일정한 철회를 감수한다 치더라도 그토록 나이브한 외교는 국제사
회가 용납하지 않을 것임을 새 대통령이 바로 인식해야 미국과 세계가
조용하고 편안할 것이다.

2016. 11. 10

중국의 국가전략과 한국의 지혜

한 나라의, 더구나 큰 나라의 국가전략을 단순하게 규정하기는 어렵지만, 중국의 최고지도자가 내세운 표어로도 그 당시에 방점을 둔 대외 노선을 읽을 수는 있다. 취약한 세력으로 안팎의 적과 싸운 마오쩌둥 (毛澤東)은 불리하면 협상하고 유리하면 치는 이른바 '담담타타'의 표변 전술로 건국에 성공했고, 전쟁과 집단농장의 실패, 문화혁명 등으로 피폐한 경제를 살리려고 적대적 자본주의까지 도입한 덩샤오핑은 인내하며 내실을 쌓겠다는 '도광양회(韜光養晦)'로 산업화의 기초를 닦아 놓았다. 괄목할 성장을 이룬 시기(2016년 GDP 11조 4천억 달러로 세계 2위, GNP 8천 2백 달러로 세계 69위)에 등장한 시진핑은 떨치고 일어나 일하겠다는 '분발유위(奮發有爲)'를 외치며 대국의 굴기를 치고 나왔다. '중화부흥(中華復興)'으로의 '중국몽(中國夢)'을 키우며 G2에 걸맞게 강국의 위상을 누리겠다는 전략이다.

2022년 시진핑의 임기 뒤로 이어질 중국의 국가전략은 앞뒤 사정으로 미루어 세계제패의 성격을 짙게 풍기리라 예상된다. 2025년에는 미국의 GDP를 능가하고, 2050년에는 세계 최강국이 된다는 중국의 야심과 전문가들의 전망이 이뤄진다면 그 위세가 충천하리라는 것은 불을 보듯 뻔하다.

시 주석이 심은 '중국의 꿈'은 국가라는 집단의 꿈인 점에서 개인의 성공을 비는 미국의 꿈(American Dream)과 다르다. 세계를 내려다보며 우뚝 선 강국으로서의 위상이 그가 13억 중국인들에게 불어넣은 '중국몽(中國夢)'이다. 한(漢)의 군사력과 당(唐)의 문화융성, 세계 경제의 1/3을 차지하던 아편전쟁 전의 영화를 꿈꾸는 것이다. 시진핑 주석의 신(新) 실크로드, '일대일로(一帶一路)' 구상이 바로 육지로, 바다로 뻗는 그 팽창주의의 상징이며 이를 견제하는 미국과 일본 등 해양 세력과 그에 저항하는 중국의 예민한 대응이 벌써 남중국해와 국제무대에서 팽팽하다. 중국이 한국의 사드 전개에 그토록 민감하게 반대하는 이유도 그 일환으로 봐야 한다. 한국과 미국이 사드의 배치가 중국을 겨냥하지 않는다고 아무리 설득해도 아랑곳하지 않는 것은 사드에 방어적으로 반대하기보다, 장래 한반도에 영향력을 갖는 데 있어 걸림돌을 제거하려는 적극적인 포석으로 보인다.

한·중 간의 협상에서 한국이 주권적 유보라는 비판을 감수하고서 3불(不)을 약속한 뒤에도 지난 11월 12일 다낭의 한·중 정상회담에서 시 주석이 사드 문제에 '역사적 책임'을 거론하고, 이어서 중국외교부 고위층이 완전 철수를 계속 주장하는 것은 무슨 의도인가. 중국은 북한 핵에도 마지 못해 유엔에 동조하는 소극적인 모습을 계속 보여오지 않았던가. 중국도 한국에 미군이 주둔하는 것이 눈엣가시처럼 못마땅한 것이다.

북한의 위협을 등에 진 한국에게는 미국의 안보적 담보를 다지면서도, 경제를 무기화하는 중국의 시장을 확보해야 하는 배타적 난제를 안고 있다. 어느 쪽도 소홀히 할 수 없는 딜레마를 요리하는 묘책이 국운까지 좌우하게 된 것이다. 탄식만 할 것인가.

위기는 기회라고 한다. 4대 강국에 둘러싸인 한반도의 전략적 가치를 오히려 전향적으로 활용하면 싱가포르나 룩셈부르크, 스위스같이 번영을 구가할 수 있고, 그 반대의 경우에는 이스라엘이나 파나마처럼 불안한 나날에 부대껴야 한다. 그런 처지에서 아세안과 인도 등의 진출에 공을 들이는 정부와 기업들의 노력은 유익하고 평가할 만하다. 또한, 미국과 일본, 인도, 호주를 잇는 안보의 띠에서 소외되지 않도록 집단안보의 참여도 개방적이어야 할 것이다. 유럽이 전후에 NATO의 우산 아래에서 번영을 일궜고, 일본도 미국과의 동맹 덕에 제2 강국까지 성장했음을 간과해서는 안 될 것이다.

문제는 중국의 반발을 최소화하는 방안이다. 요체는 중국에게 한국의 안보적 포석을 양해시키는 일과, 한국과의 경제적 협력이 뗄 수 없는 필요하고도 충분하도록 연계시키는 일이다. 이는 어렵지만, 국권을 분명히 하면서 꼭 이뤄야 할 중요한 과제다. 수출에 매달리는 중국 경제에 한국이 우호적인 시장이 돼주되 한국의 실익도 챙기기 위해 산업구조의 분업화와 비정상적인 교류의 개선도 시급하다는 지적이 적지 않다.

그보다 더 중요한 것은 중국이 필요한 수준의 기술력과 제품의 맞춤형 공급을 증진하는 일이다. 중국의 기술과 저가 생산은 날로 경쟁력을 더해가고 있다. 그러나 아직은 한국의 기술이 많은 분야에서 앞서가고 있고, 미국과 일본 등 선진국에 비해 가격 면에서 유리하다. 중국의 모방기술의 한계를 파고들어야 승산이 있다는 논리다. 이 중에서도 반드시 집중해야 할 산업 분야는 가장 부가가치도 높고 한국이 앞서갈 수 있는 미래산업인 5G 산업과 생명과학 분야일 것이다. 중간제 공급과 자동차, 화장품, 유통, 관광 등 서비스산업은 계속 증진시키되, 상당한 발전의 가능성을 보이고 경쟁력이 있는 고부가 분야에 집중적인 관심과 투자와 지원이 이뤄지면 미래의 성장을 선도할 블루 오션이 될 것이다. 트럼프의 'America First'나 시진핑의 '中華復興'은 경제적인 신제국주의(Neo Imperialism)의 요소가 숨겨져 있음에 유의해야 한다. 대국의 횡포에 슬기롭게 대응하는 지혜가 필요한 시점이다. 그 점이 큰 나라들의 드센 국가전략 앞에 선 한반도의 입장에서 오히려 적극적으로 유리한 길을 개척하는 요체가 될 것이다.

2017. 11. 16

중국도 국격이 높아져야 선진국이 된다

한문의 중(中) 자에는 중국인들의 자존심이 담겨 있다. 중 자를 쓰는 국호 중국과 중화, 중원, 중흥, 중국몽 등에도 세계의 중심이자 으뜸이라는 선민의식이 내재해 있는 것이다. 자기들 외에는 모두 변두리이고 들러리인 셈이다.

아편전쟁과 청일전쟁에서 패전해 열강들에게 영토까지 조차해준 뒤 수그러졌던 그 잠재의식이 근래의 경제 성장과 함께 다시 고개를 들고 있다. 시진핑 주석이 내건 '중국의 꿈'과 일등 국가 목표, 일대일로로 표상되는 팽창주의 등이 드센 바람을 일으키는 것이다. 사드 보복과 문재인 대통령의 국빈방문에서의 결례 등 국제사회의 상식을 벗어난 오만함은 바로 거기에 뿌리를 두고 있다.

중국은 GDP가 12조 달러를 넘어 미국에 이어 세계 2위이고, GNP도 1만 달러에 육박하는 데도 선진국이라거나 곧 그렇게 되리라는 인상을 주지 못한다. 강국은 될지라도 먼 훗날까지 선진사회와는 거리가 멀지 않겠냐는 지적도 있다. 국가의 내력과 거친 태도로 보아 국격에는 기대가 가지 않기 때문이다. 국격은 경제력과 군사력 그리고 과학·기술, 문화의 수준을 떼고 말할 수는 없다. 그러나 품격이 빠진 국격은 온전한 것이 아니며, 국격이 떨어지는 나라를 선진국이라고 보기도 어렵다. 품격에는 다분히 윤리와 도덕적인 가치가 함축되어 있고 그 핵심인 덕(德)은 상대를 이해하고 배려하는 심성과 행위다. 유교의 나라 중국이 그 정수인 인의예지(仁義禮智)에 정면으로 배치되는 모습으로 빈축을 사면서 패권국으로 치닫는다면 어떻게 선뜻 선진국이라거나 또는 그 가능성을 인정하겠는가.

중국이 절대 강자가 되어 과거의 치욕을 씻고 세계에 군림하려는 허욕을 중국몽에 품었다면 시대의 흐름을 잘못 읽은 것이다. 21세기에서 과거의 패권주의는 빛을 잃고 있다. 아직은 파워 게임의 기류가 남아있고 일부의 위협과 테러가 불안하긴 하지만 그래도 신 글로벌 질서에서는 크든, 작든 간에 나라 사이의 평등주의가 자리 잡아가고 있으며, 집단적 대립의 요인도 많이 줄었다. 어느 나라도 다른 나라의 주권을 상당한 희생 없이 쉽게 침범할 수 없다. 만일 중국이 언감생심 한국의 주권을 제약하려 해도 집권세력이 오판하지 않는 한 어림없는 짓이다. 앞으로 북핵이나 중동의 테러집단 같은 국지적인 도발을 제거하면 전쟁 가능성은 줄고, 국제사회의 민주질서가 더 신장하면 했지, 후퇴하지는 않을 것이다. 지구촌이 분쟁보다 풍요를 위한 경쟁과 개발의 시대로 접어든다는 희망이 높아진 것이다.

중국의 대외전략은 세계가 주시하는 시험대에 올라 있다. 평등주의에 입각해서 공동번영의 동반자나 지도적 입장이 되느냐 아니면 미국을 자극하면서 패권경쟁에 몰입하는 두려운 강자가 되느냐의 갈림길에 서 있다. 당연히 유교의 국가답게 따뜻하고 깍듯한 범절을 보여야 주변의 환영을 받는 우호적인 친구가 될 것이다.

또한 중국은 일등국가로 치닫는 것을 신경 쓰는 것보다 내부개혁이 먼저로 보인다. 공산당 체제라는 옷은 아무래도 오늘날 중국 경제의 몸에 맞지 않기 때문이다. 몸은 자본주의인데 옷은 사회주의라면, 그것도 일당 독주라면 아무리 국가자본주의라는 새 옷으로 맞추려 해도 어색하지 않은가. 길게 보면 사회적 안정을 위한 정치제도의 연착륙이 필요해 보인다. 진시황이 2200여 년 전에 오늘날의 중국으로 이어지는 나라의 기반을 닦았듯이, 그런 큰 정지작업이 더 중요하지 않을까?

이러한 중국을 한국은 어떻게 대응해야 할까? 단순하지 않다. 우선 북핵에 중국은 조·중 동맹을 의식한 지금까지의 행보로 보아 해결사로 나서지는 않을 것이다. 한·미·일에 협조만 해도 다행이다. 경제적으로는 서로 필요한 만큼의 협력, 그 이상도 이하도 아닌 수준을 유지하면서 대상 지역의 다변화가 옳다. 사드 보복이 준 값비싼 교훈이며, 장기적인 안목에서는 후환을 막을 수 있도록 일찍 알게 된 예방적 판단이다.

　그리고 이와 더불어 한국의 내부 성찰도 냉철하고 단호하게 이뤄져야한다. 일부 여권의 정치인들과 친여 미디어들은 이번 대통령의 방중에 대해 외교적인 미숙을 포장하고 성과만을 내세우려는 경향을 보이지만, 객관적으로 분명한 성과는 부각하면서 동시에 성실하게 반성도 이뤄져야 미래가 있다. 그래야 중국의 시장성에 대한 과도한 기대와 열기는 면밀한 검토 후의 확실한 진출로 바뀔 것이며, 이를 뒷받침해 줄 정교한 외교력도 뒤따를 것이다. 문재인 대통령의 국빈방문과 관련해서 지적된 홀대론은 외교 채널을 통해 아쉽게도 대부분 예방할 수 있는 사안들이었다. 국빈을 초대하고 시진핑 주석은 난징 추모행사장에 갔다든지, 식사 대접도 제대로 못 받았다든지, 기자가 폭행을 당했다든지, 정상회담의 내용과 발표 형식의 미흡 같은 일 등은 면밀하고도 치열한 외교적 협의로 충분히 준비될 수 있는 절차상의 문제였다. 준비의 집중 부족으로 본래의 목적이 손상된 측면이 크다.

　외교뿐 아니라 모든 국정은 차분하면서도 밀도 있는 진행 과정에서 훌륭한 성과를 낳는다. 사회 분위기가 안정되지 않고 공격적일 때는 과실이 잦으며, 서로 존중하지 않고 각을 세우면 불안에 휩싸인다. 한국 사회는 정권교체를 전후해서 큰 혼란과 변화의 과도기를 겪고 있어서 시행착오가 많다. 이럴 때일수록 정부와 정치권은 국가의 모든 시스템이 원활하게 운영되도록 안정적 국정운영에 집중해야 하며 품격있는 사회 건설에 힘써야 한다. 그것이 사회발전에 기여하는 길이며, 선진사회로 도약하는 거름이 될 것이다.

2017. 12. 19

✬ 미국과 중국의 이상한 전쟁

미국과 중국이 으르렁거리고 있다. 남중국해에서는 영유권 분쟁을 둘러싸고 한판 대결을 겨루더니, 이번에는 한반도의 사드 배치 문제로도 팽팽하게 대립하고 있다. 타이완 해협에서도 긴장이 끊이지 않는다. 적어도 국제관계에서는 두 나라는 이제 협력은커녕 양립할 수 없는 앙숙처럼 관계를 악화시키고 있다.

중국은 시진핑 주석의 등장 이래, "뽐내지 말라."는 덩샤오핑의 이른바 도광양회(韜光養晦) 가이드라인을 버리고 대국굴기(大國屈起)를 표방하면서부터 건건이 절대 강자인 미국을 이기려고 어깃장을 놓는다. 잠수함 건조와 스텔스기 제조 등 무기개발에도 박차를 가하면서 해마다 400억 불씩 쏟아부어 3년 뒤 국방비를 250%나 늘린다는 계획하에 군사력의 확장을 꾀하고 있다.

미국도 새로운 유화정책으로 내세운 하버드 대학 조지프 나이 교수의 소프트 파워 노선 대신, 군사·외교적 실력을 동원한 중국 억제로 아시아 정책의 방향을 선회하고 있다. 일본을 방패막이로 삼으면서 한국과 남아시아권을 잇는 아시아 태평양 전략적 벨트(Asian Pacific Strategic Belt)로 냉전 시대의 나토를 방불케 하는 포위 전략을 강화하고 있다.

미국은 국력과 군사력에서 중국보다 현격한 우세를 보인다. 명목 GDP는 19조억 불 대 12조억 불이고(2015년 기준), 더구나 1인당 GDP는 5만 3천 불 대 7천 불로 7배 이상의 차이를 보인다. 국방비는 6천억 불 대 1천 백억 불로 6배의 차이를 나타낸다. 상비군은 중국이 220만 명으로 미국의 140만 명보다 많지만, 장비 면에서는 족탈불급이다. 미국의 대외 주력인 항공모함은 20 대 1의 차이고, 미국의 가공할 전투기 B22를 중국은 막 모방하는 수준이다. 스텔스기도 중국은 이제 겨우 선을 보였다. 핵무기는 2,100기 대 200기로서 중국이 미국보다 10/1 수준이며, 미사일 방어체계와 현대전의 총아인 IT의 접목도 상대가 되지 않을 만큼 초보적이고 미숙하다.

또한, 미국은 지구촌을 망라한 거대한 우호 관계를 형성하고 있지만, 중국은 그렇지 못하다. 과거 사회주의 블록의 결과로 인해 친밀했던 국가와 원조나 개발에 협력하는 나라 외에는 우방세력이 빈약하다.

이러한 상황에서 중국이 미국에 선제적으로 도발할 가능성은 희박하다. 이미 중국은 아편전쟁과 청일전쟁에서 장비 등의 열세로 패전해서 19~20세기 내내 잠자는 호랑이 신세를 면치 못하는 나락을 경험했지 않은가.

미국도 아직은 직접적인 위협이 되지 않는 중국을 공격해서 얻을 게 별로 없다. 다만 중국이 세계 질서를 바꿀 만큼 더 이상 팽창하지 않을 정도로만 견제하려 할 것이다.

국가 이익의 핵심이 이념의 시대에서 경제로 바뀐 현대에서 미국과 중국은 너무 깊이 엮여 있어서 전쟁이 일어나면 양측이 다 치명적인 타격을 받는다. 중국은 미국을 발판으로 삼고 오늘을 키웠고, 미국도 중국의 값싼 저가품에 소비품의 40%나 의존하고 있다. 미·중 관계의 악화에 따른 세계 경제의 혼란과 우려는 두말할 나위도 없다.

그러나 미·중 관계가 밀월로 돌아가기에는 루비콘강을 건넜다. 불신이 뿌리를 내렸고, 다방면에서 전쟁 아닌 전쟁에 들어갔기 때문이다. 비록 협업이 늘어나고 외교적으로는 협력을 표방하고 있는 상황이지만, 그래도 이미 정면으로 맞닥뜨리지 않는, 물리적인 충돌은 피하는 전쟁에 접어든 것이다.

2016. 8. 20

미국의 지구촌 리더십과 중국

미국의 힘은 쉽게 말해서 풍부한 천연자원과 인재들의 활약 그리고 탄탄한 민주적 제도의 뒷받침에서 나왔다고 할 수 있다. 미국 건국의 아버지들은 국가의 골격으로 유럽에서 태동한 의회 민주주의에 새로운 형태의 리더십을 접목한 대통령제를 고안해 채택했다. 대통령에게 전횡을 막는 의회의 견제와 함께 상당한 권한과 독립성을 주어 국가의 통치 대신 능률적으로 시민을 이끌도록 하는 절묘한 제도를 출범시킨 것이다. 헌법 정신에 담긴 그런 민주질서는 바닥 구조에까지 생동함으로써 국민의 활력은 거침없이 자랐다. 의지 있는 곳에는 성공이 찾아왔고, 잡목이 우거졌던 광활한 대륙은 깃발만 꽂으면 옥토가 되는 신천지였다. 규제와 규범의 틀에서 벗어난 자유로운 사고력은 창의와 도전을 놀랍도록 높여 산업의 약진을 이루어냈다. 아메리칸 드림의 아우라였으며, 오늘날 지구촌의 대세인 자유주의적 자본주의의 꽃을 피운 원동력이었다.

자본주의와 시장주의는 치열한 경쟁을 불렀고, 기독교 정신의 토양 위의 건전한 경쟁은 기술과 과학, 지식의 향상을 촉발했다. 걸출한 인재들이 배출되는 한편, 해외의 고급 지식과 인력도 몰려와 새로운 기회에 합류했다.

뛰어난 두뇌와 개척 정신은 유럽에서 모종해온 산업혁명의 씨앗에 혁신과 발명을 더해 산업 강국으로서 미국을 일으켰다. 철도와 전기, 석유, 자동차의 대량생산체계에 이어 항공기와 영화 등의 대기업은 물론, 기계와 생필품까지 미국 제품은 첨단을 달렸다. 그리고 그 기세로 제조업 국가였던 미국은 세계대전의 승전국 리더가 됐으며 절대 강자로 승승장구했다.

그러나 제조업의 영광은 거기까지였고, 그 대타자는 서비스업이었다. 오늘날 금융과 IT 등 서비스업의 비중은 GDP의 80% 이상으로 치솟았고 종사자도 85% 이상으로 올랐다. 미국은 달러화를 기축통화로 만들어 세계 경제를 주물렀고, IT 산업의 쓰나미로 세상을 휘두르게 되었다. 그 와중에 대중들은 값싼 외제 상품을 들여와 흥청망청 소비하기에 바빴다.

수입품에 세계 최대의 내수시장을 내준 제조업은 경비가 싼 중국 등지로 공장을 옮기거나 노하우의 로열티를 받는 궁여지책을 찾았다. 13억 인구를 싼 노동시장으로 집결시킨 세계의 공장 중국이 기술과 경영까지 배워 G2라고 으스대는 굴기의 빌미를 제공한 것이다.

중국의 부상에 놀란 미국은 견제 심리에 사로잡혔지만, 사정은 녹록지 않다. 최근 미·중 정상회담에서도 서로 부딪히는 등 미국은 힘겨루기에 치우치기 일쑤이고, 부담을 덜려고 중국과 경쟁하는 일본을 끌어들여 공동전선을 기도하기도 한다. 하버드 대학교의 조지프 나이(Joseph S. Nye Jr.) 교수가 주창해 환영받은 이른바 '소프트 파워' 외교 노선도 중국 문제에서는 크게 빛을 발하지 못한다. 지구촌의 리더인 미국이 요즈음 세계의 양식에게 종종 정도가 아닌 휘어진 갓길로 접어든다는 인상을 받게 하는 이유 중의 하나다.

『성경』에서 카리스마의 개념을 끌어낸 막스 베버는 "지도자의 뛰어난 자질과 능력, 올바른 권한 행사를 믿는 구성원들이 자발적으로 순응할 때, 카리스마 리더십이 형성된다."고 설파했다. 베버는 지금의 미국을 인류의 미래를 이끌 지도국으로 인정할 수 있을까?

미국은 베트남과 이라크, 아프간, 파키스탄 등지에서 힘으로 밀어붙이다가 뼈아픈 실패를 경험했다. 또 미국이 이끌던 서방이 소련을 비롯한 동구권과 냉전을 벌일 때와 지금 미국과 중국 간 힘겨루기의 현실은 너무나 다르다. 정치 체제는 다르지만, 중국은 미국의 시장에서 경제적인 재미를 봤고 기술과 운영기법도 많이 배웠다. 미국은 저렴한 중국의 노동력을 활용했고, 값싼 중국제품을 부담 없이 소비했다. 두 나라는 상당 부분에서 서로 필요한 존재이기도 하다. 한쪽이 병들면 다른 쪽도 아프다. 더구나 미국은 기독교적 가치 위에 세워진 나라이며 중국은 오랜 역사와 문화를 긍지로 삼는 대국이다. 서로 대립하지 않고도 공동의 영역을 찾을 수 있는 사회적 가치를 충분히 지니고 있다.

동구권이 서방에 굴복할 때 세력과 체제는 무너뜨렸어도 평등의 철학은 더 포용했어야 했다는 아쉬움과 같은 원리로, 중국의 팽창주의는 순화시키더라도 미국 인구의 5배가 떠받치고 있는 거대한 문화와 제도는 존중하면서 협력과 상생의 길을 더 모색해야 옳다.

2015. 10. 1

🌀 사드 배치 문제에 필요한 고도의 전략

한국은 사드(THAAD: 고고도 미사일 방어 체제)의 배치 문제로 고민에 휩싸였다. 한국에게는 사드 배치의 본질이 국가 안보지만, 미국과 중국 양측으로부터 각각 다른 압력을 받고 있어 외교적 딜레마에 빠져 있기 때문이다. 미국은 중국과 러시아를 견제하기 위해 오키나와와 한국에 사드 배치를 희망하고 있고, 중국은 시진핑 주석까지 나서서 반대 의사를 분명히 밝히고 있다. 한국이 사드의 배치를 선택한다면 중국의 거센 반발은 불을 보듯 뻔하다.

한국의 안보 상황으로는 사드의 배치가 절실하다. 북한의 노동과 은하 미사일 등은 고도가 70~100㎞이므로, 고도가 20~40㎞인 한국의 패트리엇 PAC2 저고도 방어로는 요격할 수 없어서 고고도용 사드(70~150㎞ 고도)가 필요한 것이다. 북한은 최근 발사대를 동서로 이동하면서 미사일을 발사해 소형화 핵 탑재를 실험하는 징후를 보이고, EMP(해당 지역 전자체계 마비 소형 핵)도 개발 중인 것으로 알려져 있다. 그 때문에 핵 개발이 허용되지 않는 한국에게는 비대칭 무기의 방어와 요격 체계를 갖추는 것이 더는 미룰 수 없는 실정이다. 한국형 미사일 방어 체계인 KMD의 개발도 기다릴 여유가 없게 됐다.

사드는 AN/TPY-2 고성능 레이더로 120도 각도의 1,000㎞ 거리까지 탐지해 1차는 고도에서, 2차는 저도에서 요격할 수 있는 미사일이다. 또한, 그 정보로 보조 요격체계에 공격명령도 내릴 수 있다. 북한 전 지역은 물론 베이징과 다롄, 산둥 발진 잠수함까지 세밀한 움직임을 포착한다. 중국이 예민하게 반응하는 이유다. 중국은 한국에 경제적 불이익까지 암시하면서 압박하고 있다. 러시아도 물론 극동지역이 포함됨을 이유로 반대 입장을 표시하고 있다.

한국은 안보의 보루인 미국의 입장도 존중해야 하고 동시에 제1 무역국인 중국의 요구를 외면할 수도 없다. 여당 안에서 유승민 원내대표의 주도로 논의가 오랜 잠복을 깨고 시작되었지만, 여당 내에서뿐만 아니라 야당의 반대 기류도 만만치 않아 결론을 내리기는 쉽지 않을 것이다.

한국의 전략은 미국과 중국 사이에서의 선택이 아니라, 모두를 끌어안는 고도의 외교력에서 나와야 한다. 중국에게는 사드 배치가 한국의 생존 문제임을 인정하도록 설득해야 한다. 중국의 반대는 북한이 핵을 포기하고 NPT에 복귀하도록 함을 전제로 해야 한다고 내세울 수 있지 않은가. 그동안 중국은 북한을 의식해 소극적인 태도를 보여왔음을 상기시킬 필요가 있다. 또 사드의 배치는 주한 미군의 자위를 목적으로 한 전략무기 배치라는 점도 한국의 입장을 주장하는 데 있어 강점이 될 것이다.

미국에게는 사드가 중국을 겨냥하지 않는다는 분명한 메시지로 한국의 입장을 보호하도록 요구해야 한다. 또한, 한미상호방위조약의 이행과 주한 미군의 보호를 위한 배치인 만큼 비용은 당연히 미국이 부담하도록 해야 한다. 사드 1포대에는 6기의 발사대 설치가 필요하고 한 발사대에 8발의 미사일 발사가 가능하다. 1포대 설치에는 2조 원이 소요되는데 한국에는 적어도 4포대 배치가 필요하며, 이를 위해 8~10조 원의 예산이 드는 것으로 알려졌다. 물론 설치 뒤 운영비도 발생할 것이며 상황에 따라서는 더 높은 고도의 SM-3 배치 문제도 대두될 수 있는 만큼, 효율적인 협상 전략이 요구된다.

더 큰 틀의 외교전략은 사드 문제를 미국과 중국이 직접 나서도록 하고 한국은 중간자가 되는 길이다. 그 과정에서 절대 강자들을 등에 업고 주민들의 일상품 배급체제까지 무너져가는 힘든 북한을 움직일 묘책도 모색할 수 있을 것이다. 그리고 비핵화를 강도 높게 요구할 수 있을 것이다.

2015. 3. 12.

미국과 중국은 단일 선택지가 아니다

한국 사회의 국제정세 판단에 있어서 친미(親美)와 친중(親中)으로 갈리는 현상이 점점 더 선명해지고 있다. 미국의 사드 배치와 중국의 보복을 분수령으로 심화되고 있는 것이다. 일부 정치인과 폴리페서, 언론 매체들이 앞장서서 상황을 악화시키고 있어서 나라의 근심을 키운다. 대체로 진보 쪽 인사들은 친중 색채를 보이고, 보수 쪽 인사들은 친미의 성향을 띠고 있다. 친미나 친중, 어느 한쪽으로 기우는 발상은 단순하고 위험하며 어리석은 일이다. 우리에게 주어진 절묘한 기회의 반쪽을 저버리며 국운을 갉아먹는 우환이다. 단번에 한쪽으로 치우치지 않고 방향만 정하더라도 가랑비에 옷 젖듯이 시나브로 돌이키기 힘든 간극이 벌어지기 마련이다.

미국은 대한민국을 지켜주었고 지금도 탄탄한 안보의 보루임은 누구도 부인하지 못할 것이다. 한미 동맹이 없었다면 한국은 구소련과 중국, 북한이 합세한 붉은 힘에 밀려 이미 지구 밖으로 나갔을지 모른다. 그 연장 선상에서 지금도 주한 미군이 철수하고 한미 동맹이 깨지면 중국의 팽창주의를 업은 북한의 통일 전선과 내부의 종북세력 준동으로 대한민국의 안위는 장담할 수 없다. 이 엄중한 상황을 거스르는 움직임은 작든 크든, 어떤 이유에서든 국민과 역사의 준엄한 심판을 받을 것이다. 미국은 경제적으로도 한국의 가장 유익한 동반자 중의 하나이다. 무역국으로 일어선 한국이 제일 먼저 뛰어간 나라가 미국이고, 세계에서 가장 큰 수입국이면서 우리가 꾸준히 개척해온 미국 시장은 여전히 한국산업의 효자이고 황금어장이다. 미국의 총수입량은 약 2.2조 달러(2015년) 규모로써, 한국은 1위인 중국(한국의 10배)과 카나다, 멕시코, 일본, 독일 순위에 이어 6번째로 많이 수출량이 많다. 한국의 대미수출량은 440억 달러(2016년도 통계청 자료 기준) 이상으로 660여억 달러인 중국에 대한 수출 다음으로 두 번째로 크다. 또 서방 세력의 리더인 미국은 우리의 대외활동에도 든든한 배경으로서 압축성장의 우산이 돼 왔음을 결코 잊어서는 안 된다.

제네럴 모터스의 군산공장 폐쇄 결정과 전기제품의 세이프 가드 및 철강제품의 관세율 인상 등 최근 미국의 경제적인 제재 움직임 등을 묶어서 북핵 문제에서의 한·미 간 불협화음에서 튄 심각한 불똥으로 보는 견해가 늘고 있다. 트럼프 대통령이 "경제적으로는 한국은 동맹이 아니다."라고 말함으로써 미국이 한국을 떠날 것을 우려하는 측도 있다. 그러한 일련의 갈등은 한·미 양국 간의 협상과 다툼의 문제이고 외교역량의 문제다. 이를 두 나라 사이에 치명적인 관계 악화를 불러올 근본적인 문제의 성격으로 판단하기에는 근거가 약하다. 한국전쟁 당시 3만여 명의 전사자를 내면서까지 백척간두의 나라를 지켜주고 성공적으로 성장케 한 나라이자 아시아 정책(Pivot to Asia)의 핵심 타깃인 중국의 견제에 전초 격인 한국을 미국이 심각한 피해가 아닌 그 정도의 갈등을 내세워 등을 돌리겠는가.

한국으로서도 트럼프 정권 특유의 상술(商術) 정치로 간주하고 외교적인 노력을 강화해야지 중국의 보복에는 손 놓고 당했으면서 맞대결로 치달으면 깊은 상처와 손해만 보게 될 것이 뻔하다. WTO 제소도, 보복 조치도 한국 측에 크게 도움이 되지 않는다는 전문가들의 분석을 눈여겨봐야 한다. 소나기를 피해 가는 일본은 타산지석이며, 외교력이 상책임을 되짚게 한다.

중국은 분명 한국 경제에 커다란 가능성을 지닌 거대하고 매력적인 시장이다. 중국의 기술 발전 수준이 우리에게 육박하고 있고, 물량과 저가 공세가 위협적이라 해도 2020년에는 GNP가 일만 달러를 넘으면서 수요가 급증할 매머드 시장이기 때문이다. 긍정적으로 보면 앞으로 상당 기간 부분적으로는 서로 경쟁하면서도 보완해나가면 결국 양쪽에 모두 큰 도움이 되는 이웃인 것이다. 다만 국가가 통제하는 계획경제의 위험성이 도사리고 있음을 사드 보복을 통해 경험한 것은 정부와 기업체에게 모두 위기관리까지 포함한 치밀한 전략이 필요하다는 경고장이었다. 한국은 그 경고장의 배달로 비 온 뒤의 땅처럼 단단해졌다.

중국은 중화사상과 대국주의에 나라 전체가 깊이 물들어 있어서 주변국인 우리로서는 동북공정과 같은 거칠고 드센 힘의 논리와 행사에 휘둘리지 말아야 한다. 중국은 주위의 국가들과 살갑게 지내는 나라가 거의 없지 않은가. 중국은 우리에게 경각심을 갖도록 스스로 행동해 왔다. 우리는 자신이 얕보이지 않을 만큼 강력해야 하며, 어떤 위험 요인도 발생하지 않도록 미리 정지작업을 벌여야 한다. 그렇게 되려면 앞선 기술력으로 중국 경제의 추격을 따돌리는 데에 집중해야 하고, 군사적 균형을 담보하기 위해 국제사회와의 집단적인 유대를 강화해야 한다. 북한의 위협과 더불어 한국이 감당해야 할 또 하나의 안보적 부담이다. 한미 동맹이 한국에게 중요한 이유가 여기에도 있다. 물론 당사국인 중국과 서먹함과 대결이 아닌 소통과 우의를 긴밀히 함으로써 협력의 관계가 점점 더 개선되고 다져진다면 한·중 관계에서 그 이상 바람직한 건 없을 것이다.

북핵 문제는 문재인 정권이 남은 임기 4년 내내 씨름해야 할 중요한 어젠다다. 북한과 대화로 문제를 풀어나가든, 미국이 경제적 압박과 무력의 시위나 일정한 행사를 강행하든 한반도에서 이어지는 후속 상황과 폭풍은 길고 험난할 것이다. 그 소용돌이 속에서 미국과 중국은 엄청난 회오리를 일으킬 두 마리의 용이다. 필연코 친미냐, 친중이냐 하는 선택의 유령이 날뛸 것이며, 그 유령은 자기들 편에 유리하게 이 나라의 운명을 가늠하려고 혈안이 될 우려가 있다.

국제관계를 큰 틀로 설정하는 일이야말로 국가의 명운을 좌우하는 중대사이므로 탁월한 지략과 원대한 비전을 투영하는 포석이어야 함은 더 말할 나위가 없다. 그 일에 미국과 중국을 모두 우리 편에 가깝게 두고 안전과 번영의 동반자로 삼는 지혜가 필요한 것이다. 혹여 정치적 이해나 당리당략은 물론, 어떤 세력의 불순한 의도가 개입해 편을 가른다면 국민과 국가에 큰 누를 끼치는 것이다.

아울러 북한과 미국, 중국을 대하는 한국의 외교가 소극적이고 수동적인 자세를 탈피해서 더욱 적극적이고 능동적으로 상황을 이끌어야 한다는 지적에 귀를 기울여야 한다. 한국 외교에는 상황 수습만 있고 상황의 전개는 없다는 인상을 주고 있음은 오랜 이야기다. 오늘날 한반도가 처해 있는 정세가 통일 전후 독일의 상황과는 아주 다르지만, 당시에 한편으로는 공식적으로, 다른 한편으로는 물밑에서 숨 막히게 움직였던 주역들의 발자취는 우리에게 훌륭한 귀감이 되고도 남는다.

2018. 2. 22

미국은 아름다운 나라인가

국제사회는 냉엄하고 외교에는 국익이 우선이라지만, 국가 간의 신뢰 또한 귀중하다. 신뢰를 잃은 상태에서의 실리 추구는 변심한 연인에게 구애하듯 어렵지 않겠는가. 미국이 일본을 껴안는 최근의 전략과 과정은 그 반작용의 측면에서 냉철하게 성찰해 볼 일이다.

아베 일본 총리의 미 의회 연설에서 쏟아낸 아부성 수사와 미국 정치인들의 넘치는 칭송은 세계의 시선에 착잡함을 드리우기에 충분했다. 아베 총리는 "깊은 뉘우침으로 침묵의 기도를 했다."고 빌고, 노래 가사까지 인용해 "그래요, 미국은 우리의 친굽니다."라고 국가 원수의 품격이 무색한 언어로 우정을 애원했다. 아베가 과연 그렇게 잘 뉘우치고 살가운 위인이었는지, 한국과 중국 등의 주변국에게는 놀랍도록 낯설었다. 그래도 미국 정계는 이에 화답하듯 그를 일본의 뛰어난 지도자로 치켜세우면서 의전도 뛰어넘는 극진한 대우를 했을 뿐 아니라 군국주의 부활 우려를 낳는 미·일방위협력지침을 선물로 안겼다. 자위대의 정규화와 헌법개정 등 휘발성 강국에의 길을 터준 것이다. 면종복배로 배신한 태평양 전쟁의 역사는 까맣게 잊은 듯하다.

적대적 과거를 묻어버리고 전향적으로 관계를 개선하는 반전(反轉)외교는 격동하는 세계질서 속에서 피할 수 없는 현실이 되었다. 그러나 그 과정은 그럴만한 믿음과 명분 아래, 매듭을 깔끔하게 풀고 새로운 통로를 열겠다는 진정성이 전제돼야 한다. 필요하다고 덥석 껴안는다면 필경 후환을 부를 것이다. 미국은 중국을 견제하기 위해 일본을 곁에 두려 하고, 일본은 미국을 방패 삼아 일어서겠다는 속셈은 세상이 다 아는 노림수다. 꼭 그래야 할까?

미국의 지도층은 중국이 적국이 아니라고 수시로 밝힌다. 그것은 힘이 아니라 문화와 친선, 협력으로 대처한다는 새 외교 노선인 소프트 파워의 표방과 부합한다. 그런데도 미국은 중국을 포위하기 위해 일본을 파트너로 끌어들여 군사적인 부담을 분담시키려 한다.

중국은 사회주의에 자본주의를 접목하고 미국의 기술을 도입해 성장하는 만큼 체제의 큰 위협도 아니다. 미국과 중국의 국민총생산액은 17조 대 10조 달러이고, 개인소득은 5만 5천 대 7천 불이며, 국방비는 6천억 대 2천억 불로 아직 큰 차이가 난다. 미국이 중국의 추격을 따돌리려고 무리수를 둘수록 지구촌 리더로서의 입지는 깎일 것이다. 중국의 팽창이 거슬리면 미국도 발군의 계획과 투자로 경쟁하면 될 일이다. GDP만큼이나 국가 부채를 많이 안고 흥청망청 살면서 견제에만 혈안이 되면 절대 아름답지 않다.

미국이 일본과 밀착하면 할수록, 한국을 비롯한 일본에 원한과 경계심을 가진 나라들과의 관계는 그만큼 서먹해질 것이다. 미국의 저명한 연구자 마이클 그린(Michael Green)은 일본을 평화의 위협으로 보는 나라가 한국과 중국뿐이라고 말한다. 다분히 일본의 편에서 보는 견해다. 일본 제국주의에 당한 동남아시아의 여러 나라는 판단력이 없다는 뜻인가. 또 일본의 교활함과 야심을 잘 알고 있는 세계인의 시선이 흐려졌다고 보는가. 말을 아끼면서도 언짢아하는 국제사회의 경계심과 경고음에 귀를 기울여야 할 것이다.

한·일 관계의 복원을 권고하는 압박은 역사 문제와 국교 정상화의 분리추진론까지 낳았다. 그러나 일본이 위안부 문제와 교과서 왜곡, 독도 영유권 등으로 다발적인 억지를 부리는 한, 양측의 감정은 날로 날카로워지고 한국 정부의 입장도 곤혹스러워진다. 국민감정일랑 억누르고 실리외교를 편다는 일이 어디 그리 쉬운 일인가. 미국이 진정으로 동북아의 안정을 꾀한다면 먼저 나긋나긋하게 접근하는 일본부터 적극적으로 설득해야 할 것이다.

2015. 5. 11.

한국이 일본을 극복하는 길

아베 일본 총리가 전후 70주년 담화에서 집중된 국제 시선과 압박에도 불구하고 끝내 침략에 대한 통절한 사과를 삼키고 선임 정권들의 수사적 너울 속에 숨어버렸다. 팽창주의의 피를 받은 그의 태생적 굴레와 국가 쇠락의 조바심을 업은 정치적 기반 탓에 어쩌면 예정된 수순이었을 것이다. 그는 메이지유신의 정신적 지주를 신봉하면서 전범이었던 외조부 기시 전 수상의 휘하에서 정치를 배웠으며, 국가적인 정체에 우울한 국민을 엔화 절하와 통상국가로의 헌법개정을 기치로 내세워 정치적인 지지세력으로 결집시키지 않았는가.

그렇다고 피해국들은 미국 백악관의 논평처럼 그렇게 쉽게 긍정적으로 양해할 수는 없는 일이다. 과거에 대한 그의 퇴행적인 언사와 군사강국을 향한 막무가내 행보로 봐서도 그 모호성과 간교함, 미래에 대한 우려를 분명히 짚어야 한다. 특히 한국은 위안부 문제의 물밑협상이 진전돼 조만간 타결되더라도 아베 정권 아래에서는 독도와 교과서 문제, 신사참배, 재일 교민 문제 등에 심각한 갈등이 뻔한 만큼, 단호한 태도를 보여야 한다.

그러나 일본을 극복하는 길은 그들과 논쟁하고, 대치하고, 싸우는 데에만 있지 않다. 대치하고 협상해서 풀리지 않는 불가해성이 높기 때문이다. 그들의 과오와 간교함, 참혹한 침탈, 처참한 희생 등은 웬만해서는 씻기지 않는 민족의 아픈 역사이며 영토 문제도 한 치도 물러설 수 없는 국제적 권리다. 그의 말대로 '전쟁과 무관한 국민 8할의 세대'에게 왜곡된 역사를 가르치려는 판이니 아무리 목소리를 높여도 쉬이 해결될 성질의 일이 아니다.

한국은 주권국의 자긍심에 손색없는 입장을 뚜렷하고 정교하게 정리해서 치밀하게 대응하되, 더 나아가 더욱 높은 차원의 포석을 두어야 한다. 일본이 스스로 자세를 가다듬고 접근해 오도록 하는 큰 외교가 필요한 것이다. 그러려면 우선 한반도를 둘러싼 국제정치의 지형에서 일본에게 한국이 꼭 필요한 존재가 되도록 집중적인 작업을 펴야 한다. '필리핀은 미국에게, 대한은 일본에게' 통치권을 양해한 데프트-가쓰라 밀약으로 미·일은 재미를 봤지만, 이제는 거꾸로 일본이나 미국이 국제관계에서 한국의 협조가 절실할 정도로 국가의 역할을 키워야 한다. 국격에 걸맞은 주도적인 외교의 전개가 요구되는 것이다.

미국은 중국의 팽창을 의식해 일본을 옆에 두려 하지만, 현실적으로는 한국의 역할이 더 중요할 수 있다. 일본은 중국인들의 정서상 중국에 밀착할 수 없지만, 한국은 적대감을 이미 희석시키고 경제·문화적 유대를 심화시키고 있으며, 한·중 간의 밀월은 앞으로 더욱 깊어질 것이다. 물론 한·미 관계도 서로의 전략적 필요에 따라서 필경 더 증진될 것이다. 미국의 중국 전략에서 중간적이든, 방어적이든 한국의 비중도 높아질 것이다. 이러한 힘의 역학 구도에서 한국은 유리한 입장이 될 것이며, 미국 일변도의 일본에게도 국제사회에서 한국과의 유대가 긴요하도록 틀을 뛰어넘는 외교력을 키워나갈 수 있다.

일본은 고도의 선진국이다. 과학·기술의 국제적 평준화 현상 등으로 경제가 퇴락하고는 있지만, GDP로는 세계 3위, 한국의 4배 정도에 이른다. 과학과 기술의 수준은 여러 면에서 세계의 첨단이다. 그런데도 2050년에는 한국이 일본을 뛰어넘을 수 있다는 희망적인 예측이 이어진다. 일본인들은 대체로 협업과 장인정신에 강하고, 한국인들은 도전정신에서 두각을 보인다. 한국과 일본은 멀고도 가까워 상호 협력할 여지가 많은 만큼, 서로를 인정하면서, 부지런히 보완하고 창조해 나가면 언젠가는 일본을 극복하는 길이 꼭 열릴 것이다. 독일과 프랑스가 4번씩이나 큰 전쟁을 벌이고도 오늘날 나란히 EU의 지도적 위치에서 경쟁하면서도 협력하고 있음은 이에 대한 타산지석으로 삼을 수 있을 것이다.

2015. 8. 15

서태지의 <소격동 엘레지(Elegy)>

서태지가 소년 시절의 추억에 젖어 있다. 1996년 '서태지와 아이들'의 해체 후 잠행과 출현을 거듭하다가 요즈음 들고나온 음원인 <소격동>에서는 팬들을 자신의 그 추억 속으로 끌어들이고 있다. 등화관제 사이렌과 북촌의 좁은 뒷골목, 풋풋한 만남, 군 보안사 주변의 으스스한 분위기로 형상화한 엘레지가 대중의 서정을 촉촉하게 적신다. 전자 음역에 멜랑콜리한 멜로디와 가사가 기괴하게 섞여 아릿한 이미지를 풍긴다.

연륜 때문일까? 1992년, 그가 스무 살의 미소년일 때 혜성처럼 나타나 발랄한 록에 현란한 댄스를 버무려 한국의 대중음악 지평에 지각 변동을 일으키던 귀재의 모습과 지금의 모습은 사뭇 다르다. 그때 대중음악계는 흥분의 도가니에 빠져 있었다. 그가 직접 작사, 작곡, 편곡, 베이스, 보컬 등을 도맡아 내놓았던 제1집의 타이틀 곡 <난 알아요>는 17주 동안 가요 차트 1위를 내달렸고, 그해의 가요대상을 휩쓸었다. 팀이 해체될 때까지 불과 4년 동안의 그 회오리는 이른바 '문화 대통령'이 몰고 온 일종의 쓰나미 현상이었다. 이는 과거와 미래를 가른 분수령이 됐고, 오늘날 댄스음악이 주종인 청년 음악과 한류의 종자가 됐다.

본명이 정현철인 서태지는 서울 종로구 소격동, 청와대와 총리공관으로 가는 갈림길 근처에서 자랐다. 지금은 주차장이 된 자리에서 아버지 정상규 씨가 운영하던 전파사를 기웃거리며 소리와 음향기기에 일찍 감각의 눈을 뜬 듯싶다. 예리한 감수성과 신선한 기개, 완벽주의로 무장한 그는 양현석, 이주노와 함께 그룹을 조직해 당시 이태원 등지에서 외롭던 힙합과 댄스를 끌어들여 가요 판을 석권한다. 댄스 음악, 랩, 발라드, 일렉트로니카, 스래시 메탈, 갱스터 뮤직 등의 장르를 종횡무진 섭렵하면서 이룬 일이었다. 어릴 때 서태지의 마음을 짓누른 무거운 분위기는 높은 담으로 가려져 있던 이웃, 군 보안사와 육군병원에서 덮치는 권위주의의 위압감이었다. 그 자리는 원래 조선조의 소격서와 규장각, 사간원, 종친부 등의 터였었는데, 일본 강점기 때 경성대 의학부로 바뀌었다가 전란을 겪으며 군 병원과 보안사가 들어서 있었다. 박정희 전 대통령이 운명(殞命)을 맞이한 곳이기도 하고, 그 뒤 음흉한 정치음모를 꾸민 두 명의 사령관이 대통령이 되기도 한 그 역사의 현장은 주민들에게는 늘 두려움의 대상이었다. 그곳을 지나는 사람들은 주둔군과 경비병들에게 항상 감시를 당하는 느낌을 받았고, 인근 지역을 지나면서는 맥없이 움츠러들기 마련이었다. 이것이 바로 서태지의 유·소년기 뇌리에 휘돌던 뿌연 미세먼지 군이었을 것이다.

서태지의 음악성이 어디로 튈는지는 예측하기가 어렵다. 비판자들은 그의 시대는 지났다든지, 모방의 천재라든지의 말로 그를 폄훼하지만, 그는 아직도 폭넓은 팬 그룹을 거느리고 다니고 있고 제9집의 시원인 아이유와 협업한 〈소격동〉 음원을 들고나와서는 가요 차트 1위로 다시 떠오르는 저력을 보였다.

소격동의 엄혹했던 권위주의 시설은 이제는 멀리 떠났고 그 자리에는 국립현대미술관이 들어서서 세계적인 전위 미술전이 전시되기 시작했다. 서태지도 이제 오랜 방황의 행보를 접고 떳떳한 정진의 길을 꾸준히 걸어갈 때가 된 듯하다. 그가 집착했던 랩의 장르, 난해한 얼터너티브, 하드코어, 이모코어의 내공을 넘어 그만의 음악 세계, 그만의 재능과 열정을 한국 대중문화의 빛나는 꽃으로 피워 나가기를 음악 팬들은 고대하고 있다.

2014. 10

✤이세돌 명인에게 부치는 편지

이세돌 9단. 당신은 참으로 대단합니다. 그 어려운 바둑의 세계에서 우뚝 한국의 국수가 되었고, 세계적으로도 가장 창의적인 기사로 지목되었으니 얼마나 뛰어납니까. 한국의 바둑 인구가 9백여만 명이고, 세계적으로는 5천여만 명이니 천재라는 호칭이 무색합니다. 남도의 저 바닷가 끝자락 섬 비금도에서 태어나 그 치열한 경쟁을 뚫고 어려서부터 추종을 불허하는 독보적인 선수로 성장해서 국내는 물론 국제대회도 휩쓸었으니 실로 대한민국의 자랑스러운 청년입니다.

그러나 세상이 당신을 영웅처럼 환호했던 것은 그런 바둑의 천재, '이세돌' 때문이 아니었습니다. 당신은 구글의 딥 마인드인 알파고와의 대국 상대로 선정했을 때 이미 한국 바둑과 한국인을 대표한 것이고, 나아가 인류를 등에 지고 싸우게 된 인간의 상징이었던 것입니다. 그래서 당신은 이미 바둑인이 아닙니다. 바둑을 두고 있어도, 오로지 대국만을 하고 있어도 바둑선수가 아니고, 그 테두리를 훌쩍 넘은 존재가 됐습니다.

인간이 물체를 인식할 때는 10에서 15층의 뇌 신경 세포 신경망이 작용한다고 합니다. 그런데 알파고는 48층의 신경망을 사용할 수 있습니다. 엄청난 변수를 활용할 수 있는 것이지요. 최신 보도로는 AI는 이미 152층까지도 내부학습(딥 러닝)이 가능하다고 하지 않습니까? 언젠가는 100만 층, 1,000만 층까지도 가능할 것이라는 예측도 나왔습니다. 그렇게 되면 인류의 위상은 코페르니쿠스(Nicolaus Copernicus)적인 변화의 국면을 맞겠지요. 지구촌에 인간의 정신과 자아를 가진 괴물의 등장하는 모습이 눈앞에 선합니다. 지금 미국 캘리포니아 실리콘 밸리에서는 바이커리어스 사(社)가 수학과 언어 같은 인식을 관장하는 인간 두뇌의 신피질(Cortex)을 연구하고 있답니다. 만일 이 프로젝트가 성공하면, 그 알고리즘(분석디자인)으로 인간의 감성과 창의도 재현할 수 있다는 것입니다. 2045년쯤에는 인간의 개성까지도 생성시킬 계획입니다. 인류는 인간 말고 또 다른 형태의 유사인간(Pseudo human being)을 창조해 낼 것입니다. 아니, 인간보다 더 강하고 완벽한 창조물을 내놓아 인류를 통제할 수 있을 것입니다. 무서운 일입니다.

이세돌 9단. 이제 우리는 무엇을 해야 할까요? 당신이 알파고와의 싸움에서 보여준 단호한 태도와 치열한 결기에 답이 있을 것입니다. 그래요. 인류는 기계에 져서는 결코 안 되겠지요. 또 사력을 다해서 극복해야 하겠지요.

전문가들은 인공지능을 이용해서 인간의 삶이 편리해질 것이라는 입장을 보입니다. 제4차 산업혁명이 시작됐다고 흥분하기도 합니다. 그런 과학·기술의 발전은 막을 수 없습니다. 이미 우리 앞에 다가선 현실이며, 거스를 수 없는 흐름입니다.

그러나 2050년쯤에는 인공지능이 인간들의 직업을 모두 빼앗는다는 예측도 있고, 생명체와 거의 비슷한 괴물인 슈퍼 지능이 인간들을 통제할 수 있다고 하니 인류의 미래가 걱정입니다. 더구나 고도의 지능을 악용한다면 그것은 분명히 지구촌의 재앙이 되겠지요.

이세돌 9단. 지금 프로기사회와 다툴 때는 아닙니다. 물론 문제의식은 이해하지만, 잘 타협하시기 바랍니다. 자신의 명예와 인류의 건재를 위하여 더욱 큰 명제를 부둥켜안고 건승하세요.

2016. 5. 15

❧ 애완견 사랑과 식량 문제

　인류의 시름이 깊다. 과학과 기술의 급격한 발달로 인간성은 기계 속으로 빨려 들어가고, 세상은 예민하고 메마르다. 기계들과 공장들이 내뿜는 공해는 인류의 어머니인 환경을 오염시켜 아직 과학으로도 알 수 없는 입자들까지 대기에서 둥둥 떠돌게 하고, 지구촌 곳곳에서 사막화와 물 부족 현상을 불러와 재앙의 조짐이라는 경고를 속속 낳는다.

　기후변화는 이미 농업용수의 15%와 곡물 경작의 20%를 감소시켰다. 세계인구가 예상대로 2030년에 80억 명 이상으로 늘어난다면 곡물 부족은 5억 톤에 이를 것이라는 예측은 섬찟하다. 예측에 따르면 2050년의 인구는 100억 명 이상이라는데 그때의 식량난은 감당하기 어려운 수준일 것이다. 김용 세계은행 총재는 10년 안에 물과 식량 전쟁이 일어날 수 있다고 경고한다. 그런데 놀라운 일은 곡물 생산량의 55%만을 인간들이 소화하고 나머지는 동물의 사료 등으로 사용된다는 것이다. 그중에서 식용이나 유용한 목적으로 기르는 가축은 제외하더라도 순전히 애완용의 먹이로 소비되는 적잖은 식량이 있다. 이는 굶주리는 세계 곳곳의 호구들을 생각하면 동물애호가라도 가벼이 넘길 일이 아니다.

　샌프란시스코 교외 피드몬트시에 사는 딸네 집 주변의 쾌적한 환경에 매료돼 그곳에서 석 달쯤 머무는 동안 가까운 피드몬트 공원을 자주 찾았다. 가파른 산골짜기를 그대로 보존해 조성한 그 오래된 공원은 위와 아래에는 어린이 놀이터와 노천극장, 미식 축구장과 정구장, 야구장 등이 자리 잡고 있다. 그리고 그사이의 계곡을 따라 잘 정리된 산길은 한적하고 삽상해 한 시간 정도의 산책 코스로 안성맞춤이다. 레드우드가 까마득한 높이로 줄지어 늘어서 있고, 체리 나무와 유칼립투스 나무, 자작나무 등으로 숲을 이루어 1877년에 마크 트웨인(Mark Twain)이 다녀갈 정도로 수려하고 고적한 경치를 뽐낸다.

그런데 그 산책길에서 맞닥뜨린 하나의 불편한 현실은 고급 주택지대 한가운데 위치한 그 좋은 산책길에 인간의 수보다 개의 수가 늘 더 많다는 것이다. 개를 동반하지 않는 이가 드물고 한 사람이 두 마리, 세 마리도 데리고 다니기 때문이다. 부촌인 만큼 놀랍게 비싼 개의 종류와 요란한 치장을 탓할 수는 없더라도 개에게 먹일 식량, 개 음식 전문점, 고급 식자재 등을 떠올리면 골이 지근거린다. 공원에는 개의 오물처리 시설이 길모퉁이만 돌면 어김없이 설치돼 있고, 개를 위한 물그릇도 따로 비치돼 있으며, 경찰서에는 애완견 전담 경찰관도 있다. 그뿐만 아니라 시내에 개 공원도 있고 지천으로 널린 애완동물업소들은 불경기를 모른다고 한다. 넘치는 개 사랑의 풍경이 보인다.

　세계적으로 개의 숫자는 5억 3천 마리가 넘고, 미국에 7천 3백만, 서유럽 4천 3백만, 인도 3천 2백만, 러시아 1천 2백만 마리 순으로 존재한다고 한다. 애완동물산업의 규모는 미국에서만 연간 60억 달러로 대부분 먹이에 드는 소비다. 식량 전쟁이 인간과 개 사이에서도 일어날까 걱정이다.

　애완견은 인간에게 가장 살가운 동물이고 기르면서 나누는 정신적인 보상도 상당할 수 있다. 그러나 동물과 놀자고 자식들에게보다 더 투자하거나(2010년 전미 통계 기준), 인간과 나눌 정서를 개에게 너무 뺏긴다든지, 비용 부담이 사치로 치부될 정도로 지나치다면 자비심이 무색할 일종의 낭비로 볼 수밖에 없다. 개에게도 밥값을 하도록 인간들의 삶만큼 고달픈 직무를 부여한다면 모를까.

2015. 7. 30

❦ 소아적(小我的) 민주주의

대한민국의 민주주의가 중병을 앓고 있다. 여야의 극한 대립이 돌파구를 찾지 못함으로써 정부의 국정 운영(Governance)의 동력은 현저히 떨어지고, 야권의 공세는 정치의 정도(正道)를 벗어나고 있다. 집권세력은 국민이 선거를 통해 부여한 권한과 당위 앞에서 머뭇거리고, 야권은 견제와 균형(Check&Balance)이란 본연의 궤도를 벗어나 그 이상을 노리고 있다. 문제는 이런 교착이 구조화되면서 민주주의의 기본을 훼손하고 있으며, 민생과 국가발전에 심각한 악영향을 미친다는 것이다.

박근혜 정부는 야당 후보보다 겨우 3.6%를 더 득표하고 집권함으로써 의석수도 엇비슷하게 확보한 야권의 드센 공세에 직면해 있다. 민주주의의 보검인 다수결의 원리도 억지스러운 국회 선진화법이라는 암초가 가로막고 있다. 야권은 내각의 구성에서부터 정부를 야멸차게 몰아붙였고, 여권은 정국을 주도하며 전진할 여력이 없어 보인다. 세월호 참사로 야권은 더 공격적이고 여권은 기력을 잃은 듯하다.

전체주의와 견줄 때 민주주의의 가장 큰 약점은 비능률성이다. 이를 증명하는 가장 극명한 현상이 바로 미국과 중국의 경제성장률 대비다. 미국은 중국이 계획 경제로 GDP(약 6조 달러)로는 미국(약 15조 달러)까지도 추월하리라는 예측에 속앓이하고 있다. 아직은 기술 수준이나 개인소득(1:8), 전투력(국방비는 1:7) 등에서 큰 차이를 보이지만, 내심 걱정은 쌓인다.

빠르게 민주체제의 구축에 성공한 대한민국은 가장 우려되는 그 비

효율성의 늪에 빠져든 것이다. 야권은 그 길이 첩경인 양 기세를 올리고 있고, 여권은 수세에 몰려 비싼 대가를 치르고 있다. 그러한 양측의 행태는 나라에게는 희생과 후퇴를 강요하는 패착이다.

대한민국의 민주주의를 건강하게 성장시킬 요체는 무엇일까? 우선 국가의 거버넌스에 참여하는 정부와 국회, 정당, 언론, 사회단체, 각계 원로 등이 사심 없이 국가가 나아갈 길에 대해 더욱 심도 있게 고심해서 지혜를 개진하고, 실천하고, 행동해야 한다는 절절한 성찰로부터 출발해야 한다.

야권은 먼저 대통령을 비롯해 헌법기관을 손상시키는 전략을 자제해야 한다. 국정의 문제점은 성역 없이 준열하게 지적해야 하겠지만, 국민이 뽑은 엄정한 지위를 정략적으로 공격하면 결과적으로 국가적인 손실을 입힌다. 정치도 국정운영의 한 축이자 기능이지, 초법적이거나 초국가적일 수는 없다. 야권은 정쟁보다는 정책적인 경쟁으로 국가경영에 참여해야 한다. 국민은 지금의 야당을 정책의 산실보다는 검투사의 이미지로 보는 것이 더 익숙한 게 현실이다. 정치는 협상이고 밀고 당기다가 최선을 받는 것이다. 만족하지 않다고 판을 깨면 국가를 나락으로 끌어내리는 것이다. 합리적인 자세로 경쟁해야 한다. 민생으로부터 국가의 미래 비전까지 다양한 정책에 대한 이성적 경쟁을 통해서만 피안의 목적지에 도달한다는 확고한 태세를 갖출 때 비로소 정당은 건전해질 수 있다.

박근혜 대통령은 정치적 이슈가 있을 때마다 야당을 가능한 한 끌어안아야 했다. 야당을 존중하지 않으면 야당도 여권을 인정하지 않으려 한다. 대세에 지장이 없으면 포용하고, 물러설 수 없으면 무던히 설득해야 한다. 국민은 정치인 박근혜가 아니라, 국가지도자 박근혜를 선출했다. 우호적인 측과 비우호적인 측을 아우르는 절묘한 포석은 박근혜 대통령의 많은 장점도 꽃피워 줄 것이다.

박 대통령은 미디어를 통해 국민 속에 더 파고들어 정책과 입장을 소상히 알리고 또 설득해 나갈 수 있지 않은가? 청와대의 춘추관은 대변인이 아니라 국민 앞에 서는 대통령의 창(窓)이어야 한다. 대통령은 국민으로부터 정치력을 발휘할 무궁무진한 가능성을 위임받은 만큼, 경직된 관념과 틀을 넘어 중지를 모은 발군의 지도력을 발휘할 수 있다.

　대한민국의 민주주의는 지금 고달프고 의기소침해 있다. 민주주의의 강점인 융합과 자발성, 전향성이 활기차지 못하다. 진보든, 보수든 먼저 민주주의를 늪에서 구해야 하며, 국운을 위해서 정치의 환골탈태가 절실하다.

2014. 6. 14

20대 총선 후
한국 정치지형의 지각 변동, 그 새로운 길

인간의 삶이 감성과 이성으로 균형을 이룰 때 건전한 지성을 갖출 수 있듯이 정치도 그렇다. 감정적으로 기울면 대의가 훼손되기 마련이다.

한국의 20대 총선은 감정에 기운 투표였다. 미워서 투표했고, 싫어서 투표한 현상이 곳곳에서 두드러졌다. 새누리당의 공천 파동을 비판하며 외면했고, 더불어민주당의 패권 계파가 지겨워 대안 세력인 국민의당을 택했으며, 그런데도 더불어민주당은 새누리의 악수에 힘입어 제1당이라는 예상 밖의 수확에 웃었다. 국가와 국민에게 절실한 어젠다인 북핵과 안보, 위기의 경제 문제 그리고 불평등과 갈등 등 보수의 명제도, 진보의 명제도 크게 발제가 이루어지지 못하고 소곤거리기만 했다.

새누리의 공천 파동은 치졸했다. 친박의 막무가내 돌진과 그에 저항한 비박의 정치 행위는 비정치적이었다. '~박' 따위의 친박 마케팅과 옥쇄 해프닝은 웃지 못할 정치 코미디였다. 박근혜 대통령의 언행도 친박의 지원과 국회 비난으로 몰려 화살 받이가 됐다. 더불어민주당의 분열 당시 친문 세력에 대한 환멸은 컸다. 그 원인은 지나친 반대와 투쟁적인 노선 때문이었다. 안철수 의원의 신당 창당으로 극에 달한 더불어민주당의 불안은 김종인 비대위장의 저돌적 행보로 위기를 넘기고 기사회생해서 제1당이 되었지만, 강경 친문 세력은 여전히 주류로 군림하고 있어 여야 대치의 핵으로 작용할 것으로 보인다.

국민의당의 호남발 바람이 전국으로 번질 수 있었던 것은 선거 막판까지 새누리와 더불어민주당이 참신한 정책을 내놓지 못하고 계파 싸움으로 우왕좌왕하면서 표를 구걸하기만 한 결과다. 새로움에 갈급한 표심의 몰림이었다. 국민의당은 특별한 비전의 제시나 투쟁 없이도 호남 세력을 업고 강력한 캐스팅 보터가 되어 의회 정치의 판을 바꿔놓았다. 이번 총선에서 유권자들이 보인 청신호는 일부 탈지역주의 현상이고, 영·호남의 텃밭에서 경쟁 당의 몇몇 후보를 당선시킨 일이다.

또한, 선거 결과를 통해 각 정당에게 19대 국회처럼 싸움만 하지 말고 국익과 민생에 몰두하라는 경고를 담은 메시지를 보낸 것도 또한 중요한 의미가 있다. 새 원내대표들이 이미 다투어 협치와 공생의 정치를 내세우고 있어 그 정신이 이어져 새 정치를 낳는다면 한국 정치의 새로운 모습을 볼 수 있을지 기대된다. 여야를 막론하고 상대를 끌어내리는 정치, 대통령의 레임덕 현상을 앞당기려는 정치, 지엽적인 문제로 뒤집어씌우는 정치, 다수의 소리를 못 들은 척하는 정치는 결국 국민과 국가에 피해를 준다는 사실을 국민은 충분히 알고 있다.

4.13 총선 결과 나타난 가장 주목할 제도적인 의미는 3당 체제의 출범이다. 이 현실을 어떻게 승화, 발전시키느냐가 앞으로 4년 동안 나라의 경영에 중요한 변수가 되었다. 이미 대통령이 완곡하게 사과하면서 여야 대표들과의 정례회담을 언급했고, 새로 선출된 3당 원내대표들의 각오도 타협과 협상에 모여 있어서 다행이다.

타협에는 고도의 기술이 필요하다. 국제적 수준의 협상기술에 국가와 국민을 대입시키면 그것이 바로 세련된 정치이고 선진 정치다. 무조건 자기주장만을 밀어붙이거나 상대를 무시해 버리면 대립으로 치닫는다. 처음도 국가와 국민, 끝도 국민과 국가를 앞세우면 답이 나온다. 그 자세 위에서 좋은 정책으로 경쟁해야 한다. 정치의 권력 쟁취적인 속성을 인정하더라도 안보와 경제는 위기이고, 민생은 신음하는 이 엄중한 시기에 당파와 계파 싸움이 비집고 들어갈 자리가 어디에 있겠는가. 국민은 미구에 한국 정치가 대선 정국으로 빨려 들어간다 할지라도 좋은 정책 대신 '선거 승리'나 '집권'만을 외치는 후보나 당은 분명히 외면할 것이다.

2016. 5. 4

한국의 보수는 회생할 수 있을까

한국 정치에서 보수와 진보가 균형을 이루어 전향적으로 견제하고 경쟁한다면 이는 가장 이상적인 모습일 것이다. 굳이 헤겔(Georg Wilhelm Friedrich Hegel)의 변증법을 원용하지 않더라도, 체제를 유지하면서 성장시키려는 보수와 평등한 개혁을 우선하는 진보가 건전하게 경쟁하면 정반합의 원리로 끊임없이 모순을 극복하고 전진하게 된다. 자연히 국가와 사회는 역동적으로 발전하지 않겠는가. 정파들의 게걸스러운 권력욕을 뛰어넘는 뜻깊은 시대요구다.

그런데 지금 보수는 거의 고립무원이다. 탄핵사태 후 집권한 진보정권의 강력한 드라이브 앞에서 무기력하고, 여론조사에서 80%를 넘는 대통령의 여론지지도와 40%대의 여당 지지도에 반해, 보수 양 당의 지지도는 한 자릿수에 각각 머물고 있지 않은가. 국회 활동도 정국 주도권에 사뭇 못 미치고, 노조와 시민단체 등 재야의 기세에도 불편해하기만 한다. 탄핵의 그늘과 새 집권세력의 강풍에서 헤어나지 못하고 있는 판국이다.

삭풍이 몰아치는 혹한의 뒤에는 파릇한 새싹이 덜 풀린 땅도 뚫고 솟아나기 마련인데 이 나라의 보수는 그 봄의 생기와 투혼을 보이지 못하고 있다. 이러한 보수의 부진은 대국적인 견지에서 국정의 건강과 진보의 여과에 제 역할을 다하지 못하는 국가적 손실이다.

보수는 지금 세 가지 결핍으로 앓고 있다. 인물과 정책과 감동이다. 정치적으로 훈련된 경력자들은 친박, 비박의 멍에에 다수가 묶여 있고, 활발한 정책 대안 대신에 고작 비판에만 기울어 있으며, 탄핵 후유증으로 인한 지지층의 이탈은 심각한 수준이다. 홍준표 대표와 유승민 의원은 대선에서 나름 당찬 결기를 보였다. 그러나 그 정도의 리더십으로는 보수의 힘을 회생하에는 역부족이다. 내공과 카리스마도 미진하고, 비전을 내세우며 박차고 나가는 역량도 아직은 보이지 않는다. 지도자가 갑자기 나타나는 건 아니지만, 이대로라면 국민에게 희망을 주지 못하고 뒤늦게 대안을 고민하게 될지 모르겠다. 문재인 체제가 노출한 이슈들, 인사의 치우침과 사드 지연 문제, 정상외교의 미숙, 원자력 발전 중단의 졸속 등 야당이 제구실을 해서 국정에 기여할 수 있는 호재들이 많은데 보수 진영의 정치력은 너무도 미미하다. 다음 선거를 벼르며 시간의 흐름을 기대한다면 적기를 놓치는 오산이다. 날 선 비판에만 핏발을 세우라는 게 아니라 대안을 제시하며 정국운영에 영향력을 높이라는 보이지 않는 다중의 바람이 적지 않다. 엄중한 국가의 안보와 경제적 상황에도 집권세력이 전 정권의 과거를 들추는 데 지나치게 소모적으로 몰입한다면 이 또한 야권이 주저 없이 정치력을 보일 공간을 맞이하는 것이다.

그러나 보수에게 무엇보다 다급하고 중요한 일은 내부의 환골탈태와 정신무장이다. 보수의 추락을 부채질한 정파 간의 이해타산은 불살라 버리고, 국가와 국민만을 바라보는 처절한 반성과 변신 없이는 실추한 신뢰를 회복할 감동의 드라마는 기대하기 어렵다.

한국의 보수는 지도층의 실족에도 불구하고 쉽게 궤멸될 수 없는 깊이와 두터움이 남아있다. 한국 전쟁을 겪으면서, 경제 성장을 이룩하면서 쌓인 이념적 자산이다. 민주화와 산업화의 그늘이 낳은 진보와 함께 한국 사회의 두 축이고, 국가를 전진시킬 두 바퀴다. 두 이념과 세력이 상생하고 서로 이기는 건전한 균형은 한국 정치의 선진화와 함께 반드시 자리 잡아야 하고, 또 그렇게 될 것이다.

2017. 7. 17

6.13 선거 후 정치지형과 보수의 재건

지방 정부와 국회의원 보궐선거가 여당의 압도적인 승리로 결판나자 그 파장이 높고 길다. 여권은 웃음꽃 속에서 축배를 들고, 야권은 충격으로 중병에 걸렸다. 운동장은 더 왼쪽으로 기울어져 버렸다. 한국당과 미래당이 참패의 조짐을 부정하면서 대책 없이 낙관하고 있던 터라 그 여파가 더 컸다. 보수의 궤멸까지도 운위되고 있는 실정이다.

보수 야권의 심각한 추락은 엄연한 충격이다. 혼란에 빠졌고, 당장 대안도 보이지 않는다. 보수의 몰락과 재기불능으로 보는 견해도 있고, 의도적으로 과장하는 기색도 있다. 그러나 선거는 때로 큰 바람의 흔적이다. 진보도, 보수도 참패한 전례가 있다. 다만 이번은 기록적인 승패의 차이를 보여서 보수의 재건이 힘들다고까지 여기는 것이다.

보수 야권이 위축 수준을 넘어 몰락하면 야권은 물론, 여권에도 바람직하지 않으며, 국가적으로도 손실이다. 건전한 야당이 제구실을 해야 여권도 독주하지 않고 궤도 위에서 전향적으로 발전할 수 있고, 국사(國事)는 견제와 균형(Check and balance)으로 정상적인 거버넌스(Governance)를 유지할 수 있다. 일부에서는 야권의 곤경을 헤어날 수 없는 파탄인 양 평가하지만, 정치는 생리적으로 등락하기 마련이고, 보수 이념도 진보와 함께 부단히 생성돼 양립하는 불멸의 정치 현상이므로 희망이 전혀 없다고 할 수는 없다.

보수의 재건은 참패 원인의 통렬한 성찰로부터 시작해야 한다. 무엇이 보수를 나락으로 떨어트렸는가.

첫째, 근원적인 패착은 그 성원들이 스스로 불렀다. 보수의 지지를 받은 전직 대통령들의 잇따른 실족과 지나친 경쟁은 내부의 파열을 낳았다. 그 결과로 이어진 탄핵과 구속으로 두 전직 대통령, 본인들의 추락은 물론, 보수의 길도 훼손됐다. 그 휘하들이 적진 앞에서 피 터지게 싸워 보수의 가치에 상처를 내게 했으며, 국민의 실망이 덕지덕지 쌓이게 했다. 탄핵정국과 다스 소유권 시비의 후유증은 아직도 진행 중이다. 더구나 한국당의 홍준표 대표는 정치는 언어임에도 정제되지 않은 비속어까지 공격의 창으로 동원해서 비호감을 더했고, 미래당은 생뚱맞은 합당으로 정치 노선을 함께하는 동지들의 집합이라는 정당의 기본에 의구심마저 주었다.

둘째, 성장 뒤에 따르는 복지의 요구에 만족스럽게 대응하지 못했다. 박근혜 대통령은 후보 시절 진보적인 복지를 차용하고도 국정운영의 메커니즘에 밀려 과감하게 정책에 반영하지 못했다. 복지는 소득 격차와 성장의 부수적 요구로 진영논리보다 어느 쪽이 현명한 대책인가로 경쟁해야 했는데 보수는 발 빠르게 부응하지 못한 것이다.

셋째, 안보 문제에서 정부의 야권 존중을 얻어내지 못하고 주요 결정에 참여하는 데 실패했다. 남·북과 미·북 정상회담이 몰고 온 거대한 상황변화의 흐름을 타지 못한 채 낡은 프레임으로 공세만 취했다. 보수의 가치도 터지는 봇물을 거스를 수는 없는 일이다.

넷째, 청년들의 숨결이 압도하는 대중사회, 대중문화를 함께 호흡하는 데에 미치지 못했다. 한국은 가장 빠르게 대중사회로 탈바꿈하는 나라 중의 하나인데, 보수는 그에 다가가는 속도에서 체질적으로 느렸다. 정부의 언론기관에 대한 영향력이 급격히 높아졌는데도 속수무책이었다. 문화계의 성향이 진보 일색임도 주목할 현상이다.

다섯째, 진보진영이 강성 시민단체들과 민노총, 전교조 등 사회 기층에 뿌리를 둔 외곽 조직을 우군으로 내세울 때 보수진영은 반대세력으로만 적대시했다. 구름처럼 움직이는 무정형의 대중은 결속력이 강한 조직의 좋은 무대임을 백안시한 것이다.

여섯째, 보수의 가치와 비전의 제시에 미흡했고, 그것들의 필요성을 부각시키는 데 느슨했다. 국민들은 보수세력의 내분과 비판하는 이미지에만 익숙하고 생산적인 이미지 빌딩에는 주목할 껑거리가 없었다. 비판의 역할에서도 탈원전과 최저임금 인상, 근로시간 축소, 비정규직 문제, 세율 인상, 비정규직 문제, 소득 주도형 경제, 드루킹 사건, 넘치는 적폐 수사, 한·미 군사훈련 중단 등 논란이 돼 있는 정부의 시책 등을 이슈화하는데 시늉만 냈지 무력하고 무능했다.

보수 정당은 이대로는 2020년 총선과 2022년 대선에도 희망이 없다는 비관적인 평을 받기도 한다. 극단적으로는 완전히 해체돼야 한다는 소리도 듣는다. 그러나 과반에 가까운 의석을 보유하고 있는 두 정당이 기득권을 완벽하게 내려놓는 일은 현실적으로 어렵다. 정치가 사람들이 만나고 모이는 과정이라는 점에서 정당의 해체도 나중에 보면 일종의 변신에 불과할 게 뻔하기 때문이다.

보수 재건의 요체는 하드웨어가 아니고 소프트웨어에 있다. 국민을 감동하게 할 원대한 국가 비전의 정립과 선 굵은 노선의 제시, 정책개발을 쏟아낼 산실의 신축, 그리고 그런 작업을 진두지휘할 인재의 영입이 나아갈 길이다. 국민들은 언제나 희망을 원하고, 그 희망을 주는 지도자에게 환호를 보낸다.

한국당에서 조기 전당대회 소집으로 지도층을 재구성하자는 목소리와 외부인사를 영입해서 비상대책위를 구성하자는 주장이 들린다. 그러나 당내 유력한 후보자들이나 영입 대상으로 거론되는 외부인사 중에서 보수 진영이 추대하고 따를 만한 출중한 지도자감을 찾지 못하고 있다. 국운을 일으킬 국가 비전과 깃발을 들고 이끄는 넘치는 카리스마, 존경과 화합의 지도력을 두루 갖춘 인사가 떠오르지 않는다. 도토리 키재기고, 그 물에 그 밥 말기가 되지 않을까 하는 것이 국가의 미래를 위한 걱정들이다.

자리가 사람을 만든다는 말이 있다. 처음부터 맞춤형 인사를 찾기가 쉬운 일은 아닐 것이다. 지금 보수가 처해 있는 위급한 상황에 대한 인식과 보수의 가치에 대한 철학이 뚜렷한 인사, 건전한 세계관과 국가관이 철저한 인사, 어려움이 닥치더라도 역경을 딛고 앞장서서 강인하게 이끌어 갈 재목을 찾으면 된다. 일단 추대하거나 선출한 뒤에는 중지를

모아 삿된 이해를 누르고 일사불란하게 함께 나아가는 일이 보수 야당
이 살길이다.

　보수주의는 기득권에 안주하면서 편안해지려는 편의주의도 아니고,
노력 없이 얻을 수 있는 과실물도 아니다. 오히려 부단한 노력으로 축적
된 값지고 건강한 제도와 문화를 지키면서 끊임없이 개선해 나갈 때 빛
나고 발전할 수 있다. 안보를 지킨다고 국가 안위를 치열하게 고민하는
대신 상황의 급변에 저항만 하고 있으면 뒤처지고 만다. 성장도 복지의
갈증을 포용하면서도 선진국으로 나갈 동력을 추진하는 지혜에서 찾아
야 한다. 혼신의 노력으로 감동적인 대안을 내놓을 때 국민들의 호응을
받을 것이며 신뢰는 복원될 것이다.

　한국 국민들은 이제 세력 다툼이나 번지르르한 레토릭으로 분칠하던
낡은 정치로는 움직이지 않는다. 진영논리나 지역감정, 패거리 행태도
철 지난 구태다. 남녀노소, 장삼이사들도 정치인들의 행태를 세세히 꿰
뚫어 보고 있다. 이러한 상황에서 섣부른 정치 공학은 반작용만 일으킬
뿐이다. 상대편을 탓할 일도 아니다. 환골탈태는 이런 자세에서부터 시
작해야 한다. 이는 보수뿐 아니라 진보진영의 정권이나 정당에도 똑같
은 원리와 무게로 적용될 것이다.

　대한민국이 민주주의를 도입한 지 70년이 흐른 오늘날까지 숱하게 경
험하고 학습한 한국의 정치적 자산이다.

2018. 6. 18

역사 교과서 국정화 논쟁과 양질의 교육

올해 하반기에 한국 사회의 지축을 흔들었던 역사 교과서 국정화의 찬반 갈등은 정부-여당과 야권의 극렬한 공방은 물론, 보수와 진보로 반목하게 하고 넓게는 여론의 양분 양상까지 부른 사건이었다. 이 논쟁은 교육부의 시행령으로 일단 국정화 준비에 들어갔지만, 야권의 반발이 잠재워지지 않아 그 여진은 계속될 것이고 후유증도 오래갈 것으로 보인다.

교과서 문제는 국가의 미래가 달린 교육에 관한 중요한 사안이므로 정치권은 물론이거니와 온 사회가 중지를 모아 최선책을 마련해도 미진할까 우려될 판이다. 그런데도 이처럼 양쪽으로 나뉘어 비이성적인 대결로 치달아서 사회적인 큰 손실을 낳았다. 그뿐만 아니라 걸핏하면 이념과 이해로 대결과 갈등을 빚는 현상은 성숙한 시민사회의 모습이 아니며, 시민들의 다양한 의사를 조화시켜 합일을 도출해 내는 민주주의의 기본에도 못 미치는 수준이다.

민주사회에서는 당연히 이견이 있을 수 있다. 심하면 여러 갈래로 나뉘어 목소리를 낼 수도 있다. 여와 야의 찬반은 균형과 견제라는 점에서 일정 부분 긍정적인 측면도 있다. 그러나 싸움은 시작부터 너무 날카로웠고, 좀처럼 타협의 자세는 촉수조차 작동하지 않았다.

국정화 논쟁은 정부-여당에서는 내용의 잘못을, 야권에서는 과정과 절차를 주로 문제 삼고 있다. 청와대와 여당은 역사 교과서들의 내용이 건국과 산업화는 경시하면서 북한 측에 편중돼 있고 대한민국의 정체성에도 역행하는데, 검증과정에서는 시정요구가 받아들여 지지 않는다는 입장이다. 반대 측에서는 국정화의 의도가 독재와 친일을 합리화하려는 것이라고 의심하면서 국정화는 학문의 자유에 어긋난다고 주장한다. 양측의 주장은 초점이 다른 것이다. 따라서 두 가지 논점을 떼어 놓고 논의한다면 각각 정반합의 지혜로 의견접근에 이를 여지도 충분히 있었다. 모두가 교육이란 명제에 좀 더 충실해서 냉철해졌다면 전향적으로 협의에 나설 수 있는 문제였지 않았을까?

물론 이념의 차이가 첨예하고 학계의 역사관을 조율하는 난제가 있으며, 교육계의 세력 다툼과 출판사와 교육 현장의 이해까지 얽혀 있다는 시각도 있는 실정이어서 결론을 내기가 쉽지는 않을 것이다. 그러나 복잡한 난제를 풀어내는 일이 정치의 본질인 만큼 정치권의 치열한 노력이 더 기울여졌어야 했다. 그것이 미래세대를 위한 시대적인 당위라는 점에서 보면 국정화 사태는 국가적인 차원에서 많은 아쉬움을 남긴다.

여당은 법에 따라 국정화를 진행하면서 민생 문제와 총선 준비로 활동의 영역을 돌리고 있고, 야당도 당내 문제와 총선 대비로 더는 신경을 쓸 겨를이 없다. 따라서 국정화 문제를 둘러싼 전선은 다소 소강상태로 접어든 형국이다. 그렇다고 국정화 논쟁이 사라진 것은 아니다. 집필진 구성과 집필 과정, 내용에 대한 이견 표출 등에서 첨예한 대립이 예상되며 출판과 채택 과정에서도 홍역이 예상된다. 진보적인 인사들이 많이 포진한 시·도 교육감들이 어떻게 반발하느냐에 따라서 법적인 분쟁도 배제할 수 없다.

어떤 형태로 사태가 전개되든 사회의 희망인 학생들이 어른들의 각박한 싸움에 영향을 받지 않고 자유로운 환경에서 올바른 국가관과 역사관을 바탕으로 만들어진 양서로 면학할 수 있게 되기를 양식 있는 한국 국민들은 모두 바랄 것이다.

2015. 12. 7

✨ 공무원 사회에 대한 국민의 시선

"공무원들은 별에서 온 존재들이냐."는 비아냥이 곳곳에서 들린다. 요즈음 택시 안에서도, 찻집에서도, 음식점에서도, 심지어 지하철 안에서도 심심치 않게 들린다. 공무원 연금 개혁이 이슈로 등장하고, 공무원 노조가 격렬하게 저항하면서다. 공무원 측을 두둔하는 편보다 비판적인 소리가 훨씬 더 크게 들린다. 나라의 사정이 어려운데 집단 이기주의가 지나치다는 여론이다. 개혁의 필요성에 대한 사회적인 공감대가 느껴진다.

그런데도 노조를 앞세운 공무원들의 반발은 국민의 뇌리에 박혀있는 그 신분의 이미지를 훨씬 벗어난 모습일 정도로 거칠다. 여의도에서 12만 명이 운집해 힘을 과시하는가 하면, 서울역과 광화문 광장에서 대중을 향해 귀가 따갑게 스피커 소리를 높이고, 관계 장관 등이 참석하는 토론회를 쌍스러운 욕설을 퍼부으며 4차례나 무산시켰다. 자신들의 최고위 지휘관인 국무총리가 집단행동의 자제를 호소하자 권한 밖의 정권 퇴출까지 겁박했다.

공무원들은 국민에게 두 가지 얼굴로 각인돼 있다. 건국 이래 누란의 위기를 맞는 국가를 방대한 거버넌스로 지켜온 버팀목으로써의 공로는 과소평가할 수 없다. 또한, 엘리트 집단으로서 정책을 입안하고 집행하는 데 적잖이 기여했다. 이러한 모습은 국가 기반의 건설과 성장의 한 축을 담당한 순기능이다.

그러나 일부는 아세하고 눈치를 보면서 정권과 상사의 하수가 됐던 점도 사실이다. 몸사림 탓에 "공무원들이 하니 뻔하지."라는 한탄도 많이 들었다. 또 법과 권력을 배후로 관청의 높은 문턱을 쌓고, 권위와 부패의 온상이 되어 왔음은 국민의 속상하고 어두운 기억들이다. 조선시대의 사대부와 일본 강점기 시대 관리의 행패와 맥을 같이하는 그 부조리의 고리는 관료주의의 찌꺼기로 썩고 있다가 세월호 참사와 같은 얽히고설킨 재앙의 단초를 제공하기도 했다.

100만 공무원들이 퇴역들과 함께 개혁을 불편해하는 것은 어쩌면 당연하다. 자산을 뺏기는 일은 쉬운 일이 아니기 때문이다. 그러나 올해만 해도 2조 4,854억 원을 국민의 세금으로 국가가 보전해 줘야 하고, 2020년에는 6조 2,518억 원을 지원해야 하는 터라 국가 부채가 400조 가량이나 늘어난다는 추산이니 개혁을 더 미룰 수가 없다. 증세의 칼을 빼 들기에도 국내·외의 경제 환경이 너무 팍팍하다.

이런 상황에서는 공무원들이 오히려 먼저 국가의 형편을 심각하게 고민하고 멸사봉공 정신을 새삼 되새겨야 그리스의 전철을 밟지 않을 수 있다. 병이 깊기 전에 수술을 단행하는 것이 공무원과 납세자, 국민 모두를 위해 중요함은 갈등을 피해간 노무현, 이명박 정권을 돌아보며 명백해졌다.

공무원들은 박봉을 감수했다든지, 공인으로 헌신한 대가라고 연금의 당위성에 관해 주장하지만, 그 대신 안정적인 직업을 보장받았고, 명예와 긍지를 누렸다고 자위할 수도 있지 않은가. 또한, 이것이야말로 '역사의 주체로서 정의사회 구현과 복지국가 건설의 기수가 된다'는 공무원 윤리 헌장의 정신에도 부합되지 않는가. 나라의 고통을 분담한다는 대승적인 자세로 개혁을 위한 구체적인 협상과 타협에 응하는 것이 존중받는 관리의 상을 세우는 길이다.

2014. 11. 6

투명사회의 건설은 이제 시스템으로

대한민국은 한국전을 겪은 뒤 주로 성공과 자유를 목표로 달려왔다. 두 가지 시대정신이 지배적으로 국민의식을 이끌었고, 그 결과 눈부신 산업화와 민주화를 이룩했다. 거기에 뒤따라 복지가 사회정의로 떠올랐고, 최근에는 투명사회라는 명제가 급속히 부상해서 주요 시대정신으로 치솟았다. 이는 세월호 침몰의 원인이 된 집합적인 부조리와 이어서 터진 최순실 게이트가 부른 시민 자각이 엄중한 시대적인 요구다. 투명함에는 공정성과 평등, 준법정신이 맑고 시퍼렇게 작동하라는 의미가 내포돼 있다.

박근혜 대통령의 어처구니없는 용인술 패착에 실망하고 분노로 인해 일어난 촛불시위는 광화문 일대를 메운 기록적인 압박으로 대통령의 탄핵과 특검의 무더기 수사를 부르며 지축을 흔들고 있고, 세계의 주목까지 집중시켰다. 사건은 몽매한 노파 최순실에게 국정이 휘둘린 데 그치지 않고, 그 비선 측근의 게걸스러운 일탈과 대통령의 베일 속 사생활까지 속속 드러나게 하는 계기가 되었다. 더불어 확인되지 않은 루머까지 겹치면서 일종의 해일이 됐다.

대통령의 탄핵소추와 특검의 수사로 이 상상 밖의 매머드 스캔들에 대한 특단의 검사와 책임추궁은 일단 제도적인 장치 안에서 법률에 따라 준엄한 심판을 받게 됐다. 탄핵소추의 기각이든, 인용이든 집권세력의 추락이자 보수의 시련이다. 박 대통령의 친위세력인 친박의 타격을 포함해서 집권 새누리당은 분당의 내홍을 겪는 등 최악의 위기에 몰렸고, 야권은 득의양양 하는 등 이 사건은 정치권에 지각변동을 안겼다. 경제환경의 악화 속에 맞은 이 내상은 한국 사회가 견디기 힘든 큰 아픔이고, 비싼 경험이며, 후유증이 오래도록 남을 상처가 될 것이다.

촛불시위를 주도한 야권과 노총, 전교조, 참여연대 등 1,500여 개의 단체들은 탄핵 여부와 관계없이 대통령의 즉각 사퇴와 황교안 권한대행의 직무축소를 요구하며 시위정치를 계속할 태세다. 이들은 국정의 위축을 백안시하고라도 집권세력을 퇴출시키고, 탄핵 후 대통령 선거까지 야멸찬 공세를 지속할 심산으로 보인다.

사회학자 카를 만하임이 대중사회 개념을 갈파한 뒤 '대중은 바보'라고 끊임없이 회자돼 왔다. 그만큼 단순하고, 선동과 군중심리에 노출돼 있다는 뜻이다. 그 휘발성 위에 아무리 잘못했더라도 현직 대통령을 절차 없이 "구속하라.", "탄핵기각이면 혁명."이라는 등의 선동을 통해 불을 붙이는 지금의 모양새는 대혼란의 자극이라는 점에서 매우 위험하다. 광장에서는 비록 시위대와 공권력이 서로 자제해서 충돌은 면했지만, 거리에서 난무했던 과격한 언어도 일종의 폭력이다. 정치인들이 시위에 앞장서는 행위 자체도 순수한 민의를 오염시킨다는 인상을 준다.

어떤 정치인들은 막연하게 '국민'이나 '민심' 등의 단어를 통해 자신들의 입장을 강변한다. 국민 속에는 상충하는 이해와 여러 계층이 내재해 있고, 민심 속에도 다양한 생각과 주의·주장이 엄존하는데도 자신이 앞장선 시위를 전 국민을 대표하는 것인 양 치켜세우며 아전인수의 논리를 펴는 것은 옳지 않다. 물론 촛불 속에도 가슴이 뭉클하는 진정성이 자발적으로 많이 참여했지만, 어떤 조직에 동원된 측과 분위기에 젖기 위한 젊은이들도 많았다는 사실을 간과해서는 안 된다. 그악스러운 집단이기주의와 맹목적인 추종 등 불순한 소리도 높았다. 다수의 동조가 있더라도 강경한 주장까지 전체로 뭉뚱그려 해석하면 그 순수성이 훼손되기 마련이다.

시위정치는 구체적인 해결의 수단이 없다. 꼭 필요할 때 소리 높여 의사를 전달하는 일까지가 주어진 몫이다. 일단 민의를 표출한 뒤에는 미숙하지만 그래도 제도권을 통해 합리적인 방안을 촉구하고 감시해야 한다. 강성만을 고집하면 실패한 혁명들처럼 파국과 낭떠러지에 이를 것이 우려된다. 파국까지는 아니라도, 시위정치가 범람하면 대국적으로는 정부와 의회의 기능을 저하시켜 결과적으로 나라와 국민에게 손실을 안길 게 뻔하다.

찬반을 막론하더라도 헌재의 판단에 영향을 주기 위해 주말마다 벌이는 의도적인 시위는 더이상 바람직하지 않다. 대선을 의식하고 경쟁적으로 띄우는 정치인들의 데마고그나 레토릭도 양식 있는 시민이면 당연히 거부감을 느낄 것이다.

정답은 아직도 대의민주주의를 건전하게 활용하는 길 위에 있다. 정당과 의회, 정부 그리고 선거는 인류가 발전시켜온 최상의 제도들이다. 그 안에는 그나마 정교한 국정운영의 장치들이 마련돼 있는 만큼, 더욱 절차탁마하여 이를 활용하는 길이 최선이다. 김영란법의 탄생은 다소의 문제점에도 불구하고 얼마나 훌륭한 일인가. 정당들은 여든, 야든 오늘의 사태를 심각하게 반성하며 스스로 새롭게 개혁하고, 민의를 여과해서 의회를 중심으로 진지하게 대화해야 지금의 국가적 위기를 풀어나갈 수 있을 것이다. 정치의 금도를 무시하면서 대화에 성실하지 않은 세력은 필경 국민적인 역풍을 맞을 것이며, 역사에도 오점을 남길 것이다.

이 땅에는 보수와 진보라는 양대 이념적 산맥의 구분이 확연하다. 전쟁과 산업화, 민주화 그리고 여러 갈등구조가 낳은 이런 이념적인 가치체계가 정반합의 융합과정을 거치면서 전향적으로 발전해 나가는 것이 이상적이다. 최근에 떠오른 투명사회 건설은 양대 이념적 진영이 어떻게든 함께 힘을 모아 이룩해야 할 공동의 명제다.

세계 1, 2, 3위의 강국에 둘러싸인 한국의 국운이 촛불로 길을 열어야지, 바람에 흔들리는 촛불처럼 흔들려서야 되겠는가.

2016. 12. 17

지성이 풍미하는 시민사회로

지성은 학식이나 신분을 뛰어넘는 개념이다. 올바른 의식과 행위가 수반돼야 진정한 지성인이다. 지성이 중심을 잡는 사회는 건전하고, 지성인이 이끄는 나라는 평안하고 발전하기 마련이다. 당연히 위기를 맞은 사회일수록 지성의 역할이 절실하다.

한국의 지성은 세 가지 뿌리, 즉 예로부터 내려오는 전통규범과 서구의 가치체계 그리고 오늘날 현실의 바른 인식과 판단에서 자라 형성된다고 볼 수 있다. 그래서 지금 우리의 지성은 도덕과 윤리, 공정성과 박애, 새 시대의 대응력을 두루 품고 있다.

지금 한국의 현실은 누란의 위기이다. 정부 거버넌스의 추락이자 정치의 혼돈이고, 시민사회의 요동이며, 경제와 민생의 곤경이다. 분노와 균열의 시절이고, 불안이 퍼져있다. 박근혜 대통령이 광범하고 훈련된 정부와 여권의 공조직을 멀리하고 최순실 등 한심한 측근에 그 엄중한 국가경영을 의존했음은 변명의 여지가 없다. 그것이 탄핵을 받을 정도인지는 헌재의 판단에 맡겨졌지만, 지도력의 상실과 지지세력의 위축은 물론, 국민의 실망과 관료사회의 허탈도 치유될 조짐이 없다. 난국을 바로잡고 새 길을 열어야 할 정치권은 덩달아 스스로 혼란에 휩싸였다. 여권은 기다렸다는 듯이 내홍과 분당으로 치달았고, 야권은 민심의 폭발인 시위를 올라타고 불난 집에 부채질하기에 열을 올렸다. 비판의 칼날만 휘둘러졌지, 어디에도 뛰어난 경세의 지도력이 보이지 않는다. 지도자 재목으로 기대되던 이들도 집권욕에만 눈이 먼 듯 경쟁적으로 계투(鷄鬪)만을 벌이고 있다.

시민사회의 궐기는 초기에는 많은 공감을 자아냈고, 시위정치를 이끌어서 온 사회에 카타르시스를 주면서 탄핵정국을 주도했다. 그러나 일부 세력에 휘둘려 과격한 구호와 언어폭력을 쏟아내면서 탄핵소추 이후까지도 흥행성 시위를 그칠 줄 몰라 정치성을 의심받고 있다. 위법의 지탄은 대통령을 당장 끌어내리려는 또 다른 초법(超法)을 외쳐대고, 은근히 일대 혼란을 부를 시민혁명까지도 부추긴다. 분개한 보수의 집회도 자극해 이념 대결의 양상을 보이기도 한다.

최순실 사태의 회오리에 접근해 실황을 세세하게 밝힌 언론도 사회감시자의 기능은 평가받았지만, 정제되지 않은 보도와 신중하지 않은 평론의 남발로 신뢰에 티를 안겼다. 경위야 어떻든 수사의 증거물과 증언에 언론이 휘말린 일도 언론 본연의 모습은 아니며, 확인되지 않은 풍설의 보도 등 언론 매체가 지나치게 흥분한다는 소리가 들린다면 반성할 여지가 크다. 소소한 일을 전체로 매도한다든지, 편파 보도로 매체의 성향을 드러냈다는 비판이 적지 않음은 객관성을 잃지 말아야 하는 언론의 기본에 상처가 될 것이다. 더 아쉬운 점은 위기의 사회를 전향적으로 이끌어갈 역할에 미진했다는 지적이다.

탄핵정국으로 10조 원 이상의 사회적 손실이 이미 발생했다는 분석과 내년에는 GDP가 2.6%의 성장률도 난망이라는 어두운 전망은 나라를 슬프게 한다. 트럼프와 시진핑, 푸틴, 아베, 김정일 등 강성의 지도자들이 주변에 포진한 국제 환경은 으스스함마저 감돈다. 백척간두에 놓인 한국의 진로는 어디에 있는가.

오늘의 지성은 전통사회의 인의예지(仁義禮智)는 물론 서구문화의 합리성과 존중, 포용(Tolerance) 그리고 시대를 호흡하는 민첩함을 품고 있다. 그런 의미에서 한국 정치는 비지성적이고 저급하며 함량 미달이다. 상대를 폄하하고 끌어내리는 공격이 한국 정치가 몰두한 정치 행위의 주력이었으며, 가장 두드러진 이미지였다. 그런 도전적인 정치 환경 속에서 대통령은 취임 직후부터 방어에 급급하면서 야권과 반기를 드는 일부 여권의 공세를 극복하지도, 품지도 못하고 고립과 측근 정치에만 매달렸다. 최고지도자의 정치력 부족과 함께 지성이 결여된 정치 환경을 아프게 반성하는 이유다.

광장의 시위도 이제는 진로를 스스로의 지성에 물어야 한다. 위법과 비정상에 실망하고 분노해서 고발한 저항은 시민사회의 자연스러운 의사표시이자 성숙함이었다. 그러나 정치권이 시위에 야합하고 집단이기주의에 찌든 불순한 요인들이 군중심리를 틈타 혼란을 부추기면 민의는 오염되고 부작용을 부른다. 대중 속에서도 건전한 지성의 의연한 발로가 절실한 것이다. 지성은 고고한 지식인의 전유물이 아니다. 계층을 불문하고 일반 시민 각자의 마음속에서도 건재하면서 건전한 향기를 뿜을 수 있다.

경제적인 위기는 경제관료들에게만 맡겨둘 일이 아니다. 경제를 전공하는 학자들과 연구소, 업계가 모두 나서서 타개책을 활발히 토론하고, 발표하고, 실행에 옮겨야 한다. 언론뿐만 아니라 정당과 의회, 세미나 등의 각종 채널을 능동적으로 활용해서 의견을 개진하고 보고해서 정책에 반영되도록 갖은 방법을 찾으면 될 것이다. 이해타산을 접고 순수하게 벌이는 그런 활동이 살아있는 경제계의 지성이다. 나라가 전반적으로 위기일 때 구성원 모두가 지성의 내공들을 주저 없이 발동하는 사회가 성숙한 시민사회라고 할 수 있다. 조직과 기관은 그들대로, 전문가들은 전문가대로, 일반 시민들도 나름대로 스스로 지성을 일깨워 사회를 위해 할 일이 많다. 오늘날 대한민국의 엄중한 요구이자 명령이다. 온 시민의 지성이 함께 나라를 재건축하라는 것이다.

조선 말기의 젊은 지성 이육사는 암담한 조국에 값진 희망을 심기 위해 먼 과거와 현재, 미래를 아우르며 소리쳐 읊고 외쳤다.

2016. 12. 27

선진사회로 이끌 시민의식

치과 진료를 받고 지하철로 귀가하던 길, 족저근막염 통증 때문에 빈 자리를 향해 서두르던 참이었다. 뒤에 서 있던 여고생 둘이 좀 느린 나를 슬쩍 밀치면서 잽싸게 앞으로 나가더니 내가 겨냥해 가던 빈자리들을 얼른 차지했다. 남을 존중하기는커녕 순서도 무시한 어린 학생들의 날쌘 행동이었다. 주위는 떼로 몰려다니는 등산객들의 큰소리들로 귀가 따갑게 소란했다. 며칠 전에도 전차 안에서 내 앞자리가 나서 막 앉으려 하는데 그 옆자리의 중년 여인이 급히 옆으로 옮겨 앉더니 동행의 여인을 자기가 앉았던 자리로 이끌어 앉혔다. 나는 속 좁은 어른이 되지 않으려고 다른 쪽으로 옮겨가 아픈 발을 달래며 꽤 오랫동안 서 있었다.

거리에서도 눈살을 찌푸리게 하는 무례함이 여기저기 널려있다. 남이야 어떻든 담배를 피워대며 활보하고, 꽁초를 휙휙 버리지 않나, 가래까지 퉤 뱉지 않나, 떼로 몰려다니며 길을 점령하지 않나, 왁자지껄 목청껏 떠들어대지 않나, 옆 사람을 툭툭 치고 다니지 않나 하는 등의 모습이 그렇다. 거슬림을 피해 다니기도 만만치 않다. 눈만 마주쳐도 미소로 인사하는 선진문화와는 사뭇 다르다. 나는 위험한 끼어들기가 겁이 나 한국에서의 운전을 포기해버린 지 오래다.

호감은 고사하고 최소한의 매너와 예절도 없는 처신들은 그 자체로도 공공성을 망쳐놓지만, 더 심각한 문제는 빙산의 일각이랄 수 있는 그런 저급한 행동들이 아무렇지도 않게 자행되는 사회·문화적 의식의 수준이다. 사회의 질서를 갉아먹고 갈등과 충돌을 빚어내는 거친 문화적 풍토는 너무나도 깊고 넓어서 공중의 품격을 심하게 낮추고 있다. 한국이 10위권의 경제적 성장에도 선뜻 선진국이라고 지칭하지 못하는 이유가 바로 이런 문화적 지체 현상 때문일 것이다. 한국의 관용지수와 남을 배려하는 수준이 OECD 국가 중에서 최하위라는 국제기구의 연구결과는 부끄러운 일이며 나라의 발전에도 발목을 잡는 일이다.

한국은 역사적으로 일찍이 유교와 불교, 기독교의 사상을 받아들여 도덕과 윤리 체계가 깊게 체화된 나라였다. 그러나 전쟁과 가난, 파쟁으로 세상은 각박해지고, 교육은 입시 우선으로 치달으며 도덕 과목조차 폐지될 정도로 인성 교육은 뒷전으로 밀렸다. 성취 일변도의 사회적 분위기 아래에서는 치열한 경쟁에서 이기기 위해 수단과 방법을 안 가리는 풍토가 팽배해 대중사회를 날로 삭막하게 한다. 어디에서 건전한 양식이 배양되고 사랑과 존경이 길러지겠는가?

가장 상위체계인 정치는 국민의 눈총을 받으면서도 항용 싸움과 일탈, 이기주의의 각축장이 돼 있다. 광장정치의 엄청난 소용돌이를 거쳐 새 정권이 들어선 뒤에도 진영논리와 집단 이기주의는 인사와 시정, 그 비판 등에서 여전하고, 서로 존중하는 정치의 금도는 가물거리며, 법질서와 제도를 교묘하게 피하는 정치공학적 편법도 횡행한다. 화합과 협치의 주장은 공허하게 들리고 국민에게 희망을 줄 국가의 미래를 설계하는 청사진은 아득하다. 정치인들은 명분과 충정보다 이해를 따져 이합집산하고, 국민과 국가 대신, 득표와 당리를 앞세운다. 이러한 이기적 정치행태는 알게 모르게 시민의 의식 속에도 짙게 물들지 싶다.

중국의 시진핑 주석은 이번 19차 당 대회에서 소강(小康) 사회(건전한 사회)를 부르짖었다. 암의 발아를 막기 위한 의식개혁을 외친 것이다. 서양인들은 아시아를 여행하다가 일본에 들어가면 마음이 편해진다고 한다. 일본은 정직과 친절을 스스로 문화화하는 데 성공했기 때문이다.

성취도 중요하고 복지도 시급하다. 그러나 우선 시민사회가 건전하고 성숙해야 나라의 발전과 공정성이 자랄 토양이 조성될 것이다. 상식이 산소처럼 퍼져 있고, 시민의식이 건강하면 자연히 정의가 공의(公義)로 자리 잡아 선진국의 길을 열어 줄 것이다.

2017. 10. 20

🐚 한국 사회에 절실한 성숙한 '세계시민' 의식

한국은 지금 극심한 사회·문화적 지체(Socio-Cultural Lag) 현상을 앓고 있다. 일종의 질병 수준이다. 경제적으로나 제도적으로는 선진국의 문턱에까지 달려왔으나 그러한 외연적인 성장을 뒷받침하고 채우는 내용의 혁신은 지지부진해 현저한 괴리를 보이는 것이다. 하드웨어는 그럴듯하게 구성해 놓고서도 운영체제의 빈곤에 시달린다면 이는 정상이 아니다.

한국이 압축성장을 통해 경제를 세계의 10위권에 진입하면서 한편으로 정치적 민주주의 체제도 쟁취한 투 트랙의 업적은 과연 세계를 놀라게 했고 스스로도 자긍심을 가질 만하다. 그러나 내면을 들여다보면 그러한 성취가 무색할 만큼 부조리가 횡행하고, 비합리적이며, 저급한 문화적인 풍토가 구석구석 널려 있음이 쉽게 감지된다. 이러한 사회·문화적 지체 현상은 곳곳에서 갈등과 불만, 상실감을 낳을 뿐 아니라 발전의 발목을 잡는 걸림돌이기도 하다.

경제적으로는 특히 여러 가지 규제, 그 규제를 빙자한 관료주의의 횡포가 자유주의의 강점인 창의성과 자발적 추동력을 억제하면서 부패의 서식까지도 낳는다. 비정상적으로 우위를 점령했던 엘리트 기업들은 약체인 중소기업들에게 갑질로 보상받으려 하고, 그 폐해는 시민들에게 내려가 빈부격차의 척도인 지니계수를 높이는 데 한몫을 한다. 경제 운용의 비합리성은 국민 생활의 생태계도 흐트러뜨려 부정적인 경제 환경으로 썩어가게 하고 미래의 전망도 어둡게 한다. 막스 베버가 "근대 국가의 조직이 관료제의 합리적인 권위에 기반을 두고 있다."면서 크게 기대를 건 바와는 너무나 다른 역기능이다.

사회적인 지체의 원인인 악성 병균은 비합리성이다. 근대 이전의 공동사회(Gemeinshaft)가 이익사회(Geselshaft)로 변화하면서 필연적으로 발양된 합리성은 성숙한 사회가 갖추어야 할 중요한 요건 중 하나다. 그런데도 한국 사회는 합리주의를 착지시키지 못하고 떼를 쓰거나, 온정에 호소해서 되지 않는 일을 억지로 성사시키려 하거나, 법과 제도를 이기려는 망령을 청산하지 못하고 있다. 그리고 그 과정에서 부조리가 기승을 부린다. 또 남의 입장을 배려하거나 피해를 주지 않으려는 노력 없이 이기에 매몰되는 풍조가 지나쳐 정치, 경제, 사회, 문화 등 온갖 부문에서 충돌의 비용을 낳는다. 질서를 무시한 경쟁으로 각축을 벌이고, 길거리에서의 침 뱉기와 흡연, 큰 소리로 떠들기 등 공중도덕조차 세계수준에 이르기에는 갈 길이 멀다. 거짓이 횡행하고 사람 간의 대면 문화도 뒤틀려서 자연스럽지 않다. 한국이 자본주의의 시장경제와 자유민주주의를 꽃피우려면 합리성부터 경작해야 하는 이유다.

자본주의와 민주주의는 근대 서양문화가 본격적으로 발전시켜 왔다. 그 바탕에는 '이성'이라는 정신문화가 깔려있었고, 그 이성을 기초로 하여 '시민'의 개념이 자랐다. 그런 점에서 자본주의와 민주주의는 칸트와 헤겔의 철학에 상당한 토양적인 영향을 받았다고 할 수 있다. 다시 말해 곧 현대의 정치와 경제 제도의 바닥에는 이성적인 정신과 시민의식이 면면히 흐르고 있고, 그런 사회적 울타리가 약하다면 제도는 혼란을 면치 못할 것이다.

한국 정치의 난조도 민주주의 정신과 의식의 결여가 낳는 하나의 지체 현상이다. 대통령제와 의회주의, 삼권분립 등 선진 제도를 확립했으면서도 그 운영에서는 국민의 바람에 못 미치는 수준에서 파행을 계속한다. 이성적인 판단으로 국민과 국가를 위한 진정한 정치 행위를 하지 않기 때문에 본분을 벗어나기가 십상이고 국민의 신뢰를 잃는 것이다. 경세가 대신 공학적인 정치인이 되고자 하고, 당리당략에 휩쓸리고, 선거에 매몰되고, 정쟁에 급급해 한다. 진정한 비판 정신 대신 사사건건 딴죽만 걸며, 포용과 지도력으로 건전한 정치풍토로 견인하는 리더십을 추구하지 않는다. 언어와 행위 자체도 품격에 떨어지는 치졸함을 벗어나지 못한다. 순수해야 할 정치 신인들도 그 흐름에 휩쓸리면 헤어나지 못하고 같은 색깔로 물들여지고 만다.

한국은 세월호 사태에서 온갖 부조리가 집합한 종합병원과도 같은 홍역을 치렀다. 종교와 정치, 관련 기관, 업계, 종사자 등이 합작한 총체적인 부조리 때문에 죄 없는 어린 학생들이 단체로 수장한 실로 어처구니없고 뼈아픈 참사였다. 온 국민이 통탄했고 함께 오열했다. 사회가 완전히 바뀌어야 한다는 국민적인 합의가 충천했었다. 그러나 그 국민적인 요구는 큰 개혁의 과녁을 명중할 수 없었다. 정치력과 국민의 의식혁명이 따르지 않아서였다. 모든 사회·문화적인 지체 현상은 의식 수준의 저급함에서 비롯된다. 국가와 사회 안에서 일어나는 모든 현상은 광의의 문화이고, 문화는 하나하나의 의식에서부터 생성돼 결정되기 마련이다. 의식이 화학작용을 통해 집합체가 되면 정신이 된다. 오늘날 갈등과 미숙, 부조리 등 많은 난제와 투병하고 있는 한국 사회에 절실히 요구되는 것은 건전하고 성숙한 정신, 의식이다. 통일을 위해서도, 동서를 융합해 제3의 문화적 창출을 위해서도 세계 수준으로 높은 성숙한 시민의식이 불가피한 것이다.

2015. 11. 21

대중이 재벌에게 보내는 편지

대한항공의 이른바 '땅콩 회항'에 대한 국민의 질책은 질풍노도 같았다. 항공법 위반이나 과잉조치, 은폐 의혹 등에 대한 단순한 비난의 수준을 훨씬 넘는 일종의 '분노의 포도'였다. 조현아 전 부사장의 분별없고 미숙한 행태만을 꾸짖는 정도가 아니었고, 갑질에 당하는 을에 대한 연민만도 아니었다. 다분히 쌓이고 쌓였던 이 나라의 재벌에 대한 대중의 서운함과 원망, 부러움, 울화 등이 모여 응고된 사회심리의 표출이었다. 조 전 부사장의 철부지 행위는 인간관계를 중시하는 현대경영의 기본에도 못 미칠 뿐만 아니라 인격의 존중이나 기업의 사회성에 대한 인식은커녕, 사회생활의 기초적인 수양도 갖추지 못한 수준이었다. 사주의 가족이라는 이유만으로 넘치는 권한을 휘두르고 다녔는데, 그런 모양새가 어디 대한항공뿐이겠는가. 지금까지 우리나라에서는 대기업의 소유권과 경영이 미분화된 현실에서 다른 재벌회사에서도 종업원의 사병화 현상과 함께 능력과 관계없이 친족의 특별고속승진, 재벌 가족들의 특권 행위도 당연한 듯 여겨져 왔다. 민주사회의 토양인 공평성에 어긋나는 현상이다.

재벌들에 대한 따가운 시선은 그뿐이 아니다. 분식회계로 그 많은 재산을 더 늘리려다가 감옥에 들어가지 않나, 자식들에게 꼼수로 재산을 상속하려다가 법의 심판을 받지 않나, 폭력을 행사르다가 법정에 서지 않나, 문어발식 사업확장과 하청업체들에 대한 갑질 그리고 사치와 우월감으로 국민의 가슴을 쓰리게 하는 등, 서민들의 눈높이에서는 용납할 수 없는 일들을 수없이 저질러 왔다. 삼성가는 최근 제일모직의 주식 상장 하나로 3자녀가 각각 2조여 원씩의 거액을 챙겼고, 그들의 어머니는 병상에 있는 이건희 회장의 재산을 71%나 상속하게 된다. 가족이라는 사실 외에는 그 많은 재산이 추호의 사회적 공감대 없이 땀 흘리지 않고 쉽게 그들 차지가 되는 이유를 대중은 알지 못한다.

세상 밖으로 보이는 비리는 빙산의 일각일지 모른다. 부정과 부패, 부조리는 늘 어둠 속에서 이루어졌기 때문이다. 전두환, 노태우 전 대통령들은 재판과정에서 각각 4천억여 원씩을 재벌들로부터 받았음이 밝혀졌고, 삼성은 정·관계와 법조계까지 관리해온 것이 내부고발자에 의해 폭로됐음을 국민들은 기억하고 있다. 재벌과 권력 간의 유착이 대중의 뇌리에 깊이 각인된 이유들은 그 밖에도 헤아릴 수 없이 많다.

한국의 재벌은 1960년대 개발경제 시대의 시작과 함께 등장했다. 규모가 크고 현대적인 조직을 갖춘 대기업을 통해 경제발전을 이루려는 정책적 결과물이었다. 제3공화국 실세이었던 김종필 전 국무총리는 당시 KBS-TV의 〈총리와의 대화〉에 나와 "경제는 시스템을 갖추어 경쟁력이 있는 대기업을 통해 발전시킬 수밖에 없다."고 속내를 털어놓음으로써 대기업 중심으로 경제구조가 운용되는 한국형 경제의 시작을 알렸다. 그 발전의 모델은 일본이었다. 일본은 메이지유신 뒤 국가의 개발에 따른 큰 사업을 대기업에 맡기고 일본은행을 세워서 전폭 지원함으로써 부국을 꾀했으며, 제2차 세계대전 후에도 재벌들을 키워서 경제대국으로 크게 부상했다.

정부의 성장전략과 재벌들의 기업 운은 절묘한 궁합을 이루어서 서방 선진국들이 2~3세기에 걸쳐 축적한 발전을 반세기 만에 따라잡는 압축성장의 주역을 연출했다. 정부는 각종 프로젝트의 기회를 재벌 회사에 제공했고, 지불 보증과 그 좁은 금융의 문도 넓게 열어 주는 등 갖은 혜택을 주었다. 물론 창업주들의 판단과 노력 그리고 대기업으로 몰려간 우수 인력들의 헌신도 높이 사야겠지만, 정부의 강한 의지와 계획, 시책 그리고 묵묵히 따른 국민의 참여와 이해, 상당한 희생도 수반됐음을 대기업들은 잊지 말아야 한다. 따라서 재벌 기업들은 일정 부분 국가와 국민의 정성이 모여서 키워졌다고 할 수 있으며, 넓은 의미로 보면 민간기업의 차원을 넘어 일종의 사회적 기업이라고 할 수 있지 않을까?

재벌을 해체하라든지, 위축시키려는 일부의 시각은 사리에 맞지 않는다. 자본주의-시장경제체제에서 가능하지도 않을 뿐 아니라, 한국의 경제 구조상 나라 살림의 대들보를 건드리면 경제적으로 파국을 맞는 사태가 우려되기 때문이다. 그만큼 재벌들의 역할이 중요해졌다. 따라서 지나치게 과격한 급진적 진보는 오늘의 한국 사회가 용납하지 않을 것이다. 다만 재벌은 태생적으로 공공적인 성분을 띄고 성장했다는 점과 요즈음 대중의 곱지 않은 시선을 깊이 새겨서 치열한 자기성찰과 몸가짐에 힘써야 할 것이다. 재벌은 목전의 재물에 게걸스러운 기계이기보다 대중과 호흡을 함께 하는 신뢰의 생명체가 돼야 한다. 기업의 목표인 수익은 동력이 이미 붙은 기술과 개척으로 승부하면 된다. 국민의 작은 광이나 살림이 어려운 중소기업, 헌신적인 종업원들의 호주머니를 노려서는 대중의 외면이 뻔하다. 이윤이 전부가 아닌 최소한 반은 이윤, 반은 사회성에 두는 기업 철학을 세우면 어떨까? 물론 철저한 준법과 투명경영, 따뜻한 서비스는 기업 정신의 기본이다.

해가 저무는 연말에 대중이 재벌에게 쓰는 편지의 말미에 다짐하는 하나의 언어는 '존중'이란 단어다. 국가와 국민, 사회와 대중, 중소기업과 종업원을 존중하는 자세를 견지한다면 신뢰는 돌아와 쌓일 것이며, 밝은 내일도 열릴 것이다. 온 나라의 행복지수도 많이 높아질 것이다.

재벌들이여! 보다 따듯해지고, 보다 단정해지기를….

2014. 12. 28

❧ 아직도 멀리 있는가

미국 남 캘리포니아를 처음 방문했을 때 놀란 일 중의 하나는 주택에 담장이 없다는 것이었다. 있어도 뒤란을 가리기 위한 울타리 정도가 겨우 눈에 띌 뿐이었다. 도로에 접한 앞마당들은 현관에 이르기까지 푸른 잔디밭과 관상수, 갖가지 화초들이 잘 가꾸어져 있어서 시원하고 평화로운 인상을 주었다. 고급 주택가나 그 반대로 빈민가에는 더 많은 보호벽이 설치돼 있음을 알게 된 것은 나중의 일이었다.

한국에서는 담장이 없는 가옥을 찾아보기가 어렵다. 작건, 크건 저마다 집안이 들여다보이지 않을 만큼 높게, 높게 외부와 차단을 꾀했다. 가정과 사생활에 대한 보호 본능이야 어디나 다를 바 없겠지만, 전통가옥이 밀집해 있는 오래된 주거지역의 칸막이식 담들은 우리네 삶의 답답했던 궤적을 그대로 말해 주는 듯도 싶다.

서울 종로의 한옥 밀집 지역에 위치한 우리 집도 그와 같은 부류의 동네에 속한다. 멀리서 보면 기와지붕만 삐쭉삐쭉 많이 보일 정도다. 거기다가 집 앞에는 오랫동안 3m도 넘는 높은 담이 그늘을 늘이고 직간접으로 어둡게 하여 주위를 위축시켜 왔다. 그 담 안에는 군 기무사령부와 군 병원이 들어있어 주위의 민간인들은 늘 으스스한 권위를 등 뒤에 느끼고 살아왔다.

그런데 그 높은 담이 어느 날 헐려버렸다. 군 시설이 옮겨가고 그 자리에 국립현대미술관 서울관 개설 공사가 '열린 문화공간'을 표방하며 착공한 것이다.

주민들은 당연히 환호했다. 시원함은 희열의 수준에 이르는 듯했다. 민주주의를 그렇게 맞는다고 야단들이었다. 인근에 인민군과 군 정보기관, 군 병원이 주둔했던 시절의 그늘진 과거가 그들의 마음에 그런 감회를 한층 더 일으켰을 것이다.

그러나 기쁨은 잠시뿐이었다. 공사는 담장을 다시 2.8m 높이로 올리려 하고 있었다. 정독도서관으로 옮겨졌던 조선 말기 왕족을 관리하던 종친부 건물을 다시 이전, 복원하면서 그 뒤편과 옆에 전통 돌담을 일부라도 쌓아야 한다는 주장이었다.

주민들의 반발은 거셌다. 두 차례의 공청회에서 불만의 목소리는 하도 높고 커서 장내를 흥분의 도가니로 만들곤 했다. 찬성의 소리는 어디에도 없었다. 국무총리와 문체부장관, 서울시장, 문화재청장, 현대미술관장에게 탄원서가 보내졌고, 지역구 출신 국회의원도 여러 번 만나 그 뜻을 반영하겠다는 약속을 받았다.

그러나 서명까지 첨부한 5개 동의 주민 청원은 소나기 오는 날의 메아리인 양 공사장의 소음 속에 묻혀버렸다. 주민들의 의사는 제쳐진 채로 그들만의 이른바 '조정안'이 시공자 측에 의해 마련됐고, 최종 요식절차인 문화재 심의 회의에 은밀히 회부된 것이다.

우여곡절 끝에 문화재 측과 미술관 측, 주민 간의 연석회의가 마련됐다. 20여 명이나 참여하는 회의장에 주민은 대표로 단 한 명만 참석과 발언이 허용됐다. 그나마도 청문회장처럼 ㄷ자로 모두 좌정하고 있었다. 주민을 위한 장내에 정작 주민의 좌석은 없었다. 발언대도 없이 맨 끝에 덩그러니 서서 3분 동안만 말해보라는 것이었다. 나는 주민 대표로 회의장에 들어서기는 했으나 언뜻 국민이 대접받지 못하는 이런 자리가 무슨 소용이 있겠는가 싶어 회의장을 박차고 나가려는 충동을 누르기가 힘들었다. 그러나 밖에서 기다리는 주민들의 얼굴이 떠올라 입술을 깨물고 자세를 가다듬었다. '그럴수록'을 되뇌며 정중하게 인사를 건넨 뒤, 낮은 목소리로 담장 설치 반대의 뜻을 개진하기 시작했다.

• 열린 문화공관 콘셉트의 기본설계에 돌담을 설치하는 것은 그 콘셉트와 정면으로 배치되며, '열린'이라는 의미와는 반대로 주변과 시설을 '격리'시키는 것이다.

- 현대식 건물로 짓는 '현대 미술관'에 전통 돌담은 격화소양 격이다.
- 이 자리에 있던 규장각과 집현전, 사간원 같은 문화재의 본체는 다 소실됐는데, 고증도 충분하지 않은 담장을 어울리지 않게 일부분만 띄엄띄엄 쌓아 시늉만 낸다고 무슨 문화재적 가치가 있는가.
- 돌담은 주민들에게 깊은 상처를 주고, 오랫동안 침체된 이 지역의 발전을 가로막는다. 특히 이 지역 주민들은 인민군의 등쌀과 국군 부상병의 뒷바라지, 군 정보기관의 사찰 등으로 질곡의 세월을 겪어왔다. 민주주의가 성숙해야 할 시대에 아직도 주민들이 귀찮은 존재로 배척, 무시되어야 하는가.
- 무엇이 지역 공동체와 현대미술, 문화재에 두루 옳고, 유익한 일인지를 종합적으로 숙고해서 담장 설치계획을 판단, 수정해 주기를 호소한다.

중간중간 제지를 무릅쓰고 나는 발언을 계속한 뒤 쫓겨나다시피 떠밀려서 그 자리를 나왔다. 주민 대표는 그렇게 홀대받으며 씁쓸한 심경과 비애를 삼켜야 했던 것이다.

다음 날, 미술관 건설단장이 어제의 사건이 전날 문화재 위원들을 감동하게 했다면서 주민 대표들과 협의하자는 제의를 해 왔다.

그에 따라 지역구 국회의원 사무실에서 연석회의가 열렸고, 난상토의 끝에 시공 측과 주민 대표들의 상호 양보를 통해 가까스로 막판 합의에 이르렀다. 문화재 보존에 대한 의지를 존중해서 담을 설치하되, 주민들의 의사를 반영해 높이를 1.6m~1.8m로 낮추기로 한 것이다. 문화관광체육부 소속 이사관인 건설단장은 그 합의 내용을 세 번에 걸쳐 확인했고, 공무원의 명예를 걸겠다고 확약하면서 미디어에 공개하자고까지 하며 자신했다. 자연히 합의 내용은 언론에 공개됐고, 주민들에게도 모두 알려졌다.

그런 합의도 파기될 수 있는 것인가? 일주일 뒤 시공자 측은 주민 대표들을 현장사무실로 불러놓고 담장의 모양새 때문에 약속 이행이 어렵다고 또다시 담의 높이를 들고나왔다. 합의를 기초로 해서 어떻게든 조형을 하지 않고 주민들의 희생만을 요구하는 것이었다. 주민 대표들과 지역구의원 측, 구의원들이 참석하고, 미디어까지 지켜본 가운데 이뤄진 일종의 행정 행위가 공염불이 될 판이었다. 주민들의 강한 반대에 부딪힌 시공 측은 문화재 위원을 참여시킨 소회의를 다시 마련했으나 성난 주민들의 양보를 강요할 수는 없었다. 다시 합의가 이뤄질 때까지는 담장 설치를 무기한 연기한다는 미술관 측의 모호한 약속이 회의장을 맴돌았을 뿐이었다.

시공 측은 몽니를 부리는지, 담을 쌓기 위해 부려놓은 중국산 돌들을 현장 뒤켠에 너절하게 어지럽혀 놓은 채 대통령이 참석한 화려한 개관식을 열었다. 현장을 보지 못한 대통령은 축사에서 '담 없는 미술관'을 치하했다.

권력에게는 엄연한 인근 주민 공동체가 때로는 성가신 존재로 보이며, 집단이기만이 아닌 이유 있는 민성(民聲)도 귀찮은 소음에 불과한 모양이다.

아직도 미술관과 종친부 건물 뒤에 널브러져 있는 건축 자재들의 흉물스러움을 보면서 한국의 민주주의는 너무 멀리 있다는 쓸쓸한 소회를 지울 수 없다.

2015. 4. 7

미투(Me Too) 운동의 충격과 자세

"Me too."는 원래 영어 회화에서 어떤 의견이나 선택에 덧붙이겠다는 동조의 뜻으로, 주로 긍정적인 데에 쓰이는 어법이다. 동행인이 커피를 주문할 때 "아메리카노." 하면 "나도(Me too)." 하는 식으로 가볍게 쓰인다. 그런데 할리우드에서 영화 제작자 하비 와인스타인(Harvey Weinstein)의 성추행 스캔들을 배우 알리사 밀라노(Alyssa Milano)가 SNS에 해시태그로 올려 공감을 자극하고 이것이 대중 속에 폭발적으로 번져 나감으로써 무섭게 파괴적인 언어가 됐다. 그녀의 # Me Too가 올려진 지 24시간 안에 50여만 명이 이를 지지하고 나섰고, 8여만 명이 같은 경험을 했다고 폭로했다.

이러한 미투 운동의 바람은 전 세계에 단숨에 들불처럼 번졌고, 한국에 건너와서는 태풍이 됐다. 노벨상 후보로 회자되던 원로 시인 고은과 연극계의 황제라던 이윤택은 섹스 마니아로 낙인찍혀 퇴출당했고, 유력한 차기 대권 후보로 운위되던 충남도지사 안희정은 피해 보좌관의 고발로 단번에 정치적으로 추락했으며, 충남지사 후보 박수현과 서울시장을 노렸던 3선 의원 민병두, 사면으로 복귀한 전 의원 정봉주도 추풍낙엽처럼 떨어졌다. 미투 운동으로 인해 일어난 배우 조민기와 어느 대학 교수의 자살도 온 사회에 충격이었다. 그밖에도 미투의 독화살은 영화감독 김기덕, 배우 오달수, 최일화, 가톨릭 신부 한만삼 등 예술계와 정계, 학계, 스포츠 분야 등 전방위로 퍼졌고, 아직도 회오리가 어디로 튈지 긴장감이 감돈다.

한국에서의 미투 운동은 거칠다. 사실 여부의 검증이 되기 전에 이미 여론의 뭇매를 맞아 헤어날 수가 없고, 가뜩이나 큰 사건들로 넘쳐나는 검찰로 뛰어가며, 사건의 경위가 여과 없이 까발려져 안방에 간직한 미풍양속도 흩트려 놓는다. 여기에 여권신장 운동과 진영 싸움까지 합세함으로써 사회가 뒤숭숭하다.

물론 강제로 추행을 당하거나 폭행을 당하는 일은 근절돼야 마땅하다. 또 그것이 여성이 무시돼서 일어나는 현상이면 오늘날 남녀평등의 가치관에 입각해 반드시 개선돼야 하고, 어떤 형태로든 권력에 의해 희생되지 않도록 투명한 사회가 돼야 한다. 그러나 수면 위로 떠오른 미투가 빙산의 일각이라는 우려가 큰 탓에 미투 운동이 봇물 터지는 와중에 악의에 의한 엉뚱한 피해를 낳거나, 근본적인 원인을 성찰하지 않고 마구 휩쓸고 지나가면 또 다른 사회적인 큰 문제를 야기하지 않을까 조심스럽다. 어린아이들에게 어떻게 비칠지도 걱정이다. 과연 미투 운동을 어떻게 건전하게 승화시켜 나갈 것인가?

한국 사회에는 남존여비(男尊女卑)라는 전통사회의 유산이 잔존해 있다. 대(代)를 잇는 호주제도도 최근에야 폐지됐고, 아직은 곳곳에서 남성의 주도가 눈에 띄며, 대개의 기성세대 남자들은 부엌일 같은 가사를 꺼린다. 직장에서도 남녀의 성차별이 완전히 불식됐다고 보기에는 미진하다. 여성의 사회 진출이 늦은 데다가 신체적 조건이 달라서 아직도 점차 또는 획기적으로 개선되고 있는 과정에 있다. 그 남아 있는 남성의 여성에 대한 우월감이 무례하고 무리한 성행위를 낳기 쉬운 것이다.

전통사회로부터 이어져 온 권위주의 의식도 문제다. 사회가 민주화를 이루어가고 있지만, 여전히 우리의 제도와 의식 속에는 상하의 관계와 갑을 관계에 찌들어 있는 지배와 복종의 보이지 않는 룰이 작용하고 있다. 민주사회에서는 기능적으로 왕래해야 할 일의 흐름이 위계질서의 압박을 받는다. 현대사회의 일 본위 메커니즘이 안착하고는 있지만, 이는 공자, 맹자가 세운 유교의 오랜 영향이므로 쉽게 지워지지는 않을 것이다. 이런 사회적인 현상은 남녀의 성별 구별 없이 해당되는 반민주적 굴레라 하더라도, 여성에게는 특히 여성 비하의 관념과 신체적 열세로 스스로를 보호하는 데 불리하다.

또한, 미투로 불거진 고질적인 병폐는 일과 인간관계의 미분화 현상이다. 일은 일이고, 인간관계는 또 다른 것이라는 구분이 명확하지 않아서 다른 불리한 요인과 상호작용이 된다는 점이 그것이다. 일과 인간관계의 구분이 명백하면 이성의 유혹이나 압박으로부터 더 자유로울 것이다. 한국 사회는 서구 사회보다 그런 점에서 훨씬 더 냉철하지 못하고 정의적(情意的)이며 끈끈하다. 물론 인간이 기계처럼 메마를 수 없고, 일터에서 원만한 관계가 윤활유가 된다는 순작용도 있기는 하다. 그러나 공(公)과 사(私)의 구분이 뚜렷한 분위기에서는 이러한 사고가 날 확률이 낮고, 사고의 가능성을 예방하기가 수월해질 것이다.

그렇더라도 무엇보다 당사자의 자세가 가장 중요하다. 본인의 자기보호 의지가 강하면 위기를 모면할 방법은 보이기 마련이다. 무지막지한 폭력 행사의 경우가 아니라면 상대방에게 감정 대립을 피하면서도 최선을 다해 입장을 밝히고 설득할 수 있지 않을까? 나중에 상처받고 원수가 되는 것보다 낫지 않겠는가. 일부에서 피해자의 처신에도 문제가 있다고 지적하는 이유다. 빈틈이 보이면 성욕이라는 마수는 야성을 띠기 쉽다.

미투 운동의 진앙인 미국은 한국과 사회·문화적 환경이 다르다. 1920년대부터 여권신장운동이 시작되어 지금은 남녀평등이 엄격히 법률의 보호를 받아서 차별이 거의 느껴지지 않는다. 서부 개척 시절에 여성이 혼자 집을 지키고 있을 때 장총으로 침입자를 물리친 데서 레이디 퍼스트(Lady first)가 유래했다는 설이 있을 정도로 여성의 강인함과 여권 존중 풍토는 단단하다. 분야에 따라서는 다소 차이가 있지만, 보편적으로는 남녀평등과 일터에서의 역할은 우리나라와 비교가 안 될 만큼 자유롭다. 그런 환경에서 터진 미투는 사회의 전반으로 밀물처럼 번지는 한국의 미투 현상과 같을 수 없다. 히피 시절에 넘치던 성 개방 풍조의 조정으로도 볼 수 있고, 지나치게 개방된 성문화에 대한 반성으로도 보인다.

여권의 신장으로 여성들이 성적으로 피해를 보지 않게 되고, 거꾸로 미투 운동이 페미니즘을 고양한다면 그건 바람직하다. 그러나 여권과 미투를 동일시해서 부추기는 태도는 옳지 않다. 여권 신장은 여성의 사회 진출이 시대의 흐름을 타고 각 분야에서 괄목할 정도로 늘어나듯, 여성들의 능력과 노력을 통해 순리대로 이뤄져야 순조롭고 떳떳하다. 미투의 바람은 인간의 성(性)이라는 본능의 원형질과 사랑이라는 미묘한 감성적 만남의 억지스러운 일탈에서 터졌다. 유·무형의 폭력이 가미된 것이다. 폭력은 단죄돼야 하고, 예방돼야 한다. 더러운 몸짓으로 사회 규범을 어지럽힌 행위는 변명이나 법적인 대응으로 용서가 안 된다. 그리고 그것이 지도층 인사라면 더욱 엄벌해야 한다. 그러나 지나치게 과거의 치부가 부풀려져 온 세상이 스캔들로 먹칠되면 부끄러운 일이다. 또한, 자칫 인간들이 순수한 사랑을 맺는 미묘한 과정에까지 그림자가 드리워져 위축될까 걱정이다. 짝짓기라는 천리(天理)를 거스르는 일이기 때문이다. 폭력의 행사가 없고, 비정상적이 아니라면 성과 사랑은 인간들의 아름답고도 중요한 동력이다. 성적 피해는 당사자가 요란한 폭로와 법정의 다툼으로 치닫는 불상사 이전에 미리 부드러운 착륙(Soft Landing)으로 대처하는 처신이 상책이고 요체다. 당사자가 이성의 유혹이나 강요에 분명한 입장을 세우고, 강압적인 요구에는 단호하면서도 설득력 있게 처신하면 된다. 톨스토이(Lev Nikolayevich Tolstoy)가 그린 카추샤의 시대는 지났고, 세상은 이미 바뀌었다. 조신한 몸가짐, 가정의 가치를 소중히 여기는 규범의식이 사회를 건전하게 지킬 것이다.

2018. 3. 27

🐚 한국 여성의 약진

한국 사회에서 여성의 힘이 놀랍도록 신장되고 있다. 한 세기 전만 해도 집안일을 돌보며 내조를 주로 하던 여성들이 남성과 거의 대등한 입장에서 어엿한 사회적 동반자로 떠올랐다. 여성 인구(5천만 명 인구의 50%)의 반 이상이 경제활동 인구이며, 모든 부부의 43.5%가 맞벌이를 하고 있다고 통계청은 집계했다. 남성 경제인구 73%에는 못 미치지만, 남성은 줄고 있는 반면에 여성은 계속 늘고 있고 20대 신세대는 남성을 오히려 추월하고 있다. 대학 진학률도 74.3%로 남성의 68.6%를 훨씬 웃돈다.

김연아와 박세리, 조수미 등 걸출한 한국 여성들이 국위를 선양해 국민을 크게 위로하기도 했지만, 국내에서도 지도급 인사로 활약하는 여성지도층이 날로 늘어나고 있다. 여성 대통령을 배출했음은 물론이거니와 국회의석의 15.7%가 여성이고, 지방의회에도 20.3%나 진출해 있다. 고위 공무원도 976명이나 되고, 판·검사와 변호사도 16.7%나 되며, 기업체의 간부 중에서 여성의 비율을 부지기수로 증가했다. 지난번 외무고시에서는 여성이 남성보다 많은 53%의 비율로 합격했으며, 행정과 사법고시에서도 각각 43%와 41%의 합격률을 보였다.

여성의 사회적 약진은 한국전쟁 이래 전통사회가 남녀평등의 서구적 사회로 급격히 대체됨으로써 시동이 걸렸으며, 성별로 차별화하지 않는 평등교육이 큰 몫을 했다. 또한, 산업화에 따른 인력의 수요가 급중해 자연히 여성들의 사회진출을 크게 촉발했다.

주목할 점은 2천년대 초까지 단순노동과 판매, 의료 등 서비스업종에 치우쳤던 여성의 일터가 전문직, 사무직, 서비스업 등 많은 분야에서 남성의 종사자 신장률을 넘는 수준의 높은 신장세를 보였다는 사실이다. 교육계, 법조계뿐 아니라 거친 직무인 군과 경찰에도 거침없이 진출하는 경향을 보인다. 여성도 어떤 일이든 남성 못지않게 잘할 수 있다는 자신감의 물결이다. 남성사회의 굴레로부터 해방이자, 괄목할 진군이다.

여성들이 가정에서 사회로 쏟아져 나옴에 따라 그 여파로 미혼 경향과 출산 기피 현상, 보육 등의 사회문제가 제기됐다. 결혼과 출산을 멀리하는 풍조는 가족제도의 근간을 해치고 사회적 자산을 갉는 역풍이므로 결코 간과해서는 안 될 일이다. 건강한 가정이야말로 가장 소중한 행복의 원천임을 온 사회가 스스로 더 깊이 인식해야 할 것이다.

그와 관련해서 인천의 유아 보육시설에서 일어난 아동학대 사례는 단순한 보육의 문제가 아니라 나라의 사회·경제적 기반에 영향을 준다는 우려와 함께 증폭됐음을 간과할 수 없다. 체벌과 통제로 유아들을 교육하려 한 몰지각함이 아직도 도사리고 있었다는 현실에 온 사회가 경악한 것이다. 정부와 교육계가 합심해서 안심하고 자녀교육을 맡길 수 있을 정도로 더 세심하고 합리적인 정책이 마련되지 않으면 국민적인 공분을 삭일 수 없고, 여성의 사회진출에도 부정적으로 작용할 것이다. 육아는 어떤 가정에든 가장 민감한 사안인 만큼 탁상공론이나 엉성함이 용납되지 않으며, 보육시설이 유아를 자기 자식처럼 보살피는 현장이 되도록 철저히 반성하고 개선돼야 한다는 당위성이 공론화된 것이다.

여성의 약진은 보다 감성적이고 섬세한 여성성과, 보다 논리적이고 넓은 사고력이 돋보이는 남자다움이 서로 잘 보완돼 더 밝은 대한민국 호를 건설하는 과정이다.

2015. 1. 18

❦ 한국문화의 새로운 도전 — 융화와 창조

1. 사회발전과 문화변동의 연계성

"문화, 또는 문명이란 한 사회의 구성원이 갖는 법과 도덕, 신념, 예술, 기타 행동 양식을 총괄하는 것"이라는 영국 인류학자 에드워드 타일러(Edward Burnett Tylor)의 정의는 이제는 정설처럼 여겨진다. 그만큼 문화는 공동체 안에서 사람들이 살아가는 모든 문물과 행위, 의식을 통칭하는 종합적인 개념이다. 인간들이 사는 곳에는 어디에나 문화가 형성돼 있고, 또 그 공동체가 변화하면 문화도 연동해서 변하기 마련이다.

인류 역사를 보면 문명의 발상지에서 문화가 발원해 특유의 문화권을 형성했고, 그 주변에까지 광범하게 영향을 미쳤다. 또 거리가 멀어질수록 문화는 점차 본류와 다르게 이질적으로 되고, 각각의 사정에 따라 별도로 흥망성쇠의 명운을 맞았다.

한 지역의 문화는 고립된 지역 외에는 정체해 있지 않고 다른 문화와의 접촉하여 전파와 수용을 통해 끊임없이 변화했다. 혹은 흡수돼서 동화했고, 혹은 주류문화와 하위문화로 공존하기도 했으며, 혹은 수용해서 융합함으로써 새로운 문화를 창조하기도 했다.

몽골과 여진족의 문화는 원과 청을 일으켜 정복자이자 통치자가 됐으면서도 한(漢) 문화에 동화됐고, 중국인들이나 라틴계, 유대인, 한국인들의 문화는 미국 등지에서 문화의 용광로 속에서도 고집스럽게 부분적으로 남아 소수 문화로 공존하기도 한다. 서쪽의 로마 문화와 그리스의 헬레니즘, 동쪽의 이슬람 문화가 섞여 낳은 비잔틴 문화나, 로마 문화의 유산이 희랍 문화의 유산과 이슬람 세계의 문화를 흡입해 싹튼 르네상스는 융합에 의한 문화 창조의 훌륭한 전범(典範)이다.

오늘날 세계의 문화는 교통과 통신의 발달에 따른 잦은 왕래로 서로 섞이면서 전파와 수용이 빠르게 진행돼 통합의 양상을 보이기도 하고, 퓨전(Fusion)과 같이 여러 문화가 범벅이 된 형태로 나타나기도 한다.

한국 사회는 오늘날 경제적으로 비약적인 성장을 이루었으면서도 문화적으로는 그 성장을 따르지 못해 지체(Cultural Lag) 현상도 보인다. 또 서방 문화가 밀려와 풍미하는 가운데 고유한 문화유산도 면면히 남아 내재해 있다. 즉, 문화적인 혼재 상태다. 이는 전통적인 내면에 서구적인 외연을 입은 듯한 양상으로도 비친다. 바야흐로 문화의 융합과 창조의 여건이 필요하고도 충분히 주어져 있는 것이다. 또 세계가 일일생활권이다 싶게 가까워져 문화 전파의 길도 활짝 열려 있다. 새로운 문화를 창조해 지구촌으로 널리 퍼트릴 좋은 환경을 맞이한 것이다.

2. 기회를 놓치다

• 멀리 신라 시대에 문화융합의 전령사가 우뚝했다. 고운 최치원 선생이다. 최치원은 12살 어린 나이에 당시 최고 수준의 선진문화를 일군 당나라로 유학을 떠나 18살 약관에 빈공과(당의 과거시험)에 급제했고, 을주현위라는 지방 관서의 행정관 벼슬자리에 오른 인재가 됐다. 황소의 반란이 일어나 수도인 장안이 함락되자 토벌군의 총지휘관인 고병의 간청을 받고 출사해서 군의 문서를 관장하는 종사관으로 활약했다. 4년 동안 만여 편의 명문을 지었는데, 그중에 유명한 「격황소서(檄黃巢

書)」라는 뛰어난 격문으로 적장의 사기를 크게 떨어뜨리는 등의 공로로 황제의 큰 상(자금어대)을 받았다. 28살에 귀국할 때까지의 명성이 얼마나 컸던지 오늘날까지도 주 활동무대였던 양주는 물론 중국 역사학계 등에서 높게 추앙되고 있으며, 시진핑 주석이 방한할 때마다 칭송을 빠트리지 않을 정도다.

그러나 안타까운 일은 그가 돌아왔을 때 그 큰 그릇의 식견과 경륜, 개혁 의지를 받아들이지 못한 신라의 좁은 안목과 경직된 사정이었다. 그는 신분상의 서열 때문에 지방의 태수로 전전하다가 끝내 풍류를 등에 지고 깊은 산 속으로 잠적해 버린다. 그는 신분상 성골과 진골 아래의 다음 서열인 육두품이었고, 당시 신라에서는 진골 이상이어야만 중앙의 고위직에 오를 수 있었다. 물론 최치원은 시와 문장, 서예 등의 뛰어난 예술성과 유교, 불교, 도교를 아우르는 종교-철학의 정립, 풍류 장르의 앞선 전개, 그리고 여러 가지 지방행정의 개선을 통해 신라 시대에 큰 영향을 미친 혁혁한 업적을 남겼다. 그러한 자취만으로도 신라뿐 아니라 한국문화 형성에 굵은 줄기의 역할을 했음은 후세에도 최치원을 높이 기리는 데 부족함이 없다. 그러나 생의 후기에 진성여왕에게 제출해 일단 받아들여 졌으되 끝내 실행되지 않은 개혁안인 '시무 10조(時務 十條)'가 빛을 보았다면, 그에 따라 그가 정책을 결정하는 고위직에서 더 영향력 있게 국정에 참여했다면 신라의 국운은 많이 달라졌을 것이다. 또 한국 문화도 일찍 변화하고 더욱 번성했을 것이다. 시무 10조는 원본이 유실돼 내용을 정확히는 알 수 없으나 연구자들은 왕의 실정과 인사 난맥상의 시정을 요구하고, 신분제의 타파와 과거제 채택, 간신의 제거와 신진 인재 등용 등의 탕평책을 건의한 것으로 짐작한다. 또 왕권의 강화와 호족들의 전횡을 견제하는 등 당시로써는 나라의 쇠퇴를 바로잡을 포괄적이고도 혁신적인 개혁안이었다고 미루어 유추한다. 이는 기울어지던 신라의 국정에 새 활력이 됐을 것이며, 당의 문화를 더욱 수용해 한국문화의 토양인 옛 문화에도 융성과 창조의 기회가 됐을 것이다.

• 대원군 이하응의 쇄국 정책은 문화의 융성에도 통탄할 기회의 상실을 안겼다. 사실 병인양요와 신미양요는 전쟁이라기보다는 무력시위를 맞아 벌인 일종의 충돌이었다. 프랑스는 천주교에 대한 핍박과 프랑스 선교사들의 순교를 조사, 항의하려는 원정의 길이었고, 미국은 일본처럼 개항해 달라는 요구였다. 나라를 침략하려거나 굴복시키려는 의도로 대대적으로 군대를 동원해 벌인 군사행동은 아니었다.

반대하건, 수용하건 얼마든지 대화해서 적당히 타협하고 끌어들일 수 있는 사안이었다. 물론 당시의 사정으로는 위협적인 군함들이 나타나자 공포에 휩싸였을 것이고, 위기를 풀 수 있는 혜안과 능력을 쉽게 터득하지 못했을 것이다. 아마도 임진왜란과 병자호란을 당한 피해성 시선으로 사태를 판단했을 것이고, 유교 체제 유지에 고답적으로 천착했을 것이다.

그러나 외교 수완을 발휘했던 선인들처럼 명 담판을 벌인다는 열린 자세로 나아가서 가능한 점이라도 주고받는 협상에 이르렀다면 국가의 명운에 커다란 전기를 맞았을지 모른다. 중국은 강요로, 일본은 자발적으로 서양 문화를 받아들이기 시작한 절묘한 시점에서 조선은 스스로 굴러온 기회를 잡지 못한 것이다.

프랑스는 이미 산업혁명의 영향을 받아 산업국가로서 기지개를 켜고 있었고, 문화적으로는 유럽에서 가장 두드러져 주변뿐 아니라 러시아까지 그 품 안에 들어 있다고 할 만했다. 미국은 남북전쟁과 노예해방을 겪은 뒤 이미 일본과 페리-가나가와 통상조약으로 아시아 진출에 성공했고, 풍부한 자원을 바탕삼아 세계 최고의 강국으로 지구촌을 선도할 초강국으로의 싹을 틔우고 있었다. 일본도 메이지 유신으로 환골탈태에 가까운 변신 중이었고, 서양 문화에 문을 활짝 열고 그 지식과 제도를 물 만난 솜인 양 흡수하고 있었다. 독일은 통일된 제국을 출범시켰고, 영국은 인도 제국을 통치하기 시작했으며, 서아시아도 벌써 근대화의 파도를 타고 있었다.

이러한 격동의 시기에 조선이 프랑스의 문화에 접근하게 되고, 미국이라는 신흥세력과 교류하면서 한편으로 서양문화를 적절히 소화했다면 일찍이 세계의 일류가 된 일본에 절대 뒤지지 않았을 것이다. 역사에는 가정이 무의미하다고 하지만, '한국문화가 피렌체의 르네상스처럼 창조적 문화를 개화시킬 전초가 될 수 있다면' 하는 염원에서 떠올린 가상이며, 미래에 대한 희망을 대입해 보는 것이다.

3. 전통문화의 뿌리

한국의 전통문화에 영향을 준 중요한 요소는 단연 종교였다. 종교는 사회의 제도뿐 아니라 인간관계, 사고에까지 깊이 뿌리를 내리고 영향을 끼쳤다. 따라서 전통문화는 종교를 빼고는 들여다보기가 어려울 정도다.

토속신앙인 샤머니즘과 토테미즘, 애니미즘이 퍼져있던 고대 한국 사회에 큰 문화적인 충격이 들이닥쳤다. 삼국시대 초기에 중국을 통해 들어온 불교가 종교 문화에 새로운 장을 연 것이다. 불교 문화는 짧은 기간에 크게 번성해 통치진영은 물론, 백성에게까지 절대적인 이념으로 자리 잡고 전성기를 구가했다. 한국적인 특성도 가미하며 개화한 불교 문화의 유산은 여러 사찰과 유적, 『팔만대장경』 등을 비롯해서 고승들의 발자취, 각종 민속과 사상 등을 통해 한국전통문화의 보배로서 아직도 빛나고 있다. 불교는 통일신라를 거쳐 고려 말까지 위세를 떨치다가 그 폐해의 반작용으로 등장한 배불풍조와 유교에 밀려 영향력의 퇴조를 부른다.

조선조에서는 이성계와 정도전 등이 건국설계 과정에서부터 유교를 중시함으로써 유교가 나라의 경영과 백성들의 삶의 근간을 이루게 되고, 사회적인 구조와 내용의 주류로 작용한다. 정치 이념뿐만 아니라 통치 메커니즘으로도 삼아 국가 구성의 기본이 됐고, 사회질서와 인간관계, 가정생활에도 깊숙이 뿌리를 내렸다. 특히 삼강오륜은 누구도 거역할 수 없는 절대 윤리이자 도덕이며 법규인 강력한 규범 체계였다. 또한 조선 나름의 이론적인 정립과 새로운 시도도 이어졌다. 사회 가치의 변동에 따라 많이 희석되는 과정에 있지만, 오늘날도 그 원리와 정신은 한국인들의 생활과 의식에 깊숙이 남아 곳곳에서 고개를 들며 존재감을 일깨운다.

중국 문화의 유입은 한국전통문화의 형성 과정에서 막중한 비중을 차지한다. 바로 이웃에 있는 큰 나라이자 동양 문화의 본류였던 만큼, 그 수용은 자연스럽게 이루어졌다. 한국과 중국 간의 문화적인 동질성이 깊은 것은 지리적으로나, 힘의 원리로나 운명적이었다고도 할 수 있겠다.

그러나 한민족의 선조들은 중화 문화의 단순한 모방에 그치지 않고 이를 고유문화에 융화시켜 독특한 형태로 재창출하는 지혜도 발휘했다. 대표적인 예가 언어이고 한글이다. 중국어를 많이 차용하기도 한 한국말의 아름다움은 악센트가 지나친 중국어가 도저히 따를 수 없고, 오늘날 IT 분야에서도 잘 나타나는 한글의 과학성과 대중성은 얼마나 독창적이고 우수한가.

4. 한국 문화의 현주소

객관적으로 보자면 한반도는 일본을 통해서 처음으로 서양의 근대 문화를 양적으로 전파를 받았다. 비록 식민지 정책의 필요성에 따른 개발의 목적이었지만, 그 당시의 국민은 학교 교육을 비롯해서 행정과 사법 제도, 도로와 철도, 각종 산업시설, 공장의 설치와 운영 등에 동원되고 참여했다. 주체는 아니었지만 그런 시설과 기법, 메커니즘에 접촉함으로써 받은 충격은 어느 정도 문화적인 변화를 낳았다고 봐야 한다. 그 충격의 여파는 해방 후에도 오랫동안 일본식 명칭과 언어가 잔존해 통용된 것으로도 적지 않았음을 알 수 있다.

그러나 일본을 통한 문화적인 접촉은 식민지 통치의 강압과 목적적으로 비롯된 것이어서 민족적인 거부감에 쉽게 밀려버렸다. 전통사회에서 불려 나와 외부문화를 접한 인식의 변화만이 체화됐을 뿐, 곧 이는 또 다른 외부 접촉에 의해 빠르게 대체되었다.

본격적으로 한국 문화가 세계 문화에 눈을 뜬 것은 건국 후 한국 전쟁을 치르는 과정과 전후에 미국을 비롯한 유엔과 기독교 그리고 유학을 통해서다. 특히 미국은 서양 문화의 깃발을 날리는 전령국이었으며, 전쟁으로 상처받고 피폐한 한국으로서는 미국 등의 서방은 고맙고 선망의 대상이어서 문화 수용에 전혀 주저함이 없었다. 오히려 모방과 흡수에 뜨겁게 열을 올렸다. 아마도 북한은 소련을 통해 비슷한 과정을 겪었을 것이다.

미국 문화의 전파는 가위 충격적이었다. 의식주를 놀랍게 변화시켰고, 생활 자체를 서구식으로 빠르게 바꿔버렸다. 전통적인 정의적 공동체(Gemeinshaft)는 소리 없이 붕괴하였고, 이익사회(Geselshaft)의 면모가 급하게 증가했다.

거기에 기독교 문화가 물밀 듯이 몰려와 한국인들의 정신세계를 크게 사로잡았다. 교회와 성당들이 우후죽순처럼 세워졌고, 신도들도 엄청나게 불어났다. 2014년의 갤럽조사에 따르면 개신교회는 3만 8천여 개, 성당은 1,570여 개이며, 신도의 분포는 불교도 22%, 개신교 21%, 천주교 7%로 신·구교를 합치면 기독교 신자가 인구의 28%나 된다. 그러나 그 숫자보다도 더 괄목할 만한 점은 사람들의 마음속에 스며들어 사회 변동과 문화 변동을 촉진한 기독교의 영향력이며, 이는 한반도의 역사상 전례가 없을 만큼 넓고 강한 물결이었다.

또 주목할 점은 그러한 변화의 물결이 산업화의 바람을 타고 무섭게 가속도가 붙었다는 것이다. 급격히 불어난 중간계층의 일터인 사무실과 공장에서 전통문화의 모습은 자취를 감추었고, 조직의 생리와 성취만이 최선의 가치로 등장했다. 남성들은 직장에서, 여성들은 가사에서 서구적인 생활의 틀과 형태에 스스로 적응해 나갔고, 가정은 핵가족 형태로 놀랍게 변해갔다. 전통적인 문화의식은 사람들의 마음과 간간이 남아있는 형식 속에만 맴돌게 된 것이다. 기존의 문화적인 가치의 기준으로는 재단할 수 없는 새로운 양태의 흐름이었다. 산업화는 도시화를 촉진했고, 자연히 대중사회의 등장을 불렀다. 또 대중사회는 그 속성상 대중문화를 양산해 온통 치장함으로써 사회는 대중문화를 벗어나서는 숨을 쉴 수 없을 만큼 변해버렸다. 거기에는 신문과 방송 등 대중매체의 기능이 주효했으며, 특히 TV와 같은 영상 매체의 파급성은 절대적이었다.

21세기에 접어든 오늘날, 또 하나의 쓰나미는 IT를 진앙으로 삼아 몰려오고 있다. 그 여파가 어느 정도일지 또는 어디로 향할는지, 어떻게 재생산될지도 종잡을 수 없을 만큼 강력한 위세를 띠고 있다. 인간의 두뇌를 인터넷 세계 등을 통해 무한정 늘려 놓고 있기 때문에 미래를 예측하기도 힘든 것이다. 문화의 혁명이 진행되고 있다고 볼 수 있다. 그 소용돌이 속에 한국문화가 휩싸인 것이다.

5. 문화창조의 길

앞에서 우리는 오늘에 이른 한국문화의 발자취를 하나의 흐름으로 보고, 경락을 대충 짚어보면서 역사가 제시하는 미래의 방향을 감지할 수 있었다. 어찌 보면 자명한 일일 것이다.

대륙에 인접해 있으면서도 해양으로 뻗을 수 있는 입지 조건과 외부의 문화를 흡수하면서도 전통성을 내면화시키고 있음은 한국 문화에 부여된 다행스러운 디딤돌이며 기둥이다. 이제는 그 위에서 기회를 놓치지 말고 아름답고 건실한 새 문화를 건축해야 한다.

열린 자세로 훌륭한 문화를 서슴없이, 그러나 취사선택해서 흡수하고 고유의 토양 위에 정성껏 모종하는 한편, 한국적인 기상과 전통을 융합해서 새 문화를 창조하라는 것이다. 또 세기적인 문물의 파도를 헤치며 세계를 압도할 새로운 문화를 빚어내라는 것이 오늘 이 땅의 문화적인 시대정신이다. 그 창조는 과연 어떻게 이루어질 것인가. 수준 면에서는 모든 분야에서 세계의 첨단을 이루어 지도자가 돼야 한다. 그 길이 넓은 의미의 문화창달이다. 전통문화건, 한류건, 학문이건, 과학이건, 예술이건 세계가 인정하는 최상급이 돼서 한 덩어리로 모여야 한국문화가 지구촌에 우뚝 선다. 그렇지 못하면 주목도 받지 못하고, 따르지도 않는다. 시시한 아류에 그치고 말 것이다.

물론 분야별로, 장르별로 첨단의 수준과 새 창출이 먼저 이뤄져야 할 것이다. 그러기 위해서는 적당한 수준을 유지하는 데에 만족하거나, 앞선 수준을 흉내 내고 있을 겨를이 없다. 온 사회가 장인정신으로 무장하고 대단한 결기를 보이며 정상으로 나아가야 할 것이다. 문화의 보존에도, 문화의 창조에도 그런 결기 없이는 문화융성은 공허한 레토릭에 그칠 뿐이다.

세계의 일류를 속속들이 찾아내서 도입하고, 상품화하는 작업은 지금 상당히 이뤄지고 있다고 보인다. 또 한류라는 좀 색다른 시도도 가상하다. 그러나 상업적인 목적뿐 아니라 나라 전체가 모든 분야에서 세계의 일류가 되겠다는 기개로 함께 나서는 사회적인 분위기가 조성돼야 국운이 융성하고, 문화 중흥도 이루게 된다.

또한, 한국의 DNA에 맞게 기존의 문화를 재창출하는 작업도 아울러 치열하게 벌여야 한다. 고유의 문화는 누구도 범접하지 못하고, 흉내 낼 수 없는 그야말로 특화된 자산인 만큼, 한국적인 문화, 한국화한 문화는 가장 유망한 창조와 재창출의 대상일 수밖에 없다.

그리스는 서양 문화의 원류라는 훌륭한 문화유산과 정신문화의 뿌리를 간직하고 있으면서도 문화의 보존을 넘어 시대에 맞게 재창출을 하는 데에 게을러 유럽에서 가장 뒤떨어진 나라로 전락해 버렸고, 이제는 경제의 침체 속에 세계인의 지청구를 받고 산다. 관광 산업도 현상 유지에 급급했고, 학문과 예술도 고전으로만 녹슬도록 내버려 두었다.

반면 이탈리아는 로마의 유적을 활용한 관광 산업에 최고의 패션과 음악을 더하여 그만한 성공을 거두었다. 스페인과 영국도 문화유산을 잘 관리해 세계의 사랑을 많이 받고 있지만, 문화국가로서 가장 돋보이는 나라는 단연 프랑스다. 프랑스는 나라 전체가 문화로 가득하다는 인상까지 받는다. 그만큼 고풍의 건축물은 물론, 최고의 예술을 활짝 피게 한 뜨거운 숨결로 골목골목 채워져 있기 때문이다.

미국은 떠오르는 문화국이다. 절대 강자의 국력을 바탕으로 정치, 경제, 사회제도의 본보기가 되고 있으며, 학술과 영화, 방송은 물론 다른 문화·예술 장르 등 거의 모든 분야에서도 중심축의 이동을 맞고 있다.

한국은 세계인을 깜짝 놀라게 할 문화유산도, 자연풍광도 풍부하지 않다. 그렇다면 어느 방향으로 가야 할까. 물론 길은 하나가 아니다. 여러 길로 모두 파상적으로 나서야 한다.

그러나 그 전진의 가운데에서 지금 세계가 맞고 있는 새로운 시대, 새로운 흐름에 시선의 초점을 맞춰야 비로소 왕도를 찾을 수 있다. 그 흐름은 대중사회, 정보화 사회가 뿜어내는 놀라운 기운, 바로 그것이다. 엄청난 속도로 달려가는 대열을 놓쳐도 안 되고, 그중에서도 선두에 서지 않으면 밝은 미래는 없다. 치열한 노마드만이 리더가 된다. 앞으로 합리적이고 이지적이면서도 정서도 풍부하고 도전적인 '세계시민'이 열정과 집념, 불꽃 튀는 지혜로 '한국'이란 노마드를 이끌 것이라고 기대한다.

2015. 9. 11

유엔에 바치는 헌사와 기대

1. 지금, 왜 유엔인가

유엔은 제2차 세계대전 이후 내내 지구촌의 중심에 서 있었다. 평화와 발전, 복리라는 인류 보편적 가치의 표상이었고, 그 전도사였으며, 곳곳에서 터지는 갈등과 분쟁을 용해하기 위한 치열한 토의의 용광로였다.

인류는 오랫동안 행복을 위한 사회적 조건에 대한 끊임없는 사색과 논의로 평화와 자유, 평등이라는 명제를 도출해 냈다. 그러나 그 염원은 전제주의와 패권주의, 국수적인 국가주의, 또는 민족주의 등에 의해 침해되거나 억눌리기 일쑤였다. 종교와 철학, 정치의 권능으로도 평화롭고 건강한 세상을 이루어내기에는 역부족이었다. 불가항력적인 힘의 쓰나미가 몰려오면 힘없는 시민과 공동체, 약소국은 비참하게 무너지고 짓밟힐 뿐이었다. 그런 참상을 막겠다는 열망을 제2차 세계대전의 참혹한 재앙의 반작용을 업고 구체화한 실체가 바로 국제연합, 유엔이다.

유엔은 국제사회의 환호와 기대를 안고 출발한 인류의 소중한 창조물이다. 연합국 측의 대부분인 51개국이 헌장에 조인하고 참여해 전쟁 없는 세계, 국제적 민주주의, 빈곤과 질병을 구제하는 복지의 이상을 모아 전 지구촌의 리더를 출범시킨 것이다. 오늘날 거의 모든 독립국인 193개 나라가 회원국으로 참가하고 5만여 직원이 뛰는 거대한 통합의

기구로 성장할 초석을 놓은 일이었다.

강대국의 힘과 논리에 휘둘리기도 했고, 세력 다툼에 그늘지기도 했으나 20세기 이후 인류사에 기여한 유엔의 역사는 어떤 폄훼에도 불구하고 결코 과소평가할 수 없다. 또 앞으로의 가능성과 잠재력은 지구촌의 가장 귀중한 자산 중의 하나임이 틀림없다.

오늘날 세계에는 다시 고난의 시대가 이어지고 있다. 테러의 잔인함은 더욱 거칠고, 불쑥 커진 IS라는 거대한 무장집단은 한 나라를 온통 인간 도살장으로 만들면서 수백만 명이 삶의 터전을 떠나는 난민의 홍수를 일으켰다. 종교와 인종, 지역 갈등은 긴장과 분쟁의 점철을 낳고, 패권의 먹구름은 대량 살상무기의 경쟁을 부르고 있다. 강국들의 자본과 금융의 횡포는 세계 경제를 불확실성으로 떨게 하면서, 국제적인 빈부격차를 크게 벌려 놓는다. 아프리카에서는 기아와 질병으로 인한 참혹한 현실이 계속 전해지고 있고, 개발도상국에서도 다수의 노동자가 열악한 노동환경에서 한계상황의 임계점에 노출돼 있다. 산업부산물에 의한 지구의 환경오염은 날로 심해져 온난화와 가뭄도 심도를 더한다. 고도의 기계화와 IT의 발전 등으로 생활은 편리해지고는 있으나 인간 본성의 상실과 인류의 미래에 관한 우려도 높다.

이러한 시기에 인간의, 나아가 인류의 당면 문제와 장래를 전 인류적인 차원에서 근본적으로 대처해 나가는 국제적 지도력이 절실하다. 그 귀착점에 유엔이 있다. 유엔만큼 세계인들이 열망하는 보편적 가치에 부응하면서 대다수 국가를 결집시키고 분야별로 국제적인 시스템을 구비한 방대한 조직이나 행동하는 실체는 달리 없다.

2. 태동의 아우라

프랭클린 루스벨트(Franklin Roosevelt) 미 대통령이 1941년 윈스턴 처칠(Winston Leonard Spencer Churchill) 영국 총리를 만난 캐나다 북동

쪽 대서양 위의 영국 함정에서 '국제연합(The United Nations)'이라는 명칭을 처음 내놓았을 때부터 그들이 이미 세계질서와 인류 복지의 새 지평을 열 강력한 국제기구를 구상했음을 알기는 어렵지 않다. 국제연합이 국제연맹(The League of Nations)을 모델로 삼고, 흡수했더라도 '연맹'보다는 '연합'이 어휘 자체로도 더 화학적인 결합의 의미를 내포하고 있지 않은가. 실제로 유엔의 헌장과 조직의 편성에서 그러한 의도는 여실히 반영되었다.

국제연맹은 우드로 윌슨(Woodrow Wilson) 미 대통령의 평화원칙과 베르사유 조약에 따라 설립이 추진됐으나 먼로주의를 내세운 미 의회의 벽에 부딪혀 정작 미국은 참여하지 못했다. 또 독일과 소련의 초기 불참 등으로 태생적인 약체의 운명을 안고 출발했다. 결국, 독일과 일본의 탈퇴에 이어 제2차 세계대전을 막지 못해 설립의 정신과 남은 자산만 들고 유엔에 흡수되는 신세가 되고 말았던 것이다.

국제연맹을 거쳐 국제연합으로 들어가 빛나고 있는 유엔의 기본정신은 독일 철학자 임마누엘 칸트(Immanuel Kant)의 '영구 평화론'에서부터 싹터서 발전했다는 것이 정설이다. 칸트는 관념 철학의 꽃 '이성'과 세계를 논하면서 "모든 국가가 민주국가가 되고 이 국가들이 국제연맹을 세움이 영구평화를 실현하는 유일한 방법이다."라고 주창하며 '국제연맹' 설립을 제시했다. 통합적인 국제기구 플랜을 제시한 그 혜안은 헤겔과 함께 관념주의의 금자탑을 쌓은 철학적인 성취와 더불어 역사에 불후의 걸작으로 남을 것이다. 유엔 창립의 구상은 루스벨트와 처칠의 함상 회담 후 처칠이 경계했던 스탈린(Iosif Vissarionovich Stalin)까지 합류한 모스크바 회담, 테헤란 회담, 워싱턴DC의 연합국 선언, 덤바턴 오크스 회의와 그 후로 이어진 2년 동안의 실무 작업, 샌프란시스코의 조인식까지 발 빠르게 진행됐다. 인류가 탄생시킨 가장 방대하고 포용적인 국제기구가 창안에서 출범까지 5년밖에 걸리지 않았고, 1946년 10월 24일 런던에서 그 역사적인 첫 회의를 여는 데 성공한 것이다. 그런 창립 절차의 순조로운 진행은 목적과 대의 그리고 민주적 질서에 대한 각국의 이해와 희망이 높았기 때문이다. 바로 각국을 유엔에 참여시킨 세계 시민의 열망과 의지의 구현이었고, 그 큰 뜻은 유엔헌장에 고스란히 녹아 있다.

유엔헌장의 전문은 매우 이상적이고 포괄적이다. 유엔헌장은 '전쟁의 불행에서 다음 세대를 구하고, 기본적 인권, 인간의 존엄과 가치, 남녀와 각국의 평등권에 대한 신념을 재확인합니다. 또 정의와 조약 및 국제법의 의무에 대한 존중이 유지되도록 하는 조건을 확립하며, 더 많은 자유 속에서 사회적 진보와 생활 수준의 향상을 촉진하기로 결의합니다. 이를 위해 관용을 실천하고 선량한 이웃으로 서로 평화롭게 생활하며, 국제평화와 안전을 유지하기 위해 힘을 모으겠습니다. 아울러 공동 이익을 위한 경우 외에는 무력을 사용하지 않으며, 모든 국민의 경제적, 사회적 발전을 촉진하기 위해 국제기관을 활용하겠습니다.'라고 선언했다. 유엔헌장은 모두 19장 111개조로, 그 가운데 특히 1조에서 전문이 밝힌 선언과 기본원칙의 실행방안을 4개 항목으로 구체화했다.

유엔헌장의 제1장이 유엔의 목적과 원칙을 규정했다면, 6장은 분쟁 해결 방법을, 7장은 평화의 위협과 침해, 침략 행위에 대한 조치를 적시했다. 특히 25조는 안보리(국제연합안전보장이사회)의 구속력 있는 제재를, 41조는 경제 관계와 교통·통신의 중단, 단교 등을, 42조는 시위와 봉쇄 등 군사 행동까지를 제시함으로써 실력 행사의 근거를 마련했다.

유엔헌장과 각 장의 조항을 통해 표현된 유엔의 실천 목표는 광범하고도 실제적이다. 국제 평화와 안전을 유지하고, 국가 간의 우호를 증진하며, 또한 세계의 경제와 사회·문화적 발전과 인도적인 인권의 신장을 위한 국제적인 협력을 높이며, 이를 위한 국제적인 이해와 조화의 중심이 된다는 것이다.

이러한 유엔의 이상과 목적은 뉴욕의 맨해튼섬 이스트강 변에 반듯하게 세워진 유엔 본부 건물의 상징성과 그 앞에 늘 게양된 만국기들의 펄럭임 위에서 인류의 희망과 지향이 결집한 아우라로 빛나고 있다. 세계시민의 마음을 사로잡는 오묘한 빛이며, 국제사회를 뭉치게 하는 구심점이자 동력이다.

3. 70년의 자취, 그 빛과 그림자

유엔은 지구촌에서 큰 분쟁이나 재앙이 발생하면 어김없이 달려갔다. 유엔이 국가도 아니고 국가 간의 협정도 아닌 만큼 강제성이나 구속력은 약한 회의체지만, 유엔이 없었다면 해당 지역과 전세계적 차원에서의 피해와 상실이 어떠했을까를 상상하면 그 기여가 적지 않았음을 역설적으로 잘 알 수 있다.

유엔은 한국 전쟁은 물론 수에즈 전쟁, 콩고 내전, 키프로스 내전, 체코와 동티모르, 앙고라 사태, 레바논 전쟁, 지금도 진행 중인 중동의 갈등 등에 군대를 파견하고 해결의 실마리를 푸는 등 괄목할 노력을 기울였다. 회원국의 자발적인 군사참여를 유도해 전쟁 도발을 응징하고, 견제했으며, 7만여 명의 각국 지원군을 바탕으로 16개의 평화유지군 주둔 프로그램도 시행했거나 진행 중이다.

안보와 평화 문제가 정치적 역학관계에 영향을 받는 제약이 있었다면 그 외의 경제와 사회, 문화 및 인도적인 활동에서는 세계무대에서 종횡무진 활기를 띠면서 국제적인 기준과 지침을 제시하는 수준의 독보적인 영향력을 발휘했다.

산하의 전문기구인 국제통화기금(IMF)과 세계은행을 통해 경제공황과 국가 부도를 예방하고 구제하는 데 중요한 부분을 담당하는 한편, 열악한 국가들의 사정을 지원한 업적은 그 실행원칙의 다소 부정적인 측면에도 불구하고 절대로 낮게 평가할 수는 없다. 또 세계보건기구(WHO)의 건강에 대한 기준 제시와 백신 개발 지원 등은 인류의 보건과 질병 예방, 수명연장에 보검이 되었다. 지난 20년 동안 유아 사망을 반으로 줄인 점, 매일 1,700여 명의 생명을 구한 점, 산모 사망을 25% 줄인 점과 660여만 명의 에이즈 환자, 3,500여만 명의 말라리아 환자, 2,200여만 명의 결핵 환자들을 구해낸 의료 성과는 기록적인 공로였다.

또 미국의 200만 명을 비롯해 수백만 명의 난민을 정착시킨 일이라든지, 유네스코를 통한 문화적 보존과 인식, 계발을 촉진시킨 일은 유엔 없이는 가능하지 않았을 것이다. 그 밖에 여러 분야별 성과는 이루 다 나열할 수 없을 만큼 방대하고 다양하다.

그러나 이러한 활동과 업적에도 불구하고 유엔의 기능과 역할에 대한 회의적이고 부정적인 입장은 끊임없이 제기돼 왔다. 그것은 주로 강대국의 입김에서 자유롭지 못하는 한계와 체제 간 힘겨루기의 무대가 된 점 그리고 국가들의 협의체라는 기관 자체의 성격상 겪을 수밖에 없는 실천적 취약성에서 비롯됐다.

미국의 유력한 존 비치 협회는 "유엔에서 미국을 아예 몰아내라."고 주장했고, 닉슨(Richard Nixon) 대통령은 "쓸모없고 부적절한 기구"라고 비난했다. 레이건 정부의 유엔대사 커크 패트릭은 "미국의 강도질"이라고 꼬집었으며, 조지 부시(George W. Bush) 대통령은 "무능하고 말싸움만 하는 집단"이라고 유엔을 폄하했다.

흐루쇼프(Nikita Khrushchyov) 소련 수상은 유엔 총회 연단 연설 도중 구두를 벗어 탁자를 치는 무례한 행동까지 벌이며 실력행사에 열을 올렸다고 전해지며, 카스트로(Fidel Castro)와 카다피, 후세인 등의 독재자들도 거친 연설로 유엔의 명예에 먹칠을 했다. 세력 싸움의 기세에 눌린 유엔은 초창기 한반도의 통일문제에 제동이 걸린 것처럼 베트남 전쟁과 동구권 분쟁, 중동 사태 등에서 방관자 이상의 적극적인 개입이 불가능했으며, 르완다의 세기적인 집단학살이나 팔레스타인과 오사마 빈 라덴(Osama bin Laden), 탈레반, ISIS 등의 잔혹한 테러에도 변죽만 울리는 입장에 머물렀었다.

4. 유엔의 오늘과 내일

유엔의 개혁에 대한 소리가 높다. 연륜이 쌓이면서 창설 당시의 결함도 보이고, 조직의 피로 현상도 나타나 부단한 혁신은 불가피하다. 반기문 사무총장의 꾸준한 인적 쇄신과 교육을 위한 세계시민 워크숍인 '세계교육우선구상' 프로그램 등은 유엔의 본질과 장기적인 지향에 부합돼 기대를 모은다.

그러나 유엔의 기본구조 변경은 회원국들의 복잡한 이해에 얽혀 쉽지 않을 것이다. 가장 예민한 사안은 안전보장이사회의 개편 문제다. 유엔의 핵심기구이면서도 승전국 기세와 냉전 논리에 눌려왔던 안보리, 그 전향적 개편은 유엔의 기본 성격을 좌우하는 뜨거운 감자다. 특히 거부권을 행사할 수 있는 상임이사국 제도의 개선 없이는 현재와 같은 체제의 무기력을 일신할 수는 없는 노릇이다.

패전국이었지만 엄연한 강국으로 부상한 일본과 독일, 또 다른 강국들인 인도와 브라질 등이 상임이사국 진출을 노리고 이사국 수를 상임 6국, 비상임 4국을 더 늘리도록 규정을 바꾸는 압력성 정치를 계속 벌이지만 진전이 없다. 규정의 변경은 이사회의 만장일치가 필요한데 거부권을 가진 중국 등이 반대하고 있어서 산을 못 넘는 산울림 격이다.

한국을 비롯한 그 피안에 서 있는 국가들은 비상임이사국의 수를 늘리고, 임기를 2년에서 4년으로 늘여 준상임이사국 개념을 도입하는 대안을 제시하고 있지만 역시 아킬레스건인 상임이사국의 거부권을 극복하기에는 갈 길이 멀다.

그럼에도 불구하고 유엔에 대한 세계인들의 신뢰와 기대는 점차 높아질 수밖에 없다. 냉전의 종식으로 강국들의 각축은 느슨해졌고, 국제적인 민주질서에 대한 기대감도 점증하고 있다. 예민한 기류를 형성한 미국과 중국 간의 긴장 문제도 충돌까지로 치달을 것으로는 보이지 않는다. 유엔의 민주화는 곧 유엔의 발전이며, 그만큼 스스로 힘을 키우는 일이다.

유엔의 정신은 그 자체가 인류의 철학이자 이상이다. 처절한 아픔을 딛고 탄생시킨 염원의 결정체다. 어떤 세력의 욕심이나 정치적 공학으로 분식돼서는 안 될 숭고한 가치이고 자산이다. 세계가 보호하고 발전시켜야 할 당위가 거기에 뭉쳐 있는 것이다.

5. 대한민국의 어머니, 유엔의 정신

1945년 해방 직후 한반도는 혼돈과 미숙으로 미래가 보이지 않는 안개 속에 던져져 있었다. 남쪽은 이승만과 김구를 비롯한 독립운동가 등의 군웅할거와 집단동요로 불안했고, 북은 이미 김일성을 중심으로 공산주의식 조직화에 들어가고 있었다. 미·소 공동위원회의 난조 끝에 1947년 한국 문제를 유엔으로 넘긴 주축은 루스벨트 미국 대통령과 마셜 국무장관이었는데, 그에 따라 유엔이 남·북 총선거를 결의한 일은 한반도 통일에 천재일우의 기회를 제시한 것이다. 그러나 총회에서 14 대 0(기권 6)의 다수의견으로 통과된 총선안이 소련과 북한의 반대로 좌절되고, 남쪽만 선거를 할 수밖에 없었던 파행은 민족적 질곡의 씨앗이었고, 역사의 굴절이었다.

자유민주주의를 표방한 대한민국을 사회주의 체제인 조선인민공화국이 남침했을 때 유엔이 때마침 소련 대표의 안보리 결석 중에 신속하게 움직여 유엔군을 파견한 것은 신생 대한민국을 절체절명의 위기에서 구해낸 일이며, 미국의 우호적인 주도와 이승만 정부의 외교적 성과다.

유엔군이 미군을 중심으로 한국에 주둔해 한반도의 공산화를 막았고, 유엔의 예하 기구들은 전후 복구 등에 물자와 제도적인 지원을 아끼지 않았음은 한국이 잊지 못할 수혜다. 따라서 오늘날 대한민국이 선진국 문턱에까지 달려온 데는 건국의 산파가 돼주었고, 어머니 같았던 유엔의 덕이 컸다고 아무리 강조해도 지나치지 않는다.

한국은 이제 유엔의 수혜국에서 지원국으로까지 성장했다. 유엔의 분담금도 미국(22%), 일본(10%), 독일(7%)과 불·독·영·중국의 6~5% 등에는 한참 뒤지지만, 세계 13위인 1.994%(5천만 달러) 그리고 PKO 분담금도 13위인 1억 5천만 달러를 내고 있고, 각종 프로그램에도 고루 참여하고 있다.

무엇보다 유엔의 실질적인 책임자인 사무총장을 대륙 단위의 순번제를 감안하면 1/1,000의 확률이라는 경선을 뚫고 한국 대표가 맡고 있다는 사실은 한국의 자긍심이자, 유엔의 한국에 대한 관심의 결실이라 할 수 있다.

대다수 한국 국민은 유엔을 경외한다. 그 신뢰의 저변에는 남·북 통일 문제에 대한 유엔의 역할을 기대하는 바람도 잠재해 있다. 유엔이 구속력도 없고, 국면을 주도할 주체성도 없다는 점은 사실이다. 그러나 유엔이 초기에 한반도의 통일 정부 수립을 결의한 것처럼 강국들이 나서서 합의를 끌어낸다면 상황은 달라진다.

남·북 간의 대화가 난항을 거듭하고, 6자 회담도 교착돼 있다. 통일로 가는 길에는 주변 강대국들의 복잡한 이해도 걸림돌이다. 지금은 한국과 미국, 러시아, 일본은 물론, 중국과 북한도 유엔에 들어와 있고, 북한은 고립돼 있다. 또 미국과 중국, 러시아가 안보리 상임이사국이며, 유럽도 한국에 우호적이다. 북한은 물론, 한국과도 좋은 관계를 발전시키고 있는 중국은 국제무대에서 넓은 지지와 위상의 확보를 의식한다.

유엔은 최소한 세계가 다 모인 곳에 한반도를 논의할 대화의 장을 제공할 수 있다, 6자 회담도 품을 수 있고, 안보리에 특별위원회를 설치할 수도 있다. 정상들의 만남도 주선할 수 있다. 필요할 때는 안보리와 총회의 강력한 결의도 끌어낼 수 있다. 핵 문제에 대한 개입처럼 남·북 교류와 통일의 여건도 조성해 줄 수 있다. 의지의 문제고, 외교력의 문제다. 무엇보다 유엔은 그 정신과 규범의 권능으로써 당사국에 작위적이든 또는 무작위적이든 영향력을 발휘할 수 있다. 어떤 형태로든 리더십을 발휘해 한반도를 지루하게 옥죄고 있는 해묵은 패권주의와 전쟁의 찌꺼기, 그리고 갈등의 청산과 해결에 기여해 주기를 바라는 것이다.

2015. 10. 15

미진함과 아쉬움 — 책을 엮어 놓고서

책을 내려고 벼를 때에는 이 책을 통해서 나 자신의 생각과 삶을 어느 정도 담아낼 수 있으리라고 여겼습니다.

턱없는 미망이었습니다.

세상과 그 문화, 사회의 메커니즘은 너무나 오묘하고 방대해서 필자의 미력으로는 객칠 수준에도 미치지 못했음을 또는 작은 파편들을 줍는 정도였음을 절감합니다.

칼럼들은 전문성에 취약한 저널리즘의 특성과 시류(時流)의 한 시점을 포착하는 사정으로 분석과 예측, 방책에서 미진함이 느껴져 아쉽습니다.

다만 수필과 칼럼 모두 오늘을 살아온 한 평균인이 직시한 한국과 한국인의 시대적 고뇌와 의식의 기록이라는 점에 의미를 두며 위안으로 삼고자 합니다.

앞으로 수필을 더 쓴다면 여린 자신을 세상에 어설프게 드러내기보다 인간과 공동체의 본질, 그 꿈틀거림을 체화(體化)해 글로 빚어내는 작업에 뜻을 기울여 보겠습니다. 그 길이 이 장르에 돌 하나 올려놓는 일로 여겨집니다. 시론(時論)에서는 편협된 감정과 이해를, 절제한 명징한 음성이 되도록 옷깃을 여미겠습니다.

사회는 시민들의 건전하고 전향적인 담론의 채취와 발굴에 더 열린 자세를, 그 성원들은 고달픔 속에서도 공의(公義)를 존중하는 진솔한 시민의식을 더욱 새겨야 하겠다는 소박한 느낌이 여운으로 남습니다.

격려해 주신 모든 분의 따듯함과 출판사 ㈜북랩의 노고에 고마움을 전합니다.

2018. 6. 12
글쓴이 송장길